sapientia
サピエンティア 34

歴史のなかの障害者

A History of the Disabled

山下麻衣
[編著]

法政大学出版局

目次

巻頭言　どんな人間になるかが大切なんだよ――長瀬　修　1

はじめに――山下　麻衣　5

第1章　初等教育と知的障害児
東京市尋常小学校の特別学級を事例として――山下　麻衣　13

一　尋常小学校のなかの特別学級　13
二　東京市における特別学級設置の背景　15
三　東京市における補助学級児童の選定過程と特徴　23
四　特別学級における卒業後の進路　30

第2章　学校と発話障害児　梅原　秀元　49
ドイツにおける発話障害とそれをめぐる知とケアの確立
一　学校と障害　49
二　学校における「普通の」子どもと「普通ではない」子ども　52
三　デュッセルドルフにおける発話障害児へのケア　61
四　「完全／不完全」な身体　72
【エッセイ①】　神話のなかの障害者（松井　彰彦）　83
第3章　脳病院と精神障害の歴史　鈴木　晃仁　91
昭和戦前期の精神病院における患者デモグラフィと治療の構造
一　〈定義と切断〉と〈内容と構造〉　91
二　患者の入退院のパターン　99
三　薬剤と治療法　110
四　市場・政策・「それで？」　128

第4章　工業化と障害者　長廣利崇　133
工場法施行令の分析
一　戦前期日本の障害者は生活に困窮していたのか？　133
二　工場法施行令による労働災害補償　141
三　工場法施行令と障害の基準　151
四　工場法施行令の改正　160
【エッセイ②】共活という思想——体験的自分詩「闇の反撃」が生まれるまで（広瀬浩二郎）　169
第5章　社会階層と「精神薄弱者」　大谷誠　177
二〇世紀前半のイギリスを事例として
一　「精神薄弱者問題」からの問いかけ　177
二　「精神薄弱者政策」とトレッドゴールド医師　179
三　トレッドゴールドと上流・中流階級の精神薄弱者　192
四　公的管理への抵抗　207

第6章　社会事業と肢体不自由児　中野　智世　217
近代ドイツにおける「クリュッペル」保護事業
一　「クリュッペル」とは　217
二　国内伝道会によるクリュッペル救済事業　222
三　整形外科医によるクリュッペル保護事業　236
四　慈善と医学のあいだで　246
【エッセイ③】部落史で読み解く――もののけ姫に見る賤民・病者・障害者（灘本　昌久）　265
【エッセイ④】障害者の近世・近代（小林　丈広）　271
第7章　戦争と障害者の家族　藤原　哲也　277
傷痍軍人の妻の視点からの戦後史
一　傷痍軍人とその妻たち　277
二　傷痍軍人と女性の結婚　281
三　戦後における傷痍軍人と妻の生活　292
四　「傷痍軍人妻の会」の設立と活動　303
五　傷痍軍人と妻の戦後史　312

【エッセイ⑤】 映画で読み解く障害者――アメリカ合衆国を例に（藤原　哲也） 319
文献案内 338
人名・事項索引 342

巻頭言

どんな人間になるかが大切なんだよ

長瀬　修

一九九九年に『障害学への招待』（石川准・長瀬修編著、明石書店）を刊行した際に、その重要性から一章を歴史に割いた。しかし、歴史的観点は必ずしも独立して、「歴史」としてのみ、とらえられるのではないことはいうまでもない。

しかし、障害の場合には、「誰が障害者であるか」、「何が障害か」が常に問われる。そうした問題意識は、二〇〇六年に採択された国連の障害者の権利条約の前文が、障害を進化の過程にあり、「発展する概念（evolving concept）」であるとしていることにも反映されているように、明らかに変化してきたし、今後も変化することは間違いない。そして、「誰が障害者であるのか」は制度面での課題であると同時に、常に意識の問題でもある。それは非障害者のあいだでもそうだし、「障害者」とされる人のあいだでもそうである。(1)

障害学が生み出した障害の「社会モデル」は、障害者への不利益や抑圧を生み出す社会的構造に焦点を当て、障害者の権利条約の基盤をなしている。日本でも、障害者の権利条約の批准に向けた障害者制度改革の一環として実現した障害者基本法の改正は、その基本的考え方として社会モデルを採用し、障害者の定義に新たに「社会的障壁」という言葉が加えられた。(2)

日本を含む世界で、「障害者」の概念は、社会モデル的観点にもとづくように変化をとげていくかもしれない。その変化の果てに、たとえば、いまから一世紀後に「障害者」とされるのは誰だろうか、いや、そもそも、その未来に「障害者」という概念自体があるのだろうか。かりにあるとして、それはどう「進化」しているのか。「障害者の権利条約」は過去、すなわち二一世紀の遺物として葬られていることだろうか。私はその未来を見ることはないが、興味は尽きない。

本書を通読することで読者も、現在の課題がまさに歴史的課題であることをあらためて確認されよう。読者には自明であるように、歴史を語ることは現在そして未来を語ることである。

たとえば、「誰が何を根拠にして特別学級在籍の児童を決定したのか」（山下論文）は、障害者の権利条約が求めるインクルーシブ教育実現に向けて、どのような力学が働くのかを分析するのが課題となっている現状につながる。「つかえること」（梅原論文）のもつ両義性は、何をインペアメント（広義の身体的障害）とするか自体が構築であり、常に変化して続けていることを思い起こさせる。社会階層や階級の問題（鈴木論文、大谷論文）は、現在の日本の障害者手帳取得率の都道府県間のばらつきという現象とも重なる（松井二〇一一）。労働力を有する「障害者」（長廣論文）の問題は、「福祉的就労」をはじめとする障害者の就労と雇用に関するまさに現在の課題である。「クリュッペル」（中野論文）という言葉がたどった変遷は、現在の「障害」という日本での用語に関する議論とも重なる。私も参加していた内閣府の「制度改革推進会議」は「障がい」を用いていた。「傷痍軍人の妻」という視点（藤原論文）は米国によるアフガニスタン侵攻などにより、いまも多くの傷痍軍人が生まれている世界の現状と、ケアとジェンダー面での取り組みが大きな課題である現代日本社会の姿を浮かび上がらせる。

この本の母体となった歴史研究グループでの発表に向けて読んだ歴史学に関する本で、「どんなテーマで何を対象に研究するのかということは、それほど重要なことではないんじゃないだろうか。むしろ、そうした研究の積み重ねで、どんな歴史家になるかが重要なんだよ」（佐藤 二〇〇五：二七）という文章に触れたとき、自分は歴史家ではないのに、なぜか強く心に残った。本書の読者には歴史家もいるだろうが、たぶん、大多数の方は障害と歴史に関心を寄せてくださってはいるものの、歴史家ではないだろう。しかし、誰もが日々、歴史を積み重ね、歴史を生き、そして何より歴史を創っている。

障害者の権利条約は障害者を「人間の多様性の一環」として受け入れることを求めている（第三条d）。「どんな歴史家」は「どんな人間」と読み替えられるのかもしれない。障害者を当然ながら含め、「どんな〈人間〉になるかが重要なんだよ」。

本書から浮かび上がる、歴史的な障害生成のプロセスと社会的背景、そして何より、「障害者」の生を吟味していただきたい。

註記

（1）障害者のマイノリティモデルとユニバーサルモデルについては、川島（二〇〇八、二〇一〇）を参照。

（2）障害学と社会モデルについては、杉野（二〇〇七）と星加（二〇〇七）を参照。

引用・参考文献

石川准・長瀬修編著（一九九九）『障害学への招待』明石書店。

川島　聡（二〇〇八）「障害差別禁止法の障害観――マイノリティモデルからユニバーサルモデルへ」『障害学研究』（障害学会）四号：八二～一〇八頁。

――（二〇一〇）「障害者権利条約の基礎」松井亮輔・川島聡共編著『概説　障害者権利条約』法律文化社：一～一五頁。

佐藤卓巳（二〇〇五）『ヒューマニティーズ　歴史学』岩波書店。

杉野昭博（二〇〇八）『障害学――理論形成と射程』東京大学出版会。

星加良司（二〇〇八）『障害とは何か』生活書院。

松井彰彦（二〇一一）「『ふつう』の人の国の福祉制度と烙印」松井彰彦・川島聡・長瀬修編著『障害と経済』東洋経済新報社。

はじめに

山下　麻衣

本書の目的と共通認識

私たちが、ある主体を指して障害者と呼ぶ場合、どのような特徴を持つ人をそのように表現するのだろうか。仮に、障害者を、「身体的に、知的に、不具合を抱える人々」と定義したとしよう。すると、このような定義をした瞬間から、不具合とは何かという問題にぶつかる。誰しも、生きていく過程で、いろいろな出来事に遭遇し、何らかの具合の悪さを感じるものだ。そして、何について、どの程度の不具合を感じるのかは、きわめて主観的なものでもある。こう考えると、障害者を定義することは決して簡単ではない。もしくは、そもそも障害者の定義はできないということなのかもしれない。

とはいえ、事実、私たちが生きている社会には障害者とされる人々がいる。では、あらためて障害者とはどのような主体なのだろうか。たとえば、障害を障害であると感じている主体が、その内容を問わず「不具合」であると表明した場合には、その人は無条件に障害者となるのだろうか。そして、周囲の人々もまたその理解に従うのだろうか。私たちがある主体を「障害者」と表現する場面を想像してみると、この想定は少しずれている気がする。

そこで、別の想定をしてみる。さまざまな不具合のうち、障害者を認定するにふさわしい不具合というものを誰かが取捨選択し、そこで選びとられた不具合の内容に該当する人が、障害者と判断されてきたのだろうか。本書を編集するに至った第一の目的は、まさにこの問いに向き合うことである。つまり、誰が、どのような社会背景のもとに、何を基準にして、どういう論理で、障害者を障害者と定義したのかを考えることである。

第二の目的は、障害者の生活の歴史を具体化することである。多くの障害者の歴史研究は、彼らや彼女らの貧困や隔離などの困難、さらには、そういった現状からの救済や克服を詳細に明らかにしている。本書では、これら先行研究をふまえつつ、さらに、障害者個人の居住地域もしくは施設、身体的ないし知的な困難の内実、家族構成、彼らや彼女らが生きていた時代の政策や経済状況をより分析に反映させ、障害者の生活の歴史をより多面的に検討していくことを目的に据えた。

以上、本書は、このような大きな二つの問題意識に共感した執筆者が障害者の歴史を示そうとした試みである。

右に記したような大きな枠組みをふまえて、私たちは、より具体的には以下の認識を共有した。

第一に、近代における産業化の進展は、しかるべき職を得て働き、対価としての賃金を得るという方法に人々の生活の基本パターンを変化させた。その結果、経済的に有用な者と有用でない者という評価軸が社会で重みを増してきた。このように職業的自立を重視する考え方が社会に広がった結果、職業的自立が容易でない障害者は自立困難な存在として取り扱われた。だからこそ、障害当事者は、職業的自立とは異なる新たな自立のあり方を模索し、活動してきた経緯がある（立岩 二〇〇一）。この指摘を念頭におきながら、障害者の定義づけや生活が、経済的職業的自立との関連でどのように変化をしていったのかについて考える。

第二に、障害者の歴史を分析するにあたって、直面する問題が資料の不足である。それは障害者とされてきた人々の数が圧倒的に少ないがゆえに、障害者が社会の関心の中心になりにくかったことに加えて、障害者が障害者であるがゆえに、歴史的な記録が残りにくい、もしくは記録を残せないという原因によるものでもある。このような限界にあって、障害者の生活の実態を、どのような資料を用いて、どのように分析し、どのように語るのかをつねに意識する。その際には、障害者自身を主体的に描写することを標榜している障害者史の先行研究も視野に入れる（Longmore and Umansky 2001; Kudlick 2003; Burch and Sutherland 2006）。

本書の構成

①各章の強調点

右に記したような問題意識のもと、われわれは障害者の歴史を論じたわけであるが、各論文についてすべてのエッセンスを同じ程度に盛り込んでいるわけではない。本書全体に流れる共通認識をふまえたうえで、それぞれの執筆者は自身の問題意識にあわせて論を構成している。

各章の強調点についてふれておこう。障害者の歴史を分析するうえで注目すべき重要な場のひとつに学校がある。学校は教育だけではなく、職業との橋渡しをする場として大きな役割を果たす。障害児は、学校で、「ふつう」の児童とは別の「特別」な教育を受けてきた。

「ふつう」の児童から障害児を選定する際に重要な役割を果たしたのは、第1章（山下論文）では担任教員であり、第2章（梅原論文）では医者であった。山下論文では、障害を持った児童から経済的に有用だとされた軽度の障害児がさらに選びとられるプロセスが示される。その結果として、小学校卒業直後に職の獲得という「成果」が得られた者もあった。しかし、それと同時に、その選定過程に障害児自身の意向がどの程度反映されていたのかを示す具体的な記述が見あたらないという問題も指摘されている。梅原論文では、デュッセルドルフにおける聴覚障害のある児童を題材に、学校という場において、「普通」の児童と「普通でない」児童が医師によってどのように分けられたのかが述べられている。医師は「普通でない」児童を、治療によって、社会的にも経済的にも「普通」に近づけたいという発想を持っており、そのうえで、「普通でない」児童を職業的に自立させることを自らの社会的使命だと考えていた。

このように学校という場では、職業的自立という軸が、障害児選定、さらには障害児の将来を方向づける重い指標となっていたことがわかる。

記録として残りにくい障害者の生活の実態をどのような資料を用いて、どのように語るのか。この問いに対して正面から挑んだ論文が第3章（鈴木論文）である。鈴木論文では、日本の精神医療史においてほとんど用いられることのなかった精神病院の症例誌を用いて、精神障害者の生活を浮き彫りにする試みがなされている。ここで明らかになったことは、公費患者と私費患者では生活が異なったということであり、治療の内実や入退院のパターンを軸に、両者の生活の違いが浮き彫りにされている。さらには、医師や看護師といった病院内の資格職と患者とのかかわりを具体的に検証することをとおして、精神病院が、監禁という特徴だけではない、多様性を持った場であったことを実証している。

第4章（長廣論文）では、労働災害に起因する障害者がどのように定義され、どのような生活をおくっていたのかを分析している。長廣論文によると、一九一六年から一九三五年における労働災害による障害者の定義は混乱していたとする。つまり、工場法施行令にもとづく障害扶助は、労働できるか否かという「機能障害」にもとづいているのに対し、実際は「損傷部位」で基準化される「障害ノ程度」が大きな影響力を持ったことである。結果として、ある者は、実際には労働できるにもかかわらず労働できないと定義され、一方で、ある者は、法律上労働できない障害者と見なされていたにもかかわらず、労働し生活程度が「普通」であったことが示される。ここでは労働災害に起因する障害者の所得の高低と、それによって生じた生活レベルの多様性が明らかにされている。

第5章（大谷論文）では、二〇世紀前半におけるイギリスの知的障害者政策が検討されている。大谷論文では、イギリスの知的障害者の政策は、階級によって、異なることが述べられ、政策立案にあたっての医師の役割の重要性が指摘されている。ある医師は、知的障害者が属する家庭の階級によらず、公的機関による医療にもとづいたケアや管理が必要であると主張した。しかしながら、上流および中流階級では家族の自主的対応が尊重されたという。さらに同論文では、このように歴史的に形成された階級別の処遇の違いが、現在にも引き継がれている形跡があることを指摘している。

第6章（中野論文）では、障害者と関わる主体によって、救済事業は意味合いを異にすることが指摘されている。一九世紀末から二〇世紀初頭のドイツで展開したクリュッペルと表現された肢体不自由児に対する保護救済事業は、プロテスタント聖職者と整形外科医によって担われた。両者は、クリュッペルに対して、異なる視点から救済事業を行なっていた。つまり、整形外科医は、治療により経済的自立が望める軽度のクリュッペルを救済の対象としたのに対し、経済的価値というよりは道徳上の問題を重視し、治療が望めない者に対して教育や訓練を施したのがプロテスタント聖職者の立場であったということである。そのうえで、ドイツにおける肢体不自由児をめぐる歴史は、慈善と医学が補完的に併存していた世界であったとする新たな見方を提示している。

第7章（藤原論文）では、日本における傷痍軍人の妻が、結婚をどのように決め、彼らとどのような生活を送ってきたのかに焦点があてられる。ここから浮かび上がってくるのは、傷痍軍人に対する政策だけではなく、家族に代表されるような彼らに関わっていく人々の意向に影響されながら妻の役割は変わること、そして、彼らと生活を共にするなかでの妻の思いは多様だったことである。第二次世界大戦前後で、傷痍軍人の社会的な位置づけは政策の変化にともなって大きく変化した。このような状況下にあって、傷痍軍人の妻は、生活を支えていくために、傷痍軍人を「理由ある障害者」として再定義することを世論に強く訴える使命を担う者となっていった。

②エッセイと文献紹介

以上に加えて、本書にはエッセイと文献案内の欄を設けている。まず、それぞれのエッセイは、論文では十分にとりあげることがかなわなかった、障害者の歴史を語るうえで欠かせない主題が紹介される。

具体的には、障害者を捉える際にどのような新しい発想があるのか、その新しい発想のもとでどのような新しい世界が広がるのかを生き生きと表現したもの（広瀬）、日本史分野における障害者の歴史を自身の専攻分野にひきつけながら示したもの（灘本、小林）、障害者がどのように表現されているのかを映画をとおして検証したもの（藤原）を掲載した。なお、障害者の歴史を考えるうえで有用なツールとなりうる専門知識を得るという目的で、経済学の立場からのエッセイ（松井）と障害学の立場からの巻頭文（長瀬）をあわせて掲載した。

つぎに、日本における障害者の歴史をより深く理解するためにも比較史の視点は不可欠であり、そのためには先行研究のサーベイが欠かせない。そこで本書では、各執筆者による日本、アメリカ、イギリス、ドイツの障害および障害者の歴史研究に関する文献調査をもとに、とくに比較研究のために参考となるであろう書籍を「文献紹介」に掲載した。選定にあたっては、障害者の歴史研究におけるさまざまな分析視角にふれていただくためにも、できうる限り特定の歴史分野に偏ることのないように心がけた。なお、編集上の都合により、掲載冊数が限定されたことはご了承願いたい。

その先へ

私たちは、意識的であろうが無意識的であろうが、ある基準軸のもとに判断し行動している。障害者の歴史を紐解くと、そのことにあらためて気づかされる。障害者の歴史を学べば、現在の障害者問題がわかる、もしくは解決の道筋をつけられるといったことを、安易に主張するわけにはいかないし、主張もできない。だが少なくとも、私たち自身が持つ判断軸が自分以外の誰かの生活に影響している可能性があることを意識するきっかけにはなりうる。そしてより多くの人がそのことを自覚することで、障害者とされる人々に対する「思い込み」が「思い込み」として認識されるようになり、より柔軟に「障害者を知ること」につながるのではなかろうか。

最後に、同書を手にとっていただいたことで、歴史を研究している方々にはもちろんのこと、分野の垣根を越えて、多くの方々に、障害者の歴史研究に対する関心を持っていただきたい。そうすれば、障害者の歴史研究はさらに深みを増し、周辺諸科学との新たな結節点も生まれることだろう。執筆陣の最大の目標は、本書をその道筋をつくりだすささやかなきっかけとすることである。

参考文献

立岩真也（一九九九）「自己決定する自立——なにより、でないが、とても、大切なもの」石川准・長瀬修編『社会、文化、ディスアビリティ——障害学への招待』明石書店、七九～一〇七頁。

Burch, Susan and Ian Sutherland (2006) 'Who's Not Yet Here? American Disability History', *Radical History Review*, 94: 127–47.

Kudlick, Catherine J. (2003) 'Why We Need Another "Other"', *American History Review*, 108: 763–93.

Longmore, Paul K. and Lauri Umansky (2001) *The New Disability History: American Perspectives*, New York: New York University Press.

第1章　初等教育と知的障害児
東京市尋常小学校の特別学級を事例として

山下　麻衣

一　尋常小学校のなかの特別学級

「特別学級」とは、通常学級の授業についていくことが難しい児童を教育する目的で分離された学級をいう。「授業についていくことが難しい児童」とは誰か。明治期から昭和初期における「特別学級」とは、「劣等児、低能児あるいは精神薄弱児と呼ばれた児童のための学級」を意味した（戸崎 二〇〇〇：一五）。本章では、戦前の東京市小学校の特別学級を対象とする。分析に先立って、初等教育の場に、なぜ特別学級ができたのか、特別学級はいかなる場であったのか、以上に関して、どのような見方が先行研究によってなされてきたのかを簡潔に述べておきたい。

まず、特別学級は、学業成績不良児への対策のひとつとして成立した（戸崎 二〇〇〇：三〇八）。一九二〇年代に、六年生義務教育制度が完成し、教育の質への関心が高まってきたこと、資本主義の発展に見合った能力の効率的配置と教育の効率化が問題とされるようになってきたこと、児童の個性や自主性を尊重する「新教育」の思想と実践が展開したこと、知能検査の標準化とその実践への適応が前進したことなどの条件により、学業成績不良に加えて精神薄弱等の特別学級の開設がよりいっそう増加したとされる（同前：三一〇〜一一）。

つぎに、教育史の分野では、通常学級と特別学級について、教育内容およびその実践がどの程度、どういう根拠で、連続性があるのかもしくは分離しているのかが論点のひとつになっている。戸崎の見解は、一九二〇年代以降、特別学級は通常学級から分離された存在になり、戦時期に入ると、「精神薄弱児」のための学級という性格をよりいっそう帯びるようになるというものである。それに対して、特別学級は、学業不振児に対する促進教育的対応の場であって、通常学級教育の一環であるという見方もある（前田・高橋 二〇〇〇）。このように、特別学級が「特別」な教育を実施しているのか、あくまでも通常学級の教育内容に即した教育であるのかという点に異なる見方があるものの、その論点の中心は、特別学級という学級そのもの、もしくはそこでなされている教育内容が日本の教育全体にとってどのような位置づけにあったのかという点について評価をするものであるといってよい。

ただし、本章はこのような先行研究をふまえつつも、関心の中心が異なる。具体的には、誰が何を根拠にして特別学級在籍の児童を決定したのか、そのうえで、誰が、特別学級の児童をどのようにとらえ、そのとらえ方が教育内容さらには進路にどのように反映されていったのかという点である。それゆえ本章では、特別学級児童の選定過程、特別学級向けの教育内容の特徴とそれを形づくる根拠、結果としての進路に重点をおいて分析する。

なお本文中では、「劣等児」「低能児」「精神薄弱児」「白痴」「痴愚」「軽愚」「薄馬鹿」「馬鹿」「脳みその足らない」などの用語が出てくるが、特定の主体がこういった表現で呼ばれるにいたる過程を分析することも本章の目的のひとつであるため、あえて使用する。

二　東京市における特別学級設置の背景

(1)東京市における初等教育の概要

まず、東京市の初等教育の概要を簡単に整理しておく。本章で取り扱う「特別学級」は、収容する児童の障害の程度により、「補助学級」もしくは「促進学級」とも呼ばれた。東京市林町小学校教師であった喜田正春は、「補助学級」を、知能指数五〇~七〇程度の低能児を主に収容している学級、「促進学級」を、知能指数七〇~九〇程度の者のうちとくに個別指導を必要とする学級、知能指数九〇以上でありながら何らかの原因によってその学業が著しく遅滞している者を収容する学級と定義している（大西ほか 一九三二：九五）。以下では、基本的には通常学級とは分けられた学級という意味内容で「特別学級」と記述するが、資料上の呼称によっては「補助学級」「促進学級」と表現する。

かつて東京市内には、生活に困窮している家庭に育つ児童のために設立された特殊小学校があった。特別学級の設立に大きな役割を果たした林町小学校は、この特殊小学校にあたる。一九一三年の記述によると、特殊小学校は一九〇三年以降設立され、大正期までに林町小学校を含めて計一一校であった（東京市教育会 一九一三：六八、田中 一九八五：一九六）。

この特殊小学校の特徴的な教育内容のひとつに「特別作業」と呼ばれるものがあった。林町小学校の校長であった藤岡眞一郎によると、特別作業とは、特殊小学校における「児童の正課外に課する所の内職的作業」である。その特徴は、「例えば万年小学校における博多人形製作の如き、霊岸小学校に於ける甲馳篏の如き、絶江小学校に於ける紙袋貼りの如き何れも共に実例にしてこれによりて一方教育の目的を達する方便たらしむると共に、一方に於いて幾分の賃金を得しめ、彼らが生活費の補助となさむとするものなり」であった（藤岡 一九一一：一五）。当時、このような工賃が発生する「特別作業」は教育ではなく労働であるから学校内で行なうべきでない、という批判もあった。しかしながら、たとえば、一九一一年の三笠小学校の調査は、種々の内職作業を周辺の工場や商店から請け負って工賃を得ていると報告している（同前：一九〜二二）。つまり、東京市内には貧困児童の生活を支えるために、内職を中心とした仕事を提供する小学校があった。

つぎに、落第の問題である。少なくとも一九一七年の段階では、学年末における学力が、平均点数に著しく満たない場合、その児童は留年した（安倍 一九一七：一二三）。このような状況のなかで、教員にとっての大きな関心事は、落第によってどのような属性を持つ児童を救済できるのかということであった。くわえて、落第を何度させたとしても教育上の伸びは期待できない児童がいるという想定が、教員にはあったということにもなる。

さらに、一九二〇年代には、さらなる都市化によって一学級あたりの児童数が急増し、学校の運営が難しくなってきていた。この状況を改善するために、小学校の増設が盛んに議論されていたが、市の財政事情の悪さもあり、かなわなかった。この対処策に代わって、東京市の尋常小学校では二部教授を実施している小学校があった。二部教授とは、前組（午前）と後組（午後）の二部に時間割を編成し、入れ替え制によって教室を利用し、授業を行なうという方式であった。ただし、東京市教育会は、二部教授に否定的な立場を示した。同会は、第一次世界大戦後における欧米の教育策を取り上げながら、「国民の思想問題を始めとして、教科書の改善、教授方法の改良による教育教授の実生活化より児童各個の能力及び個性に順応すべき教育機関の施設、社会教化機関の設備、国民体育の振興等、殆ど枚挙に遑あらざるべし」（東京市教育会研究部 一九二〇：三）とし、二部教授の弊害を列挙したうえで、できるだけ早く撤廃すべきであると訴えた。とはいえ、一九二二年においても、麹町、日本橋、京橋、芝、赤坂の五区を除く各区において、二部教授が実施されていた。

このように、少なくとも東京市において特別学級の設置が始まり、増加していった一九二〇年代は、二部教授を採用せざるをえなかったほどの多くの児童が、東京市の小学校には在籍していた。

(2)障害児を対象とした就学義務猶予・免除対象規定

特別学級に収容された児童を分析するにあたって、さらにおさえておくべきことは、そもそも、障害を持った児童の少なからずが、本章で分析の中心となる一九二〇年代および一九三〇年代においては義務教育制度の枠組みから原則外れていたという点である。

一八八〇年から一九〇〇年における就学義務猶予および免除対象規定では、一八八六年に「疾病家庭困窮其他已むを得ざる事故」の場合、児童は就学を猶予されるとあり、一八九〇年にはこの定義にあてはまるとされた児童が、就学を猶予もしくは免除された。一九〇〇年には、「病弱または発育不完全」

である児童は「就学猶予」、「瘋癲白痴又は不具廃疾」である児童は「就学免除」と規定された（中村・荒川編 二〇〇五：一一六）。

つまり、特別学級に収容された児童は、小学校に入学してきた児童のうち、何らかの作用により新たに小学校において選定された存在であった。

では、特別学級は、どのような経緯で東京市内小学校に設置されたのか。この点を、林町小学校を例にみていくことにする。

(3) 東京市小学校校長団によるアメリカ合衆国への視察

そもそも特殊小学校に勤務していた林町小学校校長の藤岡が、「恵まれない」立場におかれている児童の教育に関心を持っていたことは想像に難くない。藤岡は、東京市内小学校の校長で構成されていたアメリカ視察団に参加している。この視察団の派遣にあたっては、東京市教育会が人選し、費用は補助金および寄付から出された。派遣の目的は、欧米各都市における学事状況の視察をとおして、日本の都市を対象とした小学校教育の参考にするためであった（東京市教育会 一九二〇：一～二）。

視察団は、一九一八年一〇月一三日から数カ月間アメリカに滞在し、教育現場を調査した。この時期にアメリカを訪問した背景には、同国が第一次世界大戦の戦勝国であったことから、その力の源を教育の側面からとらえようという意図があったと考えられる。一九二〇年代発行の『小学校長団の観たる米国の教育』では、四カ月にわたる視察の様子を描いた「旅行通信」、幼稚園、幼稚園保育、小学校などの教育現場の現状、薄弱児教育、低能児教育、不良児教育、不具者教育、盲唖者教育を含めた「特殊教育施設」の視察内容が報告されていた。そのうち、特殊教育施設の充実ぶりについて、視察団はつぎのような感想を述べている。

生れながらにして手足のなきもの、生後之を失へるもの、脊髄症に犯されたる不具者、さては聾者、聾唖者、夫等の者をば公費を以て特別学校を設け、食物を給し送り迎へまでして、小学中学の教育を授くると共に職業教育を施して居るのである。尚又結核児童貧血児童に対する教育施設、白痴低能者に対する教育施設、不良児に對する特別教育施設、至れり尽せりである。(東京市教育会 一九二〇：二四六)

さらに、視察団は、「低能児」教育施設を訪問している。そのうち、シカゴ市で、一学級の生徒数が約二〇名であり、児童は簡易木工、藁細工、織物、敷物などを学んでいたとある(東京市教育会 一九二〇：二五二)。

視察団の指摘のなかで興味深い点は、第一に、この時点で、特殊教育施設の経費の問題を指摘している点である。つまり、アメリカにおける国の財政を基盤とした豊富な資金と障害児向けの教育の充実を関連づけて理解している。第二に、特殊教育施設における教育内容の中心が職業教育にある点を指摘していることである。すなわち同施設での教育目標は、児童の生活保障のための職業的自立にあり、技能の習得にあった。

視察団は、このような障害児に対する教育上の取り扱いを、アメリカの教育システムの大きな特徴である「学級教授と個人的教授との調和及び個性及び能力の差異に適応する教育法」のひとつと位置づけ、「我が国の小学校が浅薄なる学級教授を以て満足し、何等施設する所なきを観て如何にも情けない感じがする」と嘆いた（東京市教育会 一九二〇：七七〜八）。さらに、このような教育が日本でなされていない理由は「怪偉なる国民《ワンダーフルネーション》」を短期間でつくりあげたアメリカとの「国力」の差にあり、「国力の充実を計ると共に文化の程度を高めて、一日も早く其域に達したいものである。否彼を追ひ越すまでの地位に進みたいものである」と結んだ（同前：二四七）。

ここで視察団が達した「低能児」教育に関する理解の第一は、アメリカと比較すると、日本でなされている「低能児」教育は、「真の低能児」教育ではないという点であった。つまり、日本では、「真の低能児」を取捨選択できていないという問題意識があった。第二に、東京市の児童で溢れかえった学級のなかで、「真の低能児」は取り残され、就学免除の手続きをとらざるをえなくなってしまうという危機感に裏づけられた、彼ら・彼女らを救うための分離教育の必要性であった。

そこで、視察団に課された使命とは、「真の低能児」を救済するために、彼ら・彼女らを選びとり、通常学級とは異なる個別教育を中心とする「特別な」教育をできるだけ早急に行なうことであった。それが「正しく」できれば、「社会に役立つ人間」、すなわち社会に出て何らかの労働が可能になり、生活できる者になると結論づけた（東京市教育会 一九二〇：二五三〜四）。

(4)林町小学校における促進学級の設立

視察から帰国した藤岡は、一九二〇年に、東京市の学務課長渋谷徳三郎および調査係長川本宇之介らから、林町小学校で「低能児」教育を行なうことをすすめられた。藤岡は、右にみたように「低能児」教育の実践に大きな興味を持っており、快諾した（藤岡 一九二二：九二）。以降、東京市の特別学級は増加し、一九二二年以降は、おおむね一学区に一学校、一学校に一学級の割合で設置されている（表1－1）。

設置決定後、誰を特別学級に入れるのかが問題になった。藤岡はここで、知能指数による分類を紹介している。このうち知能指数七〇以下である「白痴」「痴愚」「軽愚」に相当する者は、絶対数の少なさ、他教育施設の存在を理由に収容対象にならないとした。そのうえで、「小学校の正当なる教科を授け得る見込みのあるもの」かつ対象者が多い知能指数七〇～八〇の「下智」、八〇～九〇の「平均智の下」をターゲットにすべきだとした。そのうえで、藤岡は「最も効率の高いもの」「その責任として大に努

表1－1　東京市内尋常小学校における補助学級設置学校数・学級数・児童数の推移

年	学校数	学級数	児童数
1920	2	2	38
1921	2	4	72
1922	20	22	405
1923	関東大震災のため不明		
1924			
1925	20	22	427
1926	27	29	570
1927	26	30	507
1928	26	31	537
1929	27	33	605
1930	27	31	572
1931	22	25	446
1932	22	25	460
1933	22	25	462
1934	26	29	502
1935	25	28	550
1936	25	28	517
1937	25	27	512
1938	24	26	479
1939	24	26	483
1940	28	30	422
1941	—	—	—
1942	24	26	408

出所：国立教育研究所（1974: 795）；東京都立教育研究所（1983: 783）より筆者作成。

力せねばならぬ範囲のもの」として、促進学級に収容すべき児童をつぎのように提示した（藤岡 一九二二：九三）。

（一）欠席又は教師の不注意、教授の不行き届等の原因によって学習上に障碍を来し、是れが為めに成績不良となりたる者

（二）身体及び精神の発達が通常児に比して少しく遅れたるが為めに成績不良となりたる者、智能指数七五以上九〇以下の者にして所謂バックワードチルドレン

このように藤岡は、促進学級に入るべき児童を提示したうえで、設置の効果について言及している。第一に、通常学級における授業運営の効率性についてであった。つまり、「一般学級の効率増進の障碍となるもの」や「一般学級における一般的取扱いでは到底救済の見込みのない落伍者なるもの」を選び出すことは、学校教育における効率性の向上につながるというものであった。第二に、促進学級での教育の効果に対する確信であった。そして、その効果とは、性格が明るくなる、学習態度が変化する、成績が上がる、成長不良や栄養状態が改善するといったものであった（藤岡 一九二二：一二一〜三）。

⑸東京市における特別学級の授業運営

では、特別学級の授業運営はどのような形をとっていたのだろうか。東京市における特別学級の運営には、「全部収容」と「一部収容」の二種類があった。前者は、特別学級の児童をすべて収容し学級編

制をする方法であり、後者は、対象児が通常学級と特別学級を教科によって移動するという方法であった。一部収容については、その様子がわかるつぎのような回想がある。

昭和一〇年、特殊学級（当時は補助学級および促進学級といっていた）の担任を志して豊島区のT校に転出した。あてがわれた教室は物置をあけただけの小さな一室、隣の便所は雨水が流れこむと、壺からあふれる黄金水が教室の前を流れるというT校名所の一つ。子どもたちは普通学級（原学級という）から特定の時間（原学級が国語、算数、地理、歴史といった知能学科の時間、あるいはやや重い子で、午前中とか午後とか）来るものと、全日特殊学級にいる重い子とあわせて、多い時は四〇名をこえた。（小杉長平先生を偲ぶ会 一九八五：二三二）

この小学校では、特別学級は小学校内の通常学級とは異なる場所に置かれていたことがわかる。このことは、特別学級の悪い意味での「特別な」位置づけを示しているともいえる。

三 東京市における補助学級児童の選定過程と特徴

(1)補助学級児童の選定方法

前節では、特別学級が東京市内の小学校に設置されるにいたった経緯を述べた。そして、藤岡の見解からは、特別学級に収容する児童を決める基準として、「成績」と「知能指数」が想定されていたことも確認された。

では、実際、どのようにして特別学級の児童は選ばれていったのであろうか。当然のことながら、第三者による個人の能力の判定は簡単なことではない。この点については、主たる選定者であった教員も自覚しており、それゆえ、特別学級の該当者を決めるために、「専門家」を巻き込みながら、さまざまな方法を用いたという経緯がある。

そこで、より詳細に選定過程が確認できる文部省および東京市の調査を用いて、どのような特徴を持つ児童が特別学級に在籍する児童として選択されたのかを具体的にみていく。

まず、一九二三年の報告では、東京市の常盤、佃島、林町、育英、臨海小学校の事例が掲載されている。全体的な傾向として確認できることは、以下の三点である。第一に、担任教員が特別学級に収容する第一候補者群を決めるということである。つまり、担任教員がある児童について「ふつうではない」と判断すれば、特別学級収容の候補になった。第二に、特別学級は、一学級につき約二〇名という人数制限があった。第三に、特別学級収容児童の選択に、保護者の意向が少なからず反映された（文部大臣官房学校衛生課 一九二四：三五〜四六）。

つぎに、文部省が一九二七年に実施した全国調査によると、もっとも一般的な評価軸は、「学業成績」であった。特別学級に収容された児童は、たとえば、成績が悪いがゆえに三年ほど停学した児童、算術や読方などの主要学科の点数が悪い児童、全教科の平均点が悪い児童などであった。この調査で興味深いのは、文部省が、学業成績のみによる選定を批判している点である。つまり、児童を学力のみによって選定した場合、対象児の「発達可能性」が判断できず、「努力する程度を知ることができない」。それゆえ、「智能検査法」導入の必要性を説いた。「智能検査法」を取り入れることによって、「純粋なる素質」を必ずしも測り得るわけではない。しかしながら、経験に左右されない単純な機能によってその働きを検査でき、児童の素質そのものを知ることは可能とされた。つまり数値化された知能指数は、より客観性を持つものとして理解されていたということである。さらには学業成績調査、知能検査とともに、もしくはそれに先立って身体検査を実施する必要性も強調している（文部省 一九二七：三六九〜七〇）。

このような流れにあって、翌年に東京市で実施された調査では明らかに選定方法が異なっている。一九二八年調査に掲載されていた児童選定にあたっての各種方法の組み合わせおよび採用学校数は、表1－2のとおりであった。

表1－2を用いて、どの指標が、より多く特別学級収容児童の選定に使用されているのかについてみてみよう。「学力」「智能」の両方を採用している学校は、二六校中パターン「1」「2」「3」「4」「6」「7」「9」の一九校で七三・一パーセントに及ぶ。「学力」「智能」「身体」は、パターン「1」「2」「3」「7」の一五校で五七・七パーセントである。「保護者」の意向は、二六校中パターン「2」「3」「4」「6」「9」「11」「12」の一四校、全体の五三・八パーセントが選定に反映させていることも確認された。

なお、知能検査の小学校への普及の背景には、より正確に児童の能力を選定しなければならないという小学校全体の雰囲気のなかにあって、東京市が児童心理学に詳しい久保良英に依頼し、東京市の小学校児童の知能検査を実施させたこと、さらに長年にわたって知能検査の精緻化に努めた鈴木治太郎と、

採用学校数（1928年，東京市尋常小学校）

	パターン7	パターン8	パターン9	パターン10	パターン11	パターン12
学力	○	○	○			
智能	○		○		○	○
身体	○					
保護者			○		○	○
担任	○	○		○		○
学校数	1校	1校	1校	1校	1校	1校

けて記載されているため，上記表では「4」番目で足し合わせて記載した。

林町小学校の教員であった喜田正春が密に交流をもったことがより影響していた。久保は、ビネー・シモン法を日本の満六歳から満一二歳までの児童に試み、より日本の実情に合った査定法の開発を模索した（久保一九一八：三）。その過程で、東京市内の調査対象校および児童数を順次拡大していった（久保 一九一八、一九二〇a、一九二〇b）。つぎに、鈴木治太郎は、大規模な標準化実験により「鈴木・ビネ式知能測定法」を完成させた（高橋・石川・前田 二〇一〇：二一～三）。喜田は鈴木との交流についてつぎのように述べている。

東京の林町小学校で促進学級を担任していた当時のこと、先生が文部省の参観においでくだされ、私が学業不振児の精神年齢と学力程度の関係について申し上げたところ、「私も若いころ、劣等児の指導を研究してみたこともあるが、知能の鑑別には、多数の日本児童について修正された測定尺度が必要であると思う。大阪市では今その標準化実験に着手しかけている。」とのお話であった。……東京に来てからは、関口台町小学校に在職中七カ年にわたって、毎年尋一児童全部について知能テストを実施しその成績をご報告申し上げたり、また東京大学の脳研究室において三宅鉱一先生のもとに、東

表1－2　選定の各種方法の組み合わせパターンと

	パターン1	パターン2	パターン3	パターン4	パターン5	パターン6
学力	○	○	○	○	○	○
智能	○	○	○	○		○
身体	○	○	○			考慮
保護者		○	○	○		○
担任		○		○		○
学校数	7校	4校	3校	3校	2校	1校

註：1）現史料中，「6」番と「8」番は，組み合わせが同様であるにもかかわらず分
2）表最上段の番号は，パターンの分類番号である。
出所：東京市役所（1928: 11［219］）。

京市内小学校児童約五千人について知能テストを実施した報告書を作ってお送りしたことなどもあるが、そのたびに先生はいつも「わしのスケールに対するよい検証資料になる。」と申され、大変喜んでくださった。（文学博士鈴木治太郎先生米寿祝賀記念行事実行委員会　一九八七：五三～四）

これを見る限り、児童の正確な選定のためには、知能検査の項目はより正確でなければならないという発想、そしてそのためには、より多くの児童のサンプルを要するため、特別学級教育に熱心であった鈴木と喜田が積極的に協力しながら知能検査を試みたこと、以上が確認可能であった。

一九三〇年代の調査では、補助学級に収容する児童の選定方法の記述が少なくなり、特別学級で学ぶ児童の個別経過、教科目の工夫などの記述が中心になっている。すなわち、一九二〇年代に補助学級に収容する児童の選定方法がある程度定められ、教育そのものに関心が移ったととらえてよい。

⑵補助学級収容児童の特徴

先に述べたように、補助学級に収容する児童の選定過程では、実際にそれが可能であったのかどうかは別問題として、個別教育を行なえば教員が考える「学習効果」が認められるであろう児童を「正確」に選ぼうとする流れが認められた。

では、実際にどのような特徴を持った児童が特別学級に在籍していたのか。まず、一九二六年の新聞記事の記述を見てみよう。

小学児童の薄馬鹿や低能は全国で二万人あるといはれ各府県では数年前から特別学級を設けて特殊教育をやっている。是等の児童は大抵脳みその足らない精神薄弱児のみと思われていたが学校衛生の進歩と共に身体の病弱や栄養不足から来ている者が大多数を占めている事実が発見されたので文部省では近く全国各小学校の特別学級につき厳密な調査を行ふべく準備中で、……（『読売新聞』東京版、一九二六年二月二九日朝刊）

右の記事は、第一に、少なくとも東京では、特別学級が「精神薄弱児」のための学級として認知されていることを示している。第二に、特別学級に在籍している児童は、「精神薄弱」だけではなく、身体上の困難を抱えているということについても触れている。すなわち、特別学級児童の「多様性」について言及している。

そこで、この新聞記事が示した見通しを道標として、どのような児童が補助学級に入学していたのかを知るため、まずは一九二八年の数値をみてみる。その結果、知能指数七六〜九〇に相当する「劣等児」カテゴリーに分類された児童が約半数を占めていた（東京市役所 一九二八：二三六〜七）。つまり、知能指数のみで判断すると、教員は、特別学級収容にふさわしい「劣等児」をある程度正確に選んでいたといえる。

つぎに補助学級への編入理由をみてみると、一九二八年は「性格異常と成績不良」、「心身発育不良と成績不良」、「素質不良にして遅滞傾向のある者」、「欠席多く成績不良」となっている。一九二九年は「性格異常と成績不良」、「心身発育不良と成績不良」、「素質不良にして遅滞の傾向ある者」、「欠席多く成績不良」となっている。つまり、これらの調査は、「成績不良の原因は何か」という観点から編入理由を抽出している。

つづいて、一九三〇年は「成績不良」、「性格異常」、「心身発育不良」、「素質不良」、「欠席多き者」となっており、「成績不良」カテゴリーが独立した。一九二八年から一九三〇年におけるカテゴリー上の変化は、成績不良は所与の条件としたうえで、選定の理由として、「性格」や知能指数の高低を意味する「素質」が重きをなしていると解釈できる。

ただし、このような「正確」な軸をもって特別学級の児童を選んだとしても、実際は、多様な困難を抱える児童が特別学級で学んでいた。

一九三一年に関口台町小学校で特別学級の担任であった喜田は、補助学級の児童を、心身状態、家庭環境などが著しく異なる者としている。喜田自身の学級にも、たとえば、「精神発達が甚だ幼稚で満十歳になっても未だ文字を取り扱い得る能力範囲に入って来ないもの（精神年齢四歳半）」、「応用推理の能力の乏しい」といったような知的障害の可能性がある児童、「乱視の為に字形の判別がうまく行かないもの」、「難聴」などといった身体に何らかの障害の可能性がある児童、さらには、「吃音」、「身体が非常に虚弱」、「左利きの為に書記が遅鈍で字形の甚だ稚拙」、「非常に内気で他生の前では本を朗読し得ないもの」など「多様」であった（大西ほか 一九三一：一〇九〜一一〇）。

喜田は、このような児童を、時には二〇名以上、一つの学級で一斉に指導を行なうことについて、「事実私はこれには随分困り抜いて」いて、結果的には、「低能児」のなかでも重い三名については事実上放置していたと自戒している。しかも、「我が東京市内二十七校の殆ど総ての特別学級が又そうであるらしい」と結んだ（大西ほか 一九三一：九五〜七）。

つまり、通常学級と特別学級双方の授業運営の効率性の向上を目的として、学級は分離されたものの、担当教員の数的な不足もあって特別学級での教育上の目的であった個別教育はままならなかった。

このように特別学級では、さまざまな困難の事情を抱える児童が一同に介して学んでいたわけであるが、彼らや彼女らはどのような方針にもとづく教育を受けていたのだろうか。そして、ここで学んだ児童は、特別学級での学びの「成果」としての進路はいかなるものであったのだろうか。

四　特別学級における卒業後の進路

(1) 特別学級児童にとっての就職の意味づけ

学校教育の目的のひとつは、卒業後に自立できる人材の養成である。ここでの自立とは、しかるべき職業に就き、生活できるだけの賃金を得るという意味での職業的自立である。教育社会学や経済史分野では、近代において教育と職業はどのように結びついてきたのか、そして、その結びつきによって、日本の産業化や工業化にどの程度、寄与してきたのかに関する研究が多くある（苅谷 一九九一、猪木 一九九六、菅山 二〇一一、澤井 二〇一二など）。そのうち、小学校卒業直後のいわゆる義務教育修了者は、一般的に、職人や職工などの労働者や事務職員の一部として働いた（澤井 二〇一二：一）。ただし、ここでの「義務教育修了者」とは、通常学級を卒業した者である。つまり、そもそも経済成長に寄与すると想定されていない特別学級の児童は含まれない。そのことを確認したうえで、では、特別学級を卒業した児童の場合、教育と職業の結びつきについてはどのように理解されたのか。さらには、結果として、特別学級の児童はどのような進路をたどる傾向にあったのか。

本節では、当時の日本社会の経済状況をふまえつつ、特別学級に在籍していた児童の卒業後の進路について考察を試みる。

まず、特別学級で、教育と職業の問題はどのようにとらえられていたのか。一九二八年五月に東京市教育講習所補助学級研究科が整理した報告によると、教科教材の取り扱い上、とくに注意している事項は、解答数が多い順に「個性能力に応じる取扱」、「自学自習態度の養成に注意する」、「児童の生活に関係深きものを中心とする」であった。またこの結果を受けて、同調査は、「作業中心又は技能科重視の数が甚だ少ないのは意外である」と指摘している（東京市役所 一九二八：二一九）。つまり、特別学級児童の生活を保障するためには、実技にもとづく作業を増加し、何らかの技能習得が必要だという考え方があった。

一九三〇年の調査では、補助学級の指導方針について、先に同じく作業の重要性に触れ、「道徳的知識をあたえて善良なる人として実社会生活への準備にまで導けばよいのである」（教育講習所研究科 一九三〇：三〇六）とある。このような見通しのもと、担任教員は、実際に徳育の実践や技能教育を主たる授業内容として取り入れた（同前：三一六）。そして、特別学級児童の卒業後の生活を見据えた「職業的準備」がつぎのように述べられている。

例えば商業的地方にありては商業的内容を、工業的地方にありては工業的科目についてその得意とせるものを児童に課するが如きである尚これ等の児童の教育は特に実社会との連絡をなし、卒業したならば、之を善導し、実社会に入ってからも絶えず同情ある指導をせねばならぬのである。（教育講習所研究科 一九三〇：三〇六）

つまり、特別学級児童の就職をできるだけ容易にするために、彼ら・彼女らが暮らす地域の特性に応じた教育を行なう必要があり、卒業してからも何かしらの指導を要することが述べられている。

なお、右で使用されている特別学級児童を善き道に導くという意味合いの「善導」という言葉は、教育と職業という問題を考える際の、通常学級と特別学級の違いを示している。つまり、特別学級の児童については、何か特別な、手に職を就けうる指導をしなければ、将来、通常学級の児童と比べると、路頭に迷う可能性があるという見通しがあった。たとえば、補助学級担任教師のひとりは収容児童について、早期の職業教育なしには確実に生存競争に敗れ、「ある者は、下層労働者として生活苦に喘ぎ、或者は犯罪者として邪悪に陥いり、或者は闇の華として泥沼の中に堕落して行く」（渡部・村中 一九三五：二三四〜五）と主張している。

つまり、特別学級の教育は、こうした「害悪」から在籍児童を守るために、小学校卒業直後に何らかの職業に就いて、生活の安定にまでもっていけるようになされるもの／なされるべきものでもあり、そのためには何をする必要があるのかという発想がみられた。初等教育の場にあっては、進学の道がある程度見通せる通常学級児童よりも特別学級児童の方が、よりいっそうの就業への要請があったともとれる。

一九三八年には、「作業化」「技能化」がより鮮明になる。このような状況は、当時の労働力不足の影響も大いに想定される。林町小学校では技能教科を重んじ学習時間を増やすこと（東京市 一九三八：二七九）、関口台町小学校では将来の職業生活を考慮して、日常身近の知識技能を授けること（同前：二八〇）、津久戸小学校では技能化を重んじ職業教育的色彩を濃くすることが目標とされた（同前：二八七）。このように一九三〇年代については、特別学級を有する個々の小学校が、在籍児童向けの職業教育や職業訓練の方法を模索していたことがわかる。

では、そういった職業教育の結果として、特別学級在籍の児童は卒業後どのような進路をたどったのか。補助学級担任教員数人で行なわれた座談会の内容によると、主な職種として、小僧、子守、不熟練工、筋肉労働が示されている（川島ほか 一九四〇：二八〜九）。

くわえて、特殊学級、養護学校の教育に従事してきた富岡達夫によると、一九三〇年代を示す昭和戦前期には「低能児に就職難なし」といわれていたという。その理由は、この時期の、作業工程の細分化および機械化により、とくに都市部の下町には、ほとんど学力を必要としない職務がいくらでもあり、就業先によっては「見習」「手伝い」として技能を習得する機会に恵まれていたからであったという（富岡 二〇一二：五〇）。この記述は、前述の座談会において、ある教員による「当世のように人間が足りませんと、相当馬鹿な者でも使って呉れます」という発言内容とも一致する（川島ほか 一九四〇：二六）。

(2) 特別学級卒業後の就職

そこで、東京市における補助学級を卒業した児童の特徴と進路状況を分析してみる。

ここで利用する資料は、一九三七年に東京市によって公表された「補助学級児童ノ卒業後ノ状況」である。この調査は一九二八年から一九三六年における男性九九名、女性八八名の計一八七名を対象としている。同資料は、特別学級児童の個別の就職状況がわかる貴重なものであるが、いくつかの制約条件がある。

第一に、先の表1－1における学級数と児童数とを照らし合わせると、調査対象となっている卒業生が著しく少ない。この理由は、担任教員の異動、児童の家庭転居、転職が多いがゆえに、調査不能の者が多いためとある。また、調査を行なった教師が、卒業生を何らかの基準で選定し調査対象とした可能性についても検証を要する。第二に、一九三二年から一九三五年に卒業した者が約七五・四パーセントに及ぶことなどから、これをもって特別学級児童の卒業後の進路を一般化することはできない。第三に、学校別調査児童数一覧をみてみると、多い順に神田小学校三八名、林町小学校三一名、関口台町小学校二〇名、京橋小学校一六名、永田町小学校一一名、根岸小学校一〇名と偏りがみられる。したがって、抽出された就職先に、調査対象となっている小学校の立地条件および属性が職業に少なからず影響しているると考えられるが、詳細は不明である。第四に、調査対象年となった一九二八年三月から一九三六年三月は、日本の経済状況が大きく変動した時期に相当する。したがって当然、労働市場もその影響を受けていた。ちなみに、調査人数がもっとも多い一九三二年から一九三五年は、日本が昭和恐慌を経て、景気が回復していくという時期であった。東京市においては、たとえば一九三三年に、機械工業分野が活況を呈し、電球、セルロイド、玩具等の工場の求人が増加したなどの記事がみられた（『読売新聞』東京版、一九三三年一月二六日朝刊）。

このような制約条件をふまえつつも、計一八七名に関する年齢、知能指数、卒業当時の学力程度、卒業後の進学程度、従事している職業、就業場所、従事している仕事の実際、収入の程度、独立生計の可能性の指標が一覧で公表されている貴重なものである（東京市役所 一九三七：二二六〜八）。そこで、本節では、この一覧を用いて、筆者の問題意識にもとづき、いくつかの表を新たに作成し、わかりうることを記述する。

まず、補助学級卒業児童計一八七名の知能指数の分布については、九〇以上の「普通児」が二八名（一五・〇パーセント）、七〇〜八九の「劣等児」が一一三名（六〇・四パーセント）、六九以下の「低能児」が四六名（二四・六パーセント）となっている（東京市役所 一九三七：二一〇）。これら児童の男女別の就職および進学は、おおむね五〇パーセントずつである。進学とは、主に高等小学校への進学を意味している。このことは、当該期の通常学級における高等小学校の進学者急増の流れに沿うものであろう。つぎに、約半数の就職という「結果」が出ているということは、実社会に出ても困らない技能を身につけるという教育目標が、ある程度は達成された可能性があることを示してもいる。

では、特別学級卒業直後に就職した児童はどのような過程を経て職にたどりついたのであろうか。そして確認できうる個別事例には、どのような特徴が認められるのだろうか。就職にいたるまでの過程や就職先は、性別によって異なるであろう。そこで、男女別にその違いをみていくことにしよう。

まずは、男性の場合、独立生計が「可能」であると評価されている者は、「可能である見込」を含めると、九九名中五六名であった（五六・八パーセント）（東京市役所 一九三七：二一六〜七）。

同調査における「独立生計が可能」という文言は若干の注意を要する。なぜなら、調査対象者の年齢が一〇代後半から二〇代前半と若年層であり、年期奉公のものが多く、収入が定まっていないからである（東京市役所 一九三七：二一五）。つまり同資料で表現される「独立生計が可能」とは、「将来、誰かに保護されることなく、独立して生計を立てられる可能性が高い」という意味合いだと捉えられる。

また、特別学級を卒業した児童の就業先が「自宅」であったのか、「自宅以外」であったのかが分類されている。「自宅」とは、家業の手伝いを意味した。そして、家族が経営している工場もしくは商店に一定程度の収入があって、当事者がその仕事を家族とともに継続して行なうことができ、それなりの賃金を得る見通しがあった場合に「独立生計が可能」という判断が、教員によって下されていると考えられる。以上の意味内容によって、独立生計が可能でかつ就業場所が自宅である者は、五六名中一九名（三三・九パーセント）であった。[1] その主な家庭の職業は、「職工」もしくは青物商、魚商などの商店であった。たとえば同カテゴリーに該当する青物商で働く卒業生は、父を亡くし、兄弟が多く、母一人が家業を切り盛りし、生計が苦しいという家庭環境が前提としてあった。それゆえ、彼は、母を支える必要があって、行商に従事した。愛嬌があり、得意先からの評判も良かったという（東京市役所 一九三七：二一八）。このように独立生計が可能で自宅で就業している者の場合、彼らの家族が基本的に自営業であり、彼らができる仕事があったということがわかる。そして、たとえ家族が彼らの理解力の程度やスピードに何か問題があると感じていたとしても、家業を手伝うことに大きな支障がない場合には、「ふつう」に働いていた。もしくは、貧困であるがゆえに働かざるをえなかったということもできる。

つぎに、独立生計が可能で就業場所が自宅以外の卒業生についてみてみる。この区分に該当する者のうち、収入額が記載されている一八名を抽出し、個人別の就業に関する属性を記載したのが表1－3である。同表によると、第一に、知能指数七〇～八〇の者が多い。第二に、職業は職工、商業が多く、年齢構成上の特徴から、この時点では奉公の段階にある者が多くを占める。第三に、収入額についてである。特別学級に在籍していた児童は、通常学級に在籍した同世代の児童よりも低い賃金しか貰えなかったのだろうか。つまり、「独立可能な」収入とは、この場合どのような意味か。表1－3中の一八人の職種すべてについてはわからないが、いくつかの例について比較を試みる。その際、調査された年代や、児童の学歴や居住地域などの属性をできるだけ揃えた者と比較をするという意味で、一九三七年の『読売新聞』東京版に掲載された「小学校だけでできる職業」という特集記事の数値を用いることとする。

これによると、魚市場の仲買は月五円の月給で住み込み（『読売新聞』一九三七年二月一六日夕刊）、印刷工は見習期間一年で日給七〇銭～八〇銭、その後は一日一円～一〇円一〇銭（『読売新聞』一九三

表1－3　補助学級男性卒業児童中「独立生計可能」で「自宅」以外で就業する者の内訳（1928～1936年）

	姓名	年齢	知能指数	進学	職　業	従事場所	仕事の実際	収入（円）
1	□□	21	71		力士下働	出羽の海部屋	用きき雑用	月10.00
2	□□	19	74	○	電機商	電気商会	商品の配達・工作の助手	月15.00
3	□□	19	72		青物茶屋	青物中央市場	休憩所の客の接待	日 2.00
4	□□	18	99	早稲田	給仕	松竹本社	会計係の見習い	日 0.72
5	K・H	18	92	○	機械職工	メリヤス機械製作所	機械仕上工	日 0.90
6	Y・S	18	85		職工	錠剤機製作所	旋盤工	日 0.90
7	□□	18	80	○	職工	印刷会社	校正刷	日 0.60
8	S・M	18	77		理髪業	住込見習	見習助手	月10.00
9	□□	18	71		魚商	住込奉公	出前持，店内整理，買出し運搬	月 5.00
10	S・O	18	70		酒商	年期奉公	配達その他のご用聞	月 3.00
11	T・S	18	66	○	箔押業	年期奉公	箔付の見習	月 5.00
12	I・Y	17	89		職工	●工場	ヤスリカケ，製品の配達	日 4.00
13	R・S	17	88	▲	職工	機械製作工場	旋盤工	日 0.65
14	M・A	17	87	○	帳簿製造業	年期奉公	糸とじ	月 1.00
15	F・H	17	76		造花商	住込奉公	造花職見習	月 4.00
16	E・Y	16	74		染物業	住込奉公	染物の型置・糊ひき	月 6.00
17	Y・T	16	72	○	自転車業	年期奉公	自転車掃除・パンク修理	月 5.00
18	T・K	13	96		製本職工	年期奉公	掃除製品の運搬折本	月 2.00

註：1）上記表題のもののうち収入がわかりうる者を抜粋。
　　2）進学のうち○は「高等小学校卒業」，▲は「高等小学校中退」，「早稲田」は「早稲田実業」を示す。
出所：東京市役所（1937: 22–33［216–217］）より筆者作成。

七年一月三一日夕刊）、電気工は最初日給八、九〇銭でよくて一円二、三〇銭となっている（『読売新聞』一九三七年二月二三日夕刊）。また職工の待遇に関して、別の書籍によると、高等小学校卒業の見習工は、初級一日六〇銭〜一〇〇銭、時給では六銭〜九銭、手当ぐるみ日収八〇銭が一般的とある（淡路 一九四〇）。これら数値と表1－3のなかで同様の職業に従事している「電機商」、「職工」、「魚商」の収入を比べてみると、その額は大きく変わらないことが確認された。

同カテゴリーに該当する児童のうち、たとえば表1－3における児童7は身体の発育はやや不良であるものの、手先が器用であることを活かせる印刷職工になっている（東京市役所 一九三七：二一八〜九）。児童9は、家計が苦しいという事情もあり、卒業直後に住込奉公し五年が経過している。金銭の計算がやや苦手ではあるものの、愛嬌があり、真面目で、几帳面な性格ゆえに、魚屋としては、やっていけるという見通しが示されている（同前：二二〇）。これら個別事例をみてみると、雇用主が、彼らの何らかの障害について、仕事の遂行に支障がない、もしくはその仕事に向いていると判断した場合、小学校の通常学級卒業の児童に同じく働くことが可能で、労働条件も目立った差がないことがわかる。

つづいて、女性をみていく。「見込」を含めて生計が「可能」であると評価されている者は、八八名中三八名（四三・二パーセント）であり、男性に比してやや低い割合になっている。つぎに、独立生計が「可能」で就業場所が「自宅」である者は、三八名中二〇名（五二・六パーセント）であった(2)（東京市役所 一九三七：二一七〜八）。この数値は男性に比して目立って高い。これは、自宅でできる仕事には、いわゆる「女性向き」の仕事が多かったことと無関係ではない。すなわち、その職種の少なからずが、家事育児に関係する「家事手伝」であり「裁縫」であり「子守」であった。たとえば、同カテゴリーに該当する裁縫師として働く女性は、身体が虚弱で、歩行が不安定という障害があるが、近所の市場や個人の依頼を受けて裁縫の内職をし、一日に一円二、三〇銭の収入を得ていた。

さらに独立生計が可能で、収入程度が記載されており、就業場所が自宅以外の者についてみてみよう（表1－4）。第一に、知能指数八〇～九〇の者が目立つ。第二に「職工」として働いている者が多い。これについては、男性と同じ傾向であった。ただし、収入が日給中心である点については、男性と性格を異にする。同カテゴリーに該当する児童のうち、たとえば、文房具製作工となった児童9は、母との二人暮らしで、辛うじて生計が成り立っている家庭に属している。身体の発育状態は良くないものの、疾病はない者である。彼女は、熱心なこと、真面目なこと、作業能率が良いことを評価され、男性の小僧に代わって雇用されていた（東京市役所 一九三七：一二一三）。女中となった児童1は、五年生のときに父が死亡し、家庭がますます貧しくなり、中途退学を希望するも、慰留され卒業した者であった。彼女は軽度の難聴であるが、身体の発育に問題はなかった。真面目な性格で御隠居の世話を良くするので、雇い主に愛され、料亭勤めも可能だとされている（同前：一二一二～一三）。これら個別事例をみてみると、働かざるをえないという家庭環境がまずあって、雇用主によって問題がないと判断された障害の程度であれば、自宅以外に就業していた場合もあったことがわかる。

同史料での分析の最後に、特別学級の在籍を経て、小学校を卒業した者のうち、独立生計が不可能であった児童がいたことについてもつけ加えておきたい（表1－5）。この表を、独立生計が可能で、就業可能であった卒業生と比較してみると、つぎのことが確認可能である。第一に、知能指数が相対的に低い。第二に、身体に障害を持つ児童が多いことである。同カテゴリーに該当する児童のうち、たとえ

表1－4　補助学級女性卒業児童中「独立生計可能」で「自宅」以外で就業する者の内訳（1928～1936年）

	姓名	年齢	知能指数	進学	職業	従事場所	仕事の実際	収入（円）
1	S・N	21	82		女中		子守，家事雑用	月 6.00
2	□□	19	96	○	給仕	農工銀行		日 0.55
3	□□	19	82		女中		老人の世話来客接待	月 12.00
4	H・Y	17	67		職工	靴工場	靴工見習	日 0.30
5	A・T	16	90	実業学校	職工	紙器製造工場	紙器制作	日 0.45
6	Y・A	16	60		職工	玩具製造工場	玩具の制作	日 0.45
7	N・K	15	98		職工	衛生工業会社工場	包帯巻，綿打	日 0.35
8	M・N	15	87	実務学校在学	職工	メリヤス工場	ミシン裁縫	日 0.35
9	□□	15	76	▲	職工	文房具製作所	鉛筆をサックに入れる	日 0.55
10	□□	15	61		職工	製本印刷会社	雑誌の荷造り発送切手貼付	日 0.60
11	S・T	14	94	▲	職工	時計製作所	懐中時計の側を作る	日 0.47
12	N・K	14	93		女中		子守その他	月 5.00

註：1）上記表題のもののうち収入がわかりうる者を抜粋。
　　2）進学のうち○は「高等小学校卒業」，▲は「高等小学校中退」を示す。
出所：東京市役所（1937: 34–38［217–218］）より筆者作成。

ば、表1－5における児童5は、知的障害に加えて、身体の発育も悪く、肺炎、脳膜炎も患っているとある。家業である菓子商の手伝い程度ならできるが、彼に全面的に仕事を任せることは不可能だとある（東京市役所 一九三七：二二一）。児童6は、知的障害に加えて、身体の発育が著しく不良で体も小さく、慢性の結膜炎を患っているとある。彼もまた自宅で簡単な家事を手伝い、新聞の折りたたみ、新聞に広告を入れるなどの作業はできる。ただし、仕事となると長続きしないという判断がなされている（同前：二二一～二二）。これら個別事例をみてみると、彼ら・彼女らは、複数の障害もしくは疾病を抱えるがゆえ、日常生活を送るにあたってより困難を抱えていた児童であったことがわかる。

以上、「独立生計が可能かどうか」という軸を中心に、男女別、就業場所別に分析を行なっ

表1－5　補助学級卒業児童中独立生計が「不能」の者の内訳（1928～1936年）

	姓名	年齢	知能指数	進　学	実際の仕事	その他
1	□□	20	63	八幡学園卒	養鶏及び家事の手伝い	
2	H・S	20	58		保護す	
3	T・S	20	49		簡単な使い歩き	
4	K・F	19	55		薪炭の運搬その他	身体虚弱
5	□□	17	53		小売り手伝い，自転車で配達	
6	□□	17	51		小さな養鶏を指導中	
7	T・S	16	76		マッチのペーパー貼り	小児麻痺のため手足不自由，盗癖あり
8	Y・N	15	91		保護す	癇癪の持病あり
9	S・S	15	57		保護す	不良化の憂いあり
10	U・I	14	57		子守り，雑用	
11	H・M	14	43		雑用見習	
12	U・K	19	73		炊事その他の雑用	
13	T・S	19	65	女学校在学		
14	M・T	19	49		家事裁縫手伝	半身不随
15	F・M	18	75		保護す	
16	S・W	17	62		子守り	
17	T・M	17	62		子守りその他見習	
18	C・S	16	47		保護す	
19	T・H	16	37		保護す	病気療養中
20	T・F	15	53	家政女学校退学	保護す	
21	K・T	14	78		家事裁縫手伝	
22	I・A	14	63		家事見習	
23	T・A	13	37		子守り（保護す）	

註：1～11は男性の児童，12～23は女性の児童である。
出所：東京市役所（1937: 29–38［216–218］）より筆者作成。

た。ここまでわかることは、第一に、特別学級を卒業した児童のうち、雇用主によって働けると判断された児童が実際にいて、工場、商店などを中心に雇い入れられたということである。ただし、その後、通常学級卒業者と同様のキャリアパスをたどれたのかどうかは、いまの時点では確定できない。第二に、特別学級で「特別な」授業を受けたものの、雇用主の望む水準まで仕事ができない特別学級の児童は、小学校卒業後、「保護」というかたちで家族によって扶養されたと考えられる。

(3) 特別学級在籍者から労働者へ

最後に、あらためて、特別学級の児童の小学校卒業直後の就職について、わかることを述べておきたい。

日本では、一九三三年以降、好況によって職工の需要が高まった。そして、同時期の職工の特徴については つぎのような記述がある。

> 最近の見習工志願者は質が著しく低下していて、予想以上に多くの低能者、身体虚弱者、性格不良者並びに環境不適合者等が紛れ込んでいるために、兎角様々の面倒を惹き起こしていることは、周知の通りである。(淡路 一九四〇:三一五)

好況による労働力不足が深刻化していた東京市のような都市部では、少なくとも職工就職のルートは、特別学級卒業直後の男子児童にはある程度開かれたものであったという見方ができる。そういった意味で、先の富岡が指摘した「低能児に就職難なし」という状況はあったといえる。そしてとくに男子児童の場合、特別学級を卒業してすぐに見習いとして就業の者がいること、収入についても当時の小学校卒業児童のそれと明示的な差がないということも、注目されてよい。一九三〇年代には、小学校卒業直後の者が就職することや、転職を繰り返すことは「ふつう」の社会であった。そのなかにあって、特別学級に在籍している児童のうち、卒業直後に職を得た者が短期間のうちに職を変えても、それは当時の一般社会の基準に照らせば特別なことではなかったのである。そして特別学級在籍児童であったとしても、一定の作業ができさえすれば、通常学級卒業直後の児童と同等の労働条件で働ける場合が、たとえ人数的には少なくとも認められた。

ただし、このような確認をもって、障害者に開かれた社会が、戦前の日本に「あまねく」広がっていたと主張したいわけではない。ここであらためて確認したい点はつぎのとおりである。第一に、働ける／働けないという価値基準が産業化の進展にともなってより重きをなしてきているという点である。特別学級の教員は、特別な教育によって職の獲得＝「働ける」という成果が出やすいと想定される児童を熱心に選びとろうとした。このような選定の過程では、はじき出される児童が必ず出てくる。そのことをどのように考えるのかという問題がつねに残る。第二に、特別学級で特別な教育を受けた結果として、一定数の特別学級卒業生が職を得られたわけであるから、このこと自体は「良い」流れであるというとらえ方もできる。しかし、そのような単純な話ではないことも確かである。なぜなら、特別学級収容児童ができること／できないこと、向いていること／向いていないことが、時として彼ら・彼女ら以外の人々によって決められてしまうからだ。

では、このような流れについて、収容児童本人はどう考えていたのか、そして彼ら・彼女らの意向はどの程度反映されていたのかについては、資料からはほとんど見えてこない。見えてこない理由のひとつとして、収容児童本人の意向の軽視あるいは無視が、比較的容易に想像できる。しかしながら、本章で確たる資料を用いて、軽視もしくは無視を実証できない以上、それは推測でしかない。しかも収容児童の少なからずが、何らかの障害を持つ者であり、当事者の意向が資料として残りづらいという根本的な問題があり、どのような方法を用いてそれを実証していくのかという大きな課題がある。

それでは、今後、障害者の労働に関する歴史研究を行なううえで何が求められるだろうか。産業化が進展するなかで、障害者が労働市場でどのように働いていたのか、また一方で排除されていたのかを考えるためには、まずは誰が、障害者をどのような存在ととらえていたのかに関するさらなる分析がいる。そして、その時々の経済状況をふまえながら、障害者の意向が何らかのかたちで拾い得る個別具体例を丹念に検討する必要がある。そのためには、障害を持つとされた人々が得た待遇に加えて、職種の特徴、地域性などがわかる歴史資料のさらなる発掘が求められる。

＊　本研究は、文部科学省科学研究費学術創成研究（課題番号：一九GS〇一一二）『総合社会科学としての社会・経済における障害の研究』（研究代表者：松井彰彦　東京大学大学院経済学研究科　教授）の助成を受けた。

註　記

（1）原資料上のナンバーで、4、9、11、24、39、42、43、51、53、54、56、61、64、67、73、83、84、86、95。

（2）原資料上のナンバーで、2、3、4、5、12、13、14、15、19、20、22、24、30、35、43、47、49、54、58、63。

引用・参考文献

安倍友之助（一九一七）「落第廃止論」『都市教育』第一四九号：一三～二〇頁。

淡路団治郎（一九四〇）『職工養成』千倉書房。

猪木武徳（一九九六）『学校と工場――日本の人的資源』読売新聞社。

大西永次郎・青木誠四郎・三宅鉱一・杉田直樹・小林佐源治・喜田正春（一九三一）「精神薄弱児童養護施設資料　昭和六年度」文部大臣官房体育課『編集復刻版　知的・身体障害者問題資料集成〔戦前編〕第七巻〔一九三〇年～一九三三年〕』不二出版、八七～一一八頁。

苅谷剛彦（一九九一）『学校・職業・選抜の社会学――高卒就職の日本的メカニズム』東京大学出版会。

川島健吉他一一名「補助学級教育の実際問題に関する座談会」（一九四〇）『精神衛生』第一五年、第二号：一～三八頁。

教育講習所研究科補助学級研究部（一九三〇）「本市小学校に於ける補助学級の実際」『編集復刻版　知的・身体障害者問題資料集成〔戦前編〕第六巻〔一九二九年～一九三〇年〕』不二出版、三〇〇～三二二頁。

久保良英（一九一八）「小学児童の智能査定の研究」『児童研究所紀要』一巻：一～六四頁。

――（一九二〇 a）「小学児童に試みたる団体的検査法」『心理研究』一八巻四号：二七七～八二頁。

――（一九二〇 b）「小学校児童に試みたる団体的智能検査法」『児童研究所紀要』四巻：一～三二頁。

国立教育研究所（一九七四）『日本近代教育百年史　第二巻　学校教育　四』財団法人教育研究振興会。

小杉長平先生を偲ぶ会（一九八五）『愛と生活の教育――小杉長平先生遺稿集』旭出学園印刷科。

鈴木治太郎（一九六七）『鈴木ビネー式　智能測定の尺度の客観的根拠〔昭和三二年改訂版〕第五版』東洋図書。

菅山信次（二〇一一）『「就社」社会の誕生――ホワイトカラーからブルーカラーへ』名古屋大学出版会。

澤井　実（二〇一二）『近代日本の工業教育』大阪大学出版会。

田中勝文（一九八五）「一一　特殊小学校と障害児教育」津曲裕次・清水寛・松矢勝宏・北沢清司編著『障害児教育史』

川島書店、一九四～二〇〇頁。

東京市（一九三八）「東京市補助学級概覧」『編集復刻版　知的・身体障害者問題資料集成〔戦前編〕第一二巻〔一九三七年～一九三八年〕』不二出版、二七二～九六頁。

東京市教育会（一九一三）「東京市最近三十年間教育沿革概見」『都市教育』第一〇〇号：五五～八一頁。

東京市教育会研究部（一九二〇）「二部教授授速に撤廃せざるべからず」『都市教育』第一八四号：三～一二頁。

東京市教育会編纂（一九二〇）『小学校長団の観たる米国の教育』佐藤出版部。

東京市役所（一九二八）「東京市小学校　補助学級の現状」『編集復刻版　知的・身体障害者問題資料集成〔戦前編〕第五巻〔一九二七年～一九二九年〕』不二出版、二一五～三三頁。

東京市役所（一九三七）「補助学級児童ノ卒業後ノ状況」『編集復刻版　知的・身体障害者問題資料集成〔戦前編〕第一一巻〔一九三六年～一九三七年〕』不二出版、二〇八～二四頁。

東京都立教育研究所（一九八三）『東京都教育史　通史編　三』東京都立教育研究所。

戸崎敬子（一九九三）『特別学級史研究――第二次世界大戦前の特別学級の実態』多賀出版。

――（二〇〇〇）『新特別学級史研究――特別学級の成立・展開過程とその実態』多賀出版。

富岡達夫（一九九四）『東京の知能遅滞児教育史序説〔戦前編〕』大揚社。

――（二〇一二）『知的障害児の職業教育余録――田村吉夫の断想を背景に』フィリア。

中村満紀男・荒川智編著（二〇〇五）『障害児教育の歴史』明石書店。

平田勝政（二〇〇三）「戦前の東京市特別学級（補助学級）関係資料目録」『長崎大学教育学部紀要　教育科学』第六四号：二九～四二頁。

藤岡眞一郎（一九一一）「細民子弟の教育と特別作業」『都市教育』第八六号：一四～二二頁。

――（著述代表）（一九二二）「促進学級の実際的研究」『知的・身体障害者問題資料集成〔戦前編〕第三巻〔一九二二年～一九二四年〕』不二出版、八七～二三七頁。

文学博士鈴木治太郎先生米寿祝賀記念行事実行委員会（一九八七）『遍歴：伝記　鈴木治太郎』〔伝記叢書：一〇〕大空

社。

前田博行・高橋智（二〇〇〇）「近代日本の学力問題と促進（補償）教育――日本特別学級史研究の批判的検討」『東京学芸大学紀要』第一部門、教育科学五一：二一九〜二三二頁。

文部省（一九二七）「全国特殊教育状況（社会教育叢書第十五輯）」『知的・身体障害者問題資料　集成〔戦前編〕第四巻〔一九二四年〜一九二七年〕』不二出版、一二八〜一四八頁。

文部大臣官房学校衛生課（一九二四）「特別学級編制に関する調査」『知的・身体障害者問題資料集成〔戦前編〕第四巻〔一九二四年〜一九二七年〕』不二出版、三〇〜五八頁。

渡部政盛・村中兼松共著（一九三五）『精神貧困児の教育』啓文社出版。

「小学校令改め特別学級の制　病気の加減で成績の悪い児童が多いのが最近わかる」『読売新聞』東京版、一九二六年二月二九日朝刊。

「蘇った就職戦線　凄や求人過多　機械工業界はインフレ二重左右女性に大当りの年」『読売新聞』一九三三年一月二六日朝刊。

「〔小学校だけで出来る職業＝11〕すたりのない印刷工」『読売新聞』東京版、一九三七年一月三一日夕刊。

「〔小学校だけで出来る職業＝20〕機敏第一！魚市場の仲買」『読売新聞』東京版、一九三七年二月一六日夕刊。

「〔小学校だけで出来る職業＝25〕試験制度になる『電気工』」『読売新聞』東京版、一九三七年二月二三日夕刊。

第2章　学校と発話障害児

ドイツにおける発話障害とそれをめぐる知とケアの確立

梅原　秀元

一　学校と障害

二一世紀に入ってドイツ[1]およびドイツ語圏でも、障害学が確立されるとともに、「障害の歴史」研究が広がりをみせている。そこでは、障害と「普通」というカテゴリー区分がどのように発生し、またどのような区分がつくられ、そうした区分が発生する過程において誰がどのような役割を担い、こうした区分に該当する人々が「普通の」人々からどのように区分けされ、差別されたのかといったことが議論されている（Waldschmidt/Schneider 2007; Bösl 2009a; Bösl/Klein/Waldschmidt 2010）。

こうした問題関心をもつドイツの障害学と「障害の歴史」研究において、学校は重要な位置を占める。学校がどのようにして「普通」と「普通ではない」という差異を生み出したのか、それはどのような知にどのようにして支えられてきたのか、そうした知の担い手はどのような人々だったのか、そしてそうした差異がどのように社会に広がり、何らかの不自由さを持った人々がどのようにして「普通ではない」と刻印され、その刻印が彼らにどのような影響を与えたのか。こうした問いが学校と障害というテーマにおいて議論されることになる。その際、単に学校と障害とのあいだの関係を問うだけではなく、障害についての知をつくりだし、実践に移していった（養護）教育学や医学とその担い手たちも議論の対象となる（Powell 2007）。

こうした背景のもと、本章では一九〇〇年前後の時期のドイツにおける「つかえずに話せない」子どもについて検討する。当時、学校では「つかえずに話す」ことが重要視された。つかえずに話すことができない子どもたちは、授業についていけず、特別な措置が必要と見なされた。彼らのために特別な学校やクラスが設置され、制度的に「普通の」子どもたちから分離されていた。また、「つかえずに話せない」子どもたちにも、発声上の問題に起因する場合と、聴覚の完全な喪失や部分的喪失にともなう場合とがあり、後者についてはすでに一八世紀頃から、前者についても一九世紀の後半以降、医師、精神科医、心理学者、（養護）教育家や教師などの「専門家」が、それぞれの立場から議論を闘わせ、自らの考えを実践に移していた。一九〇〇年前後のドイツにおける「つかえずに話すこと」をめぐる状況は、学校と障害をめぐる諸問題について議論をするうえで格好な例であろう。

ドイツにおける発話障害と言語治療学（Sprachheilkunde/Logopädie）の歴史は、日本はもとより、ドイツおよびドイツ語圏でもまだ本格的な研究はなされていない。ドゥプイスが発話障害児のための養護教育学とその実践について、成立から二〇世紀後半にいたるまでの歴史を概観している（Dupuis 1983）。コロンコとクレーマーは、ドゥプイスの概観にもとづきながら、一九世紀末から一九三〇年代におけるドイツの言語治療学、とくにグッツマン学派に焦点を絞って、その成り立ちから一九三〇年代に優生学・人種衛生学に接近し、発話障害を遺伝との関係で説明するようになることを明らかにしている(Kolonko/Krämer 1992)。また、これらとは別にドイツの言語治療学とその実践の先駆者アルベルト・グッツマンについて、トイマーらによる論集があり、グッツマンの理論的基礎と実践を紹介すると同時に、同時代の他の実践家との論争を取り上げながら、グッツマンの理論と実践の特徴を明らかにしている(Teumer 1997)。これらの研究によって大まかな概観は得られるものの、個別の地域レベルでの実践については研究がなく空白領域となっている。

聴覚に起因する場合については、聴覚を完全に喪失した人々についての研究は進んでいるものの、聴覚を部分的に喪失した子どもたちについては、ヘッセとレオンハルトによる概観がある程度で、やはりほとんど研究は進んでおらず、各地でどのような実践が行なわれていたのかについても明らかになっていない(Hesse 1983; Leonhardt 2002)。

そこで本章では、まず第二節で、先行研究によりながら、一九世紀末から二〇世紀初頭にかけてのドイツ語圏において、発声の異常および聴覚の部分的喪失による発話障害をめぐる理論と実践がどのように成立・発展したのかを素描する。前者については当時、ドイツ語圏でもっとも有力な学派で、現在のドイツの言語治療の基礎を築いたグッツマン学派に焦点を絞る。後者については、耳鼻咽喉科医による聴力検査法の確立から難聴児童のための施策にいたるまでの過程を素描する。これらを踏まえたうえで、第三節では、地方での実践例として、ライン・ルール地方の中核都市のひとつ、デュッセルドルフ市における発話障害児に対する施策を、デュッセルドルフ市立文書館の未刊行史料も用いながら明らかにする。デュッセルドルフは、言語治療の領域で、当時のドイツ語圏でとくに先進的な取り組みをしていたわけではなく、むしろ、先進的な地域の後を追うようにして発話障害の児童へのケアを整備していた。いいかえれば、デュッセルドルフはこの領域では、「普通の」都市といえよう。この都市での実践例を検討することで、発話障害をめぐる最新の研究や実践の成果がどのようにして地方にまで広がり、発話障害者のためのケアが確立するにいたったのかを明らかにする。第四節では、それまでの議論を踏まえたうえで、学校と障害、そして「健常／障害」という区分について考察を行なう。

二　学校における「普通の」子どもと「普通ではない」子ども

一九世紀にヨーロッパ諸国は、国家間の生存競争を生き残るためにその軍事力と経済力を維持しなければならなかった。当時、まだ若い国民国家のひとつであったドイツでは、学校教育にとくに重要な位置が与えられていた。初等教育では「臣民の学校」教育が実践されると同時に、農業国から工業国へと転換の過程で、学校教育に対して、読み・書き・計算に加えて他の科目の教育の充実が求められた。一九世紀末から二〇世紀初頭のドイツの初等教育とそれを担っていた民衆学校（Volksschule）は、子どもの（政治的）規律化と学校教育の刷新による近代化という要求にさらされていた（Kuhlemann 1992）。

ところで、民衆学校とそこでの教育の「近代化」は、授業科目の拡充による教育の充実だけにとどまらなかった。一九世紀後半のドイツでは、ドイツ帝国を形成したほとんどの領邦において就学義務が導入され、プロイセンでは、実態はともかく数字上は就学率がほぼ一〇〇パーセント近くにまで達しており、ほとんどの子どもたちが民衆学校に通っていた。中等教育を担い、生徒の多くが市民層の子弟だったギムナジウムや実科学校（Realschule）とは違って、民衆学校の生徒は種々雑多な背景をもつ子どもたちが一つの教室に集まって一斉授業を受けていた。少なからぬ子どもたちが卒業するまでにかなりの年数を要し、卒業することができずに学校を辞める子どもも珍しくなかった。教師や教育学者のあいだでは、成績の悪い「ただ座っているだけの子ども（die sitzenbleibenden Kinder）」が常に問題となっていた。

成績が良い、あるいは普通の子どもと極端に成績が悪い子どもとが一つの教室に混在することが、学校教育にどのような（悪）影響を与えるのか、学校教育を進めていくうえでどのようなクラス編成を行なうべきか、どのような原因から成績が悪くなるのか、成績の悪い子どもたちに対してどのような措置をとればいいのか、といった問いについて、教師や教育学者だけではなく心理学者や医学者も加わってさまざまな角度から議論された。こうした議論は、ちょうど同じ頃に成立した学校衛生学のなかの「授業のための衛生（Hygiene für Unterricht）」に取り入れられ、重要な位置をしめた。このことは、たとえば、ドイツで一八七七年に初めて出版された、当時の著名な小児科医アドルフ・バギンスキーによる学校衛生についての包括的な研究（Baginsky 1877）では、校舎や机・椅子の構造についての衛生とともに、「授業のための衛生」に多くのページが割かれていたことからもわかる。

一九〇四年にニュルンベルクで開催された第一回国際学校衛生会議でも、「授業のための衛生」の部会が設けられ、「成績の悪い子ども」をどのように処遇するかが大きなテーマのひとつとなった。部会では、マンハイムの学校長のシッキンガーが報告を行なった（Sickinger 1904）。彼はこのなかで、高学年の子どもを成績別にクラス分けしていることを紹介した。さらに子どもたちの成績に差が出る原因を「学習者の質」に求め、「質」の悪化につながる身体的・心理的な要因を列挙した。このなかには本章のテーマである発話障害（吃音）も含まれていた。シッキンガーはこうした要因をもつ子どもたちを他の「普通の（normal）」子どもたちとは分離し、「普通の」子どもたちのための教育が滞らないようにすべきであるとした。シッキンガーが紹介したマンハイムでの措置と同様なことは、ドイツの他の都市でもみられた（Graupner 1913: 282–5）。民衆学校が「普通の」子どもたちのための空間として再組織化されると同時に、何らかの問題を抱えた子どもが「普通の」子どもたちから制度的に切り離されたのである。「普通の」子どもたちのために民衆学校で選別的な学年・学級編成が行なわれたのと並行して、何らかの問題を持った子ども——「普通ではない（anormal）」子ども——のために養護教育施設が作られた。プロイセンやバイエルンなどでは、比較的早くから聴覚を喪失した子どもや視覚を失った子どもたちのための施設が設けられていた。これらの施設に続いて、精神上の問題をもった子どものために養護学校（Hilfsschule）がしだいに設けられるようになった。

養護学校をはじめとする「普通ではない」子どもたちのための教育施設の拡大は、そうした子どもたちを対象にした養護教育学およびその専門家である養護教育家の成立と発展を促した。彼らは「教育不可能な」子どもたちを教育するために、養護学校がこの子どもたちを引き受け、彼らの状態に応じた授業をすることができると主張した。さらに養護教育家は、養護学校が「教育不可能な」子どもたちを引き受けることで、民衆学校の負担が軽減され、他の子どもの教育が向上することも強調した（Ellger-Rüttgart 2008: 153–62）。「普通の」子どものための民衆学校の内外で、「普通ではない」子どものための教育施設とそれを支える教育学とが確立したのである。

ところで、「普通な」子どもと「普通ではない」子ども、それぞれのための教育の確立とともに、子どもが「普通」か「普通ではない」かを見分け、それに従って子どもを選別することが必要となった。しかし、両者の境界は流動的で、選別は教育家にとって難しい作業であった。この領域に、一九世紀後半から徐々に医師や心理学者が入るようになると、状況は変化しはじめた。彼らは子どもの身体と精神について、「普通な」状態と「普通ではない」状態について科学的な知をつくりだし、それにもとづいて選別のための「科学的な」基準を提供しはじめたのである。医師や心理学者は、実際にそうした基準によって子どもたちの身体的・精神的な能力を測定し、「普通な」子どもと「普通ではない」子どもとを選別するようになった（Ellger-Rüttgart 2008: 153–62）。とくに、ドイツ語圏では一九〇〇年前後から都市部を中心に学校医が置かれ、彼らによる生徒の定期健診がそうした選別の場として機能するようになった（Imboden 2003: Kap. 4–6）。

養護教育家も、医学的・心理学的なモデルを採り入れた。養護学校は「病気の」子どもを受け入れ、彼らの状態を改善し、彼らを「能力がある（leistungsfähig）」状態にする教育機関となったのである。こうしたモデルは、養護学校だけでなく、障害児のためのさまざまな施策にもみられ、発話障害の子どもも例外ではなかった。

⑴アルベルト・グッツマンの言語治療学

吃音（Stottern）をはじめとする発声上の問題に起因する発話障害の原因と治療について、一九世紀後半のドイツでは、バーデン公国やブラウンシュヴァイク公国が先駆的だった。とくにブラウンシュヴァイクでは、養護学校の校長で、当時の重要な養護教育家でもあったヘルマン・キールホルンと協力していた精神科医オズワルト・ベルクハンが、自身の精神科医としての知見と養護学校での経験から、発話障害の心理的要因に注目していた（Berkhan 1904）。オーストリア、とくにウィーンでも同様で、ウィーン学派が形成された（Zehmisch/Siegert/Wendler 1979）。これに対してプロイセンでは異なる発展がみられた。そこで大きな役割を果たしたのが、ポツダム、そして後にはベルリンで聾唖の子どものための教育に取り組んでいたアルベルト・グッツマンであった。

グッツマンは、ハイデルベルクなどで活躍していた医学者アドルフ・クスマウルの考えにもとづいて、発話障害の原因を心理的要因ではなく生理学的な要因、とくに「活発な思考と言語に必要な器官の制御との関係が一時的に損なわれている」（Gutzmann, A. 1879: 10）ことに求めた。彼は、器官をふたたび制御できるようになれば、この関係は元どおりになり、ふたたびすらすらと話すことができると考えたのである。こうした考えに沿って、グッツマンは「発話体操（Sprechgymnastik）」によって吃音を克服することを試みた。この体操は、音声上の基本機能、すなわち、呼吸、発声、発音の強化を目的としていた。さらに、グッツマンは練習をやりぬく意志を重視した（Braun 1997）。グッツマンの実践はしだいに成果をあげ、一八七九年には自らの実践を体系化した著作を出版した（Gutzmann, A. 1879）。グッツマンは、学校での言語治療の普及を重視し、自ら言語治療教員の育成を始めた。

アルベルトの息子ヘルマンは、父の理論と実践を医学的に理論づけることを目指した。彼らは共同で一八九一年に『言語治療学のための医学・教育学月報（*Medizinisch-pädagogische Monatsschrift für die gesamte Sprachheilkunde mit Einschluß der Hygiene der Stimme in Sprache und Gesang*）』を創刊するとともに、さまざまな場で発話障害とその治療についての研究を発表し、自らの実践の報告を行なった。ヘルマンの理論・実践のなかで、学校の占める位置は大きく、学校衛生の分野でも積極的に発言・提言し、一九〇四年にニュルンベルクで開催された第一回国際学校衛生会議でも言語治療学について報告を行なった（Gutzmann, H. 1904a）。ヘルマンは一九〇五年にはベルリン大学医学部内科学において教授資格を取得し、同大医学部に言語治療学の講座が設置された。こうして言語治療学は医学の一分野としても確立された（Zehmisch/Siegert/Wendler 1979）。

ヘルマンは、その一連の活動のなかで、「話す」ことができるということが人間にとってもっとも基本的かつ重要な能力であり、「話す」ことが不自由な人間は、「非社会的（asozial）」な存在であると主張した（Gutzmann, H. 1904b）。言語治療とは、「話す」ことが不自由な子どもたちを、その「非社会的」な状態から救い出すことにほかならなかった。

図版1　ヘルマン・グッズマン（1865-1922年）（出典：© UB der HU zu Berlin; Porträtsammlung; Gutzmann, Hermann）

アルベルトとヘルマン父子の理論と実践を、プロイセン文部省も比較的早い段階で支持していた。一八八四年には各地域に対してアルベルトの理論を薦め、一八八八年には彼の実践とその「成果」への注意を喚起し、同年にエルバーフェルト市から派遣された民衆学校教師がアルベルトのもとで言語治療教員としての訓練を受けた（Dupuis 1983: 275）。一八八九年にはデュッセルドルフ県庁は管内の市や郡に対して、アルベルトの理論と実践を推奨した（StAD III 2128: Bl. 5）。

グッツマン父子は、彼らの実践を科学的に、ここではとくに医学にもとづいて体系化するとともに、発話障害が、個人のみならず、社会全体にとっての問題であり、これを彼らの理論にもとづいた実践によって取り除くことが、その個人と社会にとって有益であることを主張した。さらにプロイセン政府の支持を得たことで、彼らの実践と主張がプロイセンにおける言語治療を基礎づけることになった。

(2)難聴の子どものための「見て・聞く」コース（読唇術コース）(2)

「話すこと」は、発声・発音のための器官の障害だけでなく、他の原因、とくに聴覚障害によっても損なわれる。聴覚障害者が「話す」ことができるようにするための教育に関しては、まずフランスで、一八世紀後半にシャルル＝ミシェル・ド・レペーや彼のもとで学んだロシャンブロワーズ・キュキュロン・シカールらによって、手話（手の動きで示すアルファベット）と文字によるコミュニケーションを重視した「フランス式方法」が確立された（Leonhardt 2002: 212ff.）。

他方、ドイツ語圏ではフランスとは別の発展をみた。一八世紀後半に、当時ハンブルクの学校の教師で後に養護教育に大きな足跡を残したサムエル・ハイニッケが、聴覚障害者人を社会の有用な成員たらしめるためには、正常に聞こえる人と同様に音声によるコミュニケーションが必須であるとの立場から、手話ではなく音声言語（Lautsprache）による意思伝達による教育方法を創出した（Leonhardt 2002: 214）。

彼の方法は、ペレーの「フランス式方法」に対して「ドイツ式方法」とよばれ、一九世紀に入って、聴覚障害の子どもの教育方法をめぐり両者の支持者のあいだで激しい論争が起きた。

こうした論争があったものの、パリとライプツィヒに聴覚障害児のための施設が開設されたことは、彼らの教育の制度的な発展のうえで大きな画期となった。一九世紀に入るとヨーロッパ各地で同様の施設が開かれるようになった。一九世紀前半には手話に重きを置く「フランス式」の教育施設が多かったのに対して、後半に入ると音声言語を重視する「ドイツ式」が増えていった（Leonhardt 2002: 216）。とくに一八八〇年にミラノで開催された第二回聾教育国際会議において、授業での音声言語の使用が推薦されたことで、「フランス式」に対する「ドイツ式」の優位が決定的になった（List 1991）。会議より前に「ドイツ式」が定着していたドイツ語圏では、発声と読唇とで構成される音声言語重視の教育がいっそう徹底され、他方では手話や文字による伝達が排除されるようになった（Leonhardt 2002: 220f.）。こうした教授法の発展とともに、ドイツ語圏では、一八世紀末から聴覚をまったく失ってしまった子ども（聾の子ども）のための教育施設（Taubstummenschule）の整備が進み、一九世紀末のドイツでは、九一の施設におよそ九〇〇〇人が通っていた（Leonhardt 2002: 214）。

これに対して、難聴の児童のためのケアは手つかずのままだった。これは、難聴の児童を他の子どもたちと区別できなかったことによる。こうした子どもたちは、何か特別な対応をされることもなく、聴力にとくに問題がない子どもたちとともに民衆学校に通うことが珍しくなかった。彼らは「ただすわっているだけの子ども」になってしまい、成績も非常に悪く、知能には本来問題がないにもかかわらず、「低能」と見なされていた（Leonhardt 2002: 227 u. 233; Hartmann 1912: 5f.）。

ようやく一八八〇年代に入って、耳科医[3]が子どもを対象にした大規模な聴力検査を行なうようになった。ミュンヘンの耳科医フリードリヒ・ベツォルトが、一八八五年にミュンヘンの児童・生徒一〇〇〇人を対象にした検査を行なった。彼は、時計の針が進む音を聞かせる、一定の距離ごとにささやき声を聞かせる、耳科医のアダム・ポリッツァーが考案した聴力測定器による測定、という三つの方法を組み合わせて聴力を測定した。これにくわえて、彼は耳鏡を使って生徒の耳の状態を検査し、聴力を失うことと疾患との関係を統計的に示した。その際に、聴力に異常のある子どもに、精神・知能の発達の遅れがしばしばみられることも明らかにした（Bezold 1885 u. 1886）。ベツォルトの検査・研究は、ドイツにおける聴力検査の方法を確立した。この例に従って行なわれた耳科医が大規模調査や学校医による検診によって、強度の難聴のせいで民衆学校の授業についていけない子どもが少なくないことが明らかになった（Bezold 1886: 64–7; Stobschinski 1929: 725）。

こうした結果にもとづいて、養護教育の専門家たちの難聴の児童への関心がいっそう高まった。たとえば、イエナの養護教育家カール・ブラウクマンは、カール・ヴェルニッケの精神医学・神経学にもとづいて、難聴と聴覚喪失が子どもの知的・精神的な発達を著しく損ねることを強調した（Brauckmann 1896: 62–73）。医学と養護教育学の知見に沿って、多くの都市では難聴の子どもたちのためのケアが整備された（Hesse 1983: 314）。

三　デュッセルドルフにおける発話障害児へのケア

⑴デュッセルドルフにおける言語治療コース

デュッセルドルフでの言語治療は、一八八六年に設置された養護学校のカリキュラムのなかに「発声」の授業があった。この頃はまだグッツマンの影響はなく、当時、聴覚障害の子どものための教育で重要な位置を占めていたフリードリヒ・モーリッツ・ヒルによる教材を用いていた（StAD VIII 537）。さらに、養護学校教師のヘルマン・ホリックス[4]が重度の吃音をもつ子どもたちのための授業を行なっていた。一八八九年の調査によると、市の民衆学校の全生徒中、約〇・八パーセントが「吃音」だったとされている（StAD III 2128: Bl. 2–4）。

もっともデュッセルドルフ市自体は、言語治療コースがエルバーフェルトをはじめとする近隣の都市で設置されはじめ、デュッセルドルフ県庁も管内の都市に設置を薦めていたにもかかわらず、コースの設置には消極的であった（StAD III 2128: Bl. 6）。一八九五年に、市はようやくホリックスと彼の同僚のモネスを、ベルリンのアルベルト・グッツマンによる言語治療のための教員養成コースへと派遣した（StAD III 2128: Bl. 59 u. 62）。ホリックスとモネスはそこで半年間学び、同年九月に市の北半分の地域を対象にして、言語治療コースが試験的に開設された。

このコースには一四人の重度の吃音の子どもが参加した。彼らは、民衆学校長からあらかじめ申請のあった二七人のなかから選ばれた（StAD III 2128: Bl. 79–80）。ホリックスの報告によると、参加した一四人中、九人が吃音をもつ家族ないし近所の人との交流が原因で吃音になっていた。他の原因として、癲癇《てんかん》などがあった。参加した子どもたちは、コース終了時の試験では、どもらずに話すことができたものの、ホリックスは、再発防止のために、教師に対してコースに通った子どもたちの会話にとくに注意するように求めた（StAD III 2128: Bl. 95f.）。結果が良好だったことを受けて、市は一八九六年から、半年ごとに二コース（一年で計四コース）を設置し、三〇人の子どもたちが参加した。

デュッセルドルフの言語治療コースは、当初、重度の吃音の子どもだけを対象にしたものだった。しかし、当時の発話障害では、吃音とともに「発音不明症（Stammeln）」[5]が重要な位置を占めた。ヘルマン・グッツマンは、「吃音は、……つかえずに話すことを妨げる筋肉の痙攣であり、発音不明症の場合はつかえずに話せ、その種の筋肉の痙攣の痕跡はみられない。……吃音は話すことの欠陥であり、発音不明症は発音の欠陥である」としたが、「二つはしばしば混同され」ていた（Gutzmann, H. 1912: 490）。

デュッセルドルフでは、吃音の子どもたちのためのコースがまずまずの成果をあげたために、一九〇三年に「発音不明症」の子どもたちへのコースがあらたに開設され、五七人が通い、症状が完治ないし改善したと報告された（StAD III 2129: Bl. 92, 100f. u. 128）。一九〇八年には、さらに、軽度の言語障害の子どものためのコースも設置された（VB 1908/09: 73f.）。一九一三年には五人の言語治療コースのための教師のもとで一〇コースが設置され、一二〇人の子どもが通っていた（VB 1913/14: 59）。

こうした発展にもかかわらず、コースはさまざまな問題を抱えていた。なかでも最大の問題は、吃音の再発が後を立たないことであった。コースを担当するモネスは、再発防止のために子どもたちを継続的に管理することを求め（StAD III 2129: Bl. 149–50）、また、市は、コース開始時に保護者へ注意書きを配布し、言語障害とその治療について知ってもらうための時間を設けた（VB 1908/09: 73f.）。

ところで、この「注意書き」にはつぎのようなことが書かれていた（StAD III 2153: Bl. 107）。

一、吃音をお持ちのお子さんには常にやさしく接しましょう。
二、他の兄弟が、吃音のことをからかうのを許さないでください。
三、話す前に深呼吸をさせてください。
四、吸った息を話すためだけに使うよう注意してください。
五、お子さんにはいつもゆっくりと話すようにさせてください。
六、急いだり間違ったりしたときは、落ち着いて正確に繰り返させてください。
七、吃音をお持ちのお子さんに、急ぎの買い物を頼むのは避けてください。
八、お子さんが少しでも上達したら、心からほめてあげましょう！
九、吃音治療コースにおこしください！
　コースでは、お子さんがこの煩わしい害悪から解き放たれていく様子をご覧になれます。

注意書きでは以下の三点が重要である。第一に、吃音をもつ子どもに対して温かく接し、心理的な負担がかかることを避ける（一、二、八）こと。第二に、話す技術について（三～六）で、深く呼吸し、ゆっくりと正確に話すことがポイントとなっている。これは、グッツマンの言語治療の基本要素である。

最後に、第九点目は、両親に向けられたもので、コースの意義を理解させるためのものである。この注意書は、グッツマンの理論が地方の末端レベルにまで貫徹していたと同時に、言語治療のために求められる行為が、当の子どもたち、そしてその家族にとっても非常に難しいものであったことも示唆している。

(2)言語治療コースの理論的基礎

残念ながら、ホリックスやコースの他の教師がどのような授業や治療を行なっていたのか、具体的に明らかにすることはできない。しかし、ホリックスが残したいくつかのテクストから、コースの理論的な基礎を垣間見ることができる。その際、決定的な役割を果たしているのがグッツマンの理論である。

ホリックスは一九一九年に、話し方・読み方の授業についての本を出版した（Horrix 1919）。そこではグッツマンの考え方が全編を貫いている。ホリックスは話すために必要な身体の器官と「話す」ことを、機械とその機能とに対置し、「普通に話すこと」を可能にするためには、機械の個々の部分とその機能について十分知ることが重要であると説いている。他方で、心理的な要因についてはほとんど触れられていない。

ホリックスが言語治療に大きな関心を持っていたことは、養護学校に対する彼の考え方にも影響を与えた。彼の養護教育では、言語障害を取り除くことに重点が置かれていた。「養護学校の生徒はみな、ある意味では話すことについてもハンディを負っている」ので、「話せるようにする」ことで彼らを「人間的にする」、つまり、「普通の精神の人間との交流をたやすくし、養護学校の生徒を彼らに近づける」ことができるとされた（Horrix 1922: 5f.）。

ホリックスにとって、「普通に」話すことができるということは、その人が「人間的」であり「精神が普通」であることの重要な証左であり、言語治療のない養護学校はありえなかった。ホリックスを通じて、デュッセルドルフの養護学校にグッツマンの理論にもとづく授業が行なわれたと思われる。このことは、グッツマン父子の言語治療学という知の移転が、言語治療コースにとどまらず、養護学校にまで及んでいたことを示唆している。

(3)デュッセルドルフの「見て・聞く」コースの開設

デュッセルドルフには、聾の子どもたちの学校はなかった。これらの学校は州（Provinz：プロヴィンツ）の施設で、デュッセルドルフの子どもたちは、通常、ケルンなどにある施設に送られていた。一八八六年に養護学校が開設されたものの、多くの難聴児は依然として民衆学校に通っていたものと思われる。一九〇三年の学校医の検診結果によると、デュッセルドルフの民衆学校の全生徒のうち一パーセント弱が難聴であるとされている（StAD III 4299: Bl. 100–2）。

市の衛生行政を担当する医務官（市医：Stadtarzt）(6)のフランツ・シュラカンプは、養護学校を訪れたときに、教師が重度の難聴の子どもに話し手の唇から、何を話しているのかを読み取り理解させているのを見た。このときの観察をもとに、シュラカンプは一九〇七年に民衆学校に難聴の児童のためのコースを設置することを提案した。彼は、このコースに通うことで、子どもたちが（たとえ耳の聞こえが悪くとも）もっと勉強ができるようになると考えたのである（StAD III 2155: Bl. 1）。

図版2　デュッセルドルフの養護学校のクラスの様子（出典：Albrecht 1912）

コースの開設に際して、どのような生徒がコースに参加するのかが問題となった。シュラカンプは、一九〇七年開設で当時のドイツ国内でも最先端の病院とされていた、デュッセルドルフ市立総合病院(7)の耳鼻咽喉科で専門医が検査するべきであるという立場をとった（StAD III 2155: Bl. 10）。さらに、コースでは、話し手の唇の動きを見て、言葉を読み取らなければならないので、参加する生徒に十分な視力があることも重要であった。聴覚や耳の病状について正確な検査をしなければならなかったために、最初のコースは一九〇八年の冬にようやく開設された。

市内の各民衆学校によって事前に申請のあった重度の難聴の子どもたちのなかから、四四人が選ばれてさらに専門医の検査を受けた。ただし、四四人全員が検査に現われたわけではなかった。ある学校では三人が選ばれたものの、実際に検査を受けにきたのは一人だけだった。なぜ来なかったのかは、この学校の報告は明示していない。しかし、このコースに対する親の関心の低さ・無さが背景にあったようである（StAD III 2155: Bl. 26）。

専門医の検査の後、一七人がこの最初のコースに参加した。週に四時間の「読唇術」の授業を受け、一九〇九年の三月に修了試験を受けた。子どもたちは聞こえが悪いにもかかわらず、教師や他の人が非常に小さな声で話した文を理解することができた。民衆学校の教師たちは、子どもたちが読唇術のおかげで授業についていけるようになったとコースの成果を評価し、両親や生徒も言語治療コースよりも関心をもった（StAD III 2155: Bl. 23 u. 26）。

(4)「見て・聞く」コースの授業

コースの目標は、「難聴の子どもたちを、学校で勉強ができるようにするだけではなく、生活全般において役に立つようにする」（VB 1908/09: 191）ことに置かれていた。コースは四段階に分けられていた。第一部では、教師がコースの目的と発話のメカニズムを、大きな声で説明した。第二部から、読唇の練習が始まった。第二部では声を出さずに出した音《おん》を読み取る練習をした。第三部では、生徒は先生が声を出さずに話しているのを見ながら、先生の口の動きや仕草から何について話しているのかを読み取る練習をした。第三部は、生徒にとって面白いものであると同時に、とても難しい練習だった。最後の第四部では、小さな声で先生が話すのを読唇と聞き取りだけで理解する練習を行なった（VB 1908/09: 189）。

授業は大変な困難をともなった。読唇は子どもたちにとってなじみがなく、集中力を要求したからである。また、教師にとっても授業は大きな負担を強いた。教師はいつも大声で話さなければならず、さらに子どもたちに口と顔の動きに注目させなければならなかったからである。それでも、修了試験での成績は優秀で、コース修了後の学校の授業での態度や成績もコースに参加する前と比べてよくなった。

市医のシュラカンプの報告によれば、コースの授業についていくことは難しいとはいえ、子どもたちは読唇術が生活するうえでたいへん役に立つことを理解していた。また、コースでは、教師が読唇の意味を繰り返し話し、市の側でも、難聴の子どもたちの親に注意書きを配布するなどの啓蒙活動を行なっていた。その際には、難聴の子どもは学校だけではなく、学校を卒業した後も他の人とのコミュニケーションをとることが難しく、職を見つけることも困難になるということが強調されていた（StAD III 2156: Bl. 180 u. 182）。

試行コースの結果が良好だったことを受けて、「見て・聞く」コースは一九〇九年から難聴の児童のための常設コースになり、二八人が参加した（VB 1909/10: 213）。子どもに対するよい成果にもとづいて、難聴の成人のためのコースも設置された（VB 1913/14: 124）。一九二〇年代に入ると、「見て・聞く」コースは設置されていたものの、参加者数は減少した。参加者の選抜の際には、学校医が申請のあった子どもたちを検査した（StAD III 4186: Bl. 33）。

⑸扁桃腺切除と言語治療

ところで、デュッセルドルフにおいて、吃音や難聴の子どもたちが現場で誰によってどのように発見されていたのかは、残念ながらよくわからない。市の医務官で学校医として定期検診も行なっていたシュラカンプは、発話障害を含めた生徒の健康状態については教師と生徒の家族による日常的な観察を信頼し、彼らが異状を見つけた際に、医師に知らせれば十分であると考えていたようである（StAD III 1798: Bl. 86）。他方で、言語治療コースや「見て・聞く」コースに申請された子どもに対しては、医師による検査や言語治療の教師による管理が行なわれ、一定の条件を満たす子どもがコース参加者として認められていた。それを示唆するものとして、ここでは扁桃腺切除をとりあげてみたい。

一八六〇年代に五年以上にわたる臨床での観察をもとに、デンマークの耳鼻咽喉科医ヴィルヘルム・マイヤーが扁桃腺炎と難聴に何らかの関係があることを示した（Meyer 1873 u. 1874）。難聴については、他の耳科医が臨床経験や集団検査にもとづいてこの関係を確定し、扁桃腺の手術による切除による治療が行なわれるようになった（Nadoleczny 1906; Hartmann 1905: 33f.）。また、マイヤーは扁桃腺炎と発声についても検討し、扁桃腺炎の患者のなかに普通ではない発声（「死んだ発声」）の者にしばしば出会った。マイヤーは、こうした発声が、扁桃腺炎によって鼻孔がゆがみ、声の響きがなくなってしまうことから起こるとした（Meyer 1874: 143f.）。ヘルマン・グッツマンも発話障害の原因に扁桃腺炎をあげ、扁桃腺切除を重要な治療のひとつとしていた（Gutzmann, H. 1912: 193）。

こうした考え方は、デュッセルドルフにおいてもみられた。「見て・聞く」コースでは、参加者として各民衆学校から申請された子どもたちを、市立総合病院の耳鼻咽喉科の医師がさらに精密に検査し、難聴の原因の特定や、耳の状態、治療が必要な場合にはどのような治療が必要かを指示した（StAD III 2155: Bl. 71; StAD III 2156: Bl. 3f.）表２－１は一九一三年の冬学期に申請された子どもの耳の症状と、医師による検査の結果である。

表2－1　「見て・聞く」コースの子どもの難聴の原因　1913/1914冬学期

（単位：件数）

申請に記載されていた原因		申請に記載されていた原因	医師による検査結果
申請された子どもの数（人）		65	65
耳の病気		32	53
内訳	耳だれ	10	
	中耳炎	8	
	耳の中の化膿	2	17
	鼓膜に何らかの異状	4	26
	鼓膜穿孔（Perforationen）		4
	中耳真珠腫（Cholesteatom）		7
	その他	8	1
出生時より難聴		9	
鼻の病気		1	
感染症（猩紅熱，麻疹，ジフテリア，百日咳）		2	1
扁桃腺と咽頭の病気		3	30
事故		2	
その他		1	
原因の記載なし		21	
総　数		71	84

出典：StAD III 2155, Bl. 162–262; III 2156, Bl. 25–97にもとづき筆者作成。

表2－1から明らかなように、検査前では、「耳だれ」のように外から見てそれとすぐに判断できたり、「中耳炎」のように難聴との関係をつけやすいものが原因としてあげられている。「原因の記載なし」については、単に記載しなかったのか、それともわからなかったのかは史料からはわからない。他方、検査後は、原因が「耳の病気」と「扁桃腺・咽頭の病気」に集中している。前者については、外見だけではわからないような原因（鼓膜の異状や中耳真珠腫）が多くなっている。「扁桃腺・咽頭の病気」については、前よりも件数が大きく増えている。これは、単に医師が検査したからということとは別に、検査する側に難聴と扁桃腺・咽頭の病気とを結びつける考え方が根

づいていたことによる可能性もある。このことは、検査時に、表２－１の検査後の「扁桃腺・咽頭の病気」の件数とほぼ同じ二九人の子どもが扁桃腺切除をすすめられたことからも推測できよう（StAD III 2155: Bl. 162–262; III 2156: Bl. 25–97）。難聴と扁桃腺とを関係づけ、扁桃腺切除術が重要な治療のひとつであるとする考え方がデュッセルドルフでも影響力をもっていたのである。

言語治療コースでも扁桃腺が発話障害の重要な原因と見なされていた。このことは、つぎのエピソードからうかがうことができる。一九一三年にこのコースの教師が、コースに参加予定のある一人の児童に対して、呼吸を規則正しくかつ容易に行なうために扁桃腺を切除するよう求めた。しかし、この子どもと両親が医師に診察してもらったところ、その必要はなく、切除もされなかった。医師の診察・治療にもかかわらずこの教師は、切除しなかったことを理由に、この子どものコースへの参加を認めず、この児童が通う民衆学校の教師と校長が要請してもそれを拒否した。最終的に、市の指示によって冬学期からコースへの参加が認められた（StAD III 2154: Bl. 65–7）。この言語コースの教師は市に宛てた書簡のなかで、扁桃腺に異状がある子どもが切除術を受けることは珍しくなく、健康保険か市がこの「小さな手術」の費用を負担すべきであると主張した（StAD III 2154: Bl. 66）。

この児童の例は、地域のレベルにおいても扁桃腺が吃音の原因と見なされ、手術による切除がすでに標準的な治療になっていたことを示している。さらに、医師の指示があったにもかかわらず、言語治療コースの教師が扁桃腺を切除すべきであるという立場を変えようとしなかったことは、言語治療の教師が地域レベルでも専門職として確立していたことを示唆している。

扁桃腺とその切除は、該当する子どもが「話せ」るようになるためには、たとえ「小さな手術」を受けなければならなくとも、身体上の前提条件を満たさなければならなかったことを示している。いわば、扁桃腺は「不完全な」身体の象徴であり、その「不完全さ」に苦しんでいる子どもを「完全な」身体にするために、切除されなければならなかったのである。

四　「完全／不完全」な身体

ドイツ帝国を形成した領邦では一九世紀末までには就学義務が導入されており、プロイセンの都市部については、実態はともかく数字の上では就学率がほぼ一〇〇パーセントに達し、ほとんどの子どもたちが民衆学校に通っていた。そこでは成績のよい子どももさまざまな理由から授業についていくことのできない子どもまで、種々雑多な背景をもつ子どもが一つの教室で一斉に授業を受けていた。そのなかで、本章で取り上げた言語治療コースや読唇コース、さらには養護学校などのように、何らかの障害によって授業についていけない子どものための特別な教育施設が設置されるようになった。民衆学校が「普通の」生徒のための教育空間へと再編成されると同時に、「普通ではない」子どもが「普通の」生徒から分離されたのである。

「普通ではない」子どものための教育施設は、そうした子どもに特化した教育学・教授学の成立とその専門家の出現を促した。彼らは自らの考えを実践に移し、それを科学、とくに医学や心理学にもとづいて理論化した。父アルベルトの実践を、その子ヘルマンが医学的に理論づけた、グッツマン父子の活動はまさに、こうした養護教育（学）と医学・心理学の結びつきを端的に示している。さらに、「普通ではない」子どものための教育に関わる専門家の実践と理論は、学術雑誌や講演会などのさまざまな経路によって地方に広まった。グッツマン父子が自ら専門雑誌を創刊したことは、そうした経路を確保することの重要性を示しているといえよう。そして、政府による支持によって、彼らの実践と理論はプロイセンをはじめとするドイツ各地で制度化されるにいたったのである。

聴覚障害の子どもたちの場合、まず養護教育の領域で、一九世紀末に「手話」が学校教育から外され、聴覚障害の子どもの教育は「読唇」に一本化された。このことは、一九世紀初頭より「読唇」が主流だったドイツでは、「読唇」にもとづいた教育の拡大に追い風となった。こうした養護教育（学）の展開と並行して、難聴児童のケアでは、聴力の測定および治療が重要だった。その際、専門医、とくに耳科医による臨床での知見と大規模検査とが、難聴児童のためのケアの医学面で基礎を築いた。言語治療（学）と同様に、難聴の子どものためのケアにおいても、教育と医学の共同作業は欠くことのできないものであった。

デュッセルドルフの二つのコースでは、単に話すことが可能になるということだけではなく、話すことができないでいる子どもたちの精神的な発達が重視された。そしてコースの隠された、しかしもっとも重要な目的は、こうした子どもたちを「低能」から守り、「普通の」そして「能力がある（leistungsfähig）」状態にすることだった。これは、デュッセルドルフに特有のものではなかった。ヘルマン・グッツマンが、「話すことが不自由な」人を「非社会的な」存在とし、話せるように「治療」することで彼らを「社会的な」存在にすることを、言語治療の「社会的意義」として強調したことにみられるように、本章が対象とした時期の言語治療において珍しくなかった。

身体や精神に何らかの「不自由さ」を抱える人々を社会的・経済的に劣等な存在と見なし、「治療」することによって彼らを社会的・経済的に「まともな」存在にするという考え方は、「話すこと」が不自由な人のためのケアだけでなく、他の障害のケアにおいても顕著であった。たとえば、肢体不自由者のケアの確立に尽力した、ベルリンの学校医・整形外科医のコンラート・ビエサルスキは、肢体不自由児・者を教育と医師による治療によって「就労可能にする」（＝治す）ことがケアの目的であり、社会的な使命であることを強調した（Biesalski 1908）。本章が対象とした時期以降、とくに医（学）者が、障害の確定や治療を通じてケアにおいて重要な位置を占めるようになり、障害のケアの場において彼らが障害者に対して優位な立場にたつようになった。こうした関係性は第二次世界大戦後も続いた。旧西ドイツにおいて、障害者が自らを「障害者」として規定し、「障害者」というアイデンティティを足場にして、医学・医師の優位性を問うようになるのは、ようやく一九五〇年代末から一九六〇年代にかけての時期のことであった（Bösl 2009b）。一九〇〇年前後の時期における「話すこと」が不自由な子どもたちと彼らのためのケアの背後には、第二次世界大戦後にいたるまで「障害者」をとらえていた、障害者に対する医学・医（学）者の優位性が存在していたのである。

ところで、本章で取り上げたドイツにおける発話障害児と学校の議論でみられる「つかえずに話すことができる」ことが「完全」であり、「つかえてしまう」ことが「不完全」であるという二分法は、普遍的で当然なことなのだろうか。

ドイツの哲学者ユルゲン・ハーバーマスは、自身の身体的な理由から幼少の頃より「話すこと」が不自由であったが、それゆえに、コミュニケーションのもつ社会的・哲学的な意義に関心を持ちはじめ、そこから彼の哲学・思想の中核をなすコミュニケーション行為と理性への思索が始まったと述べている(Habermas 2009)。また、日本の哲学者鷲田清一は、哲学エッセイ『「ぐずぐず」の理由』のなかで「つかえること」を取り上げ、「つかえずに話す」ことは聞き手にとって必ずしも信頼を与えるものではなく、むしろ「つかえてしまう」「すらすらと話せない」話し手に聞き手が信頼感を持つことがあることを示しながら、「つかえてしまう」ことは必ずしも「不完全」なのではないことを示唆している(鷲田二〇一一：一一二～一二四)。

二人のエピソードは、「話すことが不自由である」・「つかえてしまう」ことが人間に対して可能性を示し、さらには、本章で取り上げた発話障害で前提とされている、障害と身体をめぐる二分法が決して普遍的なものでも当然なものでもないことも示唆している。このことは、ドイツの障害学や「障害の歴史学」研究の「(不)完全な人間 ((im-) perfekter Mensch)」(Lutz/Macho/Staupe/Zirden 2003) という障害観・身体観と響きあう。「つかえない／つかえてしまう」という身体のありようと、「完全／不完全」、「普通／普通ではない」そして「健常／障害」という区分との結びつきは、固定されているのではなく、政治、社会、経済、そして広い意味での文化的な要因によって絶えず変化しているのである。

＊ 本章執筆にあたっては、草稿段階より、デュッセルドルフ大学医学部医学史学科トルステン・ハリング氏、本書編著者の京都産業大学経営学部山下麻衣氏および中野智世氏より詳細な批判・コメントを得た。ここに感謝を表する。

註記

（1）本章では、ドイツという場合、第二次世界大戦後についてはドイツ連邦共和国を指し、ドイツ民主共和国（旧東ドイツ）は除外する。また、一九〇〇年頃の時期については、とくに断りがないかぎり、一八七一年に成立したドイツ帝国を指す。

（2）「難聴」という場合、以下では、聴覚が多少なりとも残っている聴覚障害のことを指す。

（3）一九世紀後半のドイツでは、耳鼻咽喉科（Hals-Nasen-Ohren Heilkunde）はまだ成立しておらず、耳科（Ohren-heilkunde）は、独立して存在するか、眼科とともにあった。咽喉科は内科と密接な関係にあり、鼻科の独立性は弱かった。三つの科の耳鼻咽喉科への統合が一般的になるのは、第一次世界大戦前後のことだった（Eulner 1970: 347–86）。日本でも、耳鼻咽喉科草創期の一八九〇年代には、耳科と耳鼻咽喉科の二つが並存していた（日本耳鼻咽喉科学会 二〇〇五）。

（4）ヘルマン・ホリックスは、デュッセルドルフの養護学校の確立に尽力した。一八八八年から養護学校の教師として活動し、一九〇八年からは市の養護学校長を務めた。また、一九〇六年から三年間養護学校教員の育成にも携わった（Grimmelt 1988: 70ff.）。

（5）„Stammeln" の訳語については、三宅（一九一二）を参考にした。本書は、ドイツにおける言語治療研究ならびに治療実践を日本に紹介した最初期の文献のひとつと思われる。編著者の井沢はアメリカで吃音矯正児へのケアを学んでいるものの、他の著者は基本的にドイツの研究にもとづいている。なお、Stammeln は現在の言語治療学では「構音障害」にあたる。

（6）ドイツ第二帝政期では、一九世紀末頃からいくつかの都市が、市の衛生行政を担当する医系官吏（Stadtarzt：市医）を置いた。他方、プロイセンは一八九九年に郡医法（Kreisarztgesetz）を制定し、各郡（Land- und Stadtkreis）における衛生行政のために郡医（Kreisarzt）を配置した。郡医の業務内容は、各市が独自に設置していた市医と重なる場合が多かった。そのため、都市では領邦と地域の衛生行政を誰がどのように管轄するのかが絶えず問題となり、その関係については都市ごとに違いが見られた。この点については、Labisch/Tennstedt（1985）を参照のこと。

また、デュッセルドルフでは市医とそのアシスタントが学校医を兼務していた（Schrakamp 1908: 85ff.）。

（7） 一九〇七年に市立医大とともに最先端の設備を持つ大学病院として設立された。小児科教授として、小児科学と社会衛生学において重要な役割を果たしたアルトゥール・シュロスマンが就任した。市立総合病院は、デュッセルドルフにおける専門医療の供給源となるとともに、市の医療衛生システムの拠点としての役割をも担った。デュッセルドルフ市立医大・市立総合病院については、Halling/Vögele（2007）を参照のこと。

未刊行史料

デュッセルドルフ市立文書館（Stadtarchiv Düsseldorf: StAD）

III 1798, III 2128, III 2129, III 2153, III 2154, III 2155, III 2156, III 4186, III 4299, VIII 537

刊行史料

Bericht über den Stand und die Verwaltung der Gemeinde-Angelegenheiten der Stadt Düsseldorf 1908/09, 1909/10 u. 1913/14（VB 1908/09, 1909/10 u. 1913/14）.

引用・参考文献

Albrecht, Rudolf（1912）*Streifzüge durch das Düsseldorfer Schulwesen*, Düsseldorf: Düsseldorfer Verl.-Anst.

Baginsky, Adolf（1877）*Handbuch der Schulhygiene*, 1. Aufl., Berlin: Denicke's Verlag.

Berkhan, Oswald（1904）*Über den angeborenen und früh erworbenen Schwachsinn. Geistesschwächer des bürgerlichen Gesetzbuches für Psychiater, Kreis- und Schulärzte*, 2. Aufl., Braunschweig.

Bezold, F.（1885 u. 1886）‚Schuluntersuchungen über das kindliche Gehörorgan', in *Zeitschrift für Ohrenheilkunde*, Bd. 15 u. 16, S. 253–79 u. S. 1–67.

Biesalski, Konrad（1908）‚Was ist ein Krüppel', in *Zeitschrift für Krüppelfürsorge*, Bd. 1, S. 11–17.

Bösl, Elsbeth (2009a) ‚Dis/ability History: Grundlagen und Forschungsstand', in *H-Soz-u-Kult*, 07.07.2009, http://hsozkult.geschichte.hu-berlin.de/forum/2009-07-001.

—— (2009b) *Politiken der Normalisierung. Zur Geschichte der Behindertenpolitik in der Bundesrepublik Deutschland*, Bielefeld: transcript.

Bösl, Elsbeth/Klein, Anne/Waldschmidt, Anne, Hrsg. (2010) *Disablity History. Konstruktionen von Behinderung in der Geschichte. Eine Einführung*, Bielefeld: transcript.

Brauckmann, Karl (1896) *Die im kindlichen Alter auftretende Schwerhörigkeit und ihre pädagogische Würdigung*, Leipzig: Haacke.

Braun, Otto (1997) ‚Das didaktische Heilverfahren Gutzmanns zur Behandlkung des Stotterns: Konzeption und Wirkung', in Jürgen Teumer, Hrsg., *Zum Beispiel: Albert Gutzmann. Leben und Wirken eines bedeutenden Gehörlosen- und Sprachheilpädagogen*, Berlin: Ed. Marhold, S. 109–21.

Dupuis, Gregor (1983) ‚Geschichte der Sprachbehindertenpädagogik', in Svetluse Solarovä, Hrsg., *Geschichte der Sonderpädagogik*, Stuttgart: Kohlhammer, S. 260–96.

Ellger-Rüttgart, Sieglind Luise (2008) *Geschichte der Sonderpädagogik. Eine Einführung*, München/Basel: Reinhardt.

Eulner, Hans-Heinz (1970) *Die Entwicklung der medizinischen Spezialfächer an den Universitäten des deutschen Sprachgebietes*, Stuttgart: Enke.

Graupner, H. (1913) ‚Spezieller Teil der Unterrichtshygiene', in Hugo Selter, Hrsg., *Handbuch der deutschen Schulhygiene*, Dresden/Leipzig: Verlag von Theodor Steinkopff, S. 174–321.

Grimmelt, H. (1988) Verdiente Sonderschulleiter - drei biografische Erinnerungen, in Rudolf Fröhlingsdorf, Hrsg., *100 Jahre Sonderschule in Düsseldorf - Rückblick und Perspektive -*, Düsseldorf: Pädagogisches Institut, S. 69–90.

Gutzmann, Albert (1879) *Das Stottern und seine gründliche Beseitigung durch ein methodisch geordnetes und praktisch erprobtes Verfahren*, Berlin: Angerstein.

Gutzmann, Hermann (1912) *Sprachheilkunde. Vorlesungen über die Störungen der Sprache mit besonderer Berücksichtigung der Therapie*, 2. Aufl., Berlin: Kronfeld.

—— (1904a) ‚Der Einfluß der Schule auf Sprachstörungen', in Paul Schubert, Hrsg., *Bericht über den 1. Internationalen Kongreß für Schulhygiene. Nürnberg vom 4. bis zum 9. April 1904*, Bd. 4, Nürnberg: Verlag von J. L. Schrag, S. 13–18.

—— (1904b) ‚Die soziale Bedeutung der Sprachstörungen', in *Klinisches Jahrbuch*, Bd. 12, S. 294–364.

Habermas, Jürgen (2009) ‚Öffentlicher Raum und politische Öffentlichkeit. Lebensgeschichtliche Wurzeln von zwei Gedankenmotiven', in ders., *Zwischen Naturalismus und Religion. Philosophische Aufsätze*, Frankfurt a. M.: Suhrkamp, S. 15–26.

Halling, Thorsten/Vögele, Jörg (2007) *100 Jahre Hochschulmedizin in Düsseldorf*, Düsseldorf: Düsseldorf University Press.

Hartmann, Arthur (1912) *Die Schwerhörigen in der Schule und der Unterricht für hochgradig Schwerhörige in Deutschland*, Stuttgart: Spemann.

—— (1905) ‚Die Schwerhörigen in der Schule', in *Verhandlungen der deutschen otologischen Gesellschaft auf der vierzehnten Versammlung in Homburg v.d.H. am 9. und 10. Juni 1905*, S. 21–40.

Hesse, Gerhard (1983) ‚Schwerhörigenpädagogik', in Svetluse Solarovä, Hrsg., *Geschichte der Sonderpädagogik*, Stuttgart: Kohlhammer, S. 297–331.

Horrix, Hermann (1922) *Begriffsbildung und Gedankenausdruck in der Hilfsschule. Methodische Winke und ausgeführte Lektionen zur Einführung der Hilfsschüler in das Verständnis und die Anwendung der Muttersprache*, Halle. a. S.: Marhold.

—— (1919) *Ratgeber beim ersten Sprech- und Leseunterricht auf phonetischer Grundlage. Ein Geleitwort zu jeder Fibel und für Schulen aller Art, besonders für Hilfsschulen*, Düsseldorf: Schwann.

Imboden, Monika (2003) *Die Schule macht gesund. Die Anfänge des schulärztlichen Dienstes der Stadt Zürich und die Macht hygienischer Wissensdispositive in der Volksschule 1860–1900*, Zürich: Chronos.

Kolonko, Beate/Krämer, Inge (1992) *Heilen, separieren, braucher machen. Aspekte zur Geschichte der Sprachbehindertenpädagogik*, Pfaffenweiler: Centaurus-Verlag.

Kuhlemann, Frank-Michael (1992) *Modernisierung und Disziplinierung. Sozialgeschichte des preußischen Volksschulwesens 1794–1872*, Göttingen: Vandenhoeck & Ruprecht.

Labisch, Alfons/Tennstedt, Florian (1985) *Der Weg zum „Gesetz über die Vereinheitlichung des Gesundheitswesens" vom 3. Juli 1934. Entwicklungslinien und -momente des staatlichen und kommunalen Gesundheitswesens in Deutschland*, 2 Bde., Düsseldorf: Akademie für öffentliches Gesundheitswesen.

Leonhardt, Annette (2002) *Einführung in die Hörgeschädigtenpädagogik*, 2. Aufl., München/Basel: Reinhardt.

List, Günther (1991) ‚Vom Triumph der „deutschen" Methode über die Gebärdensprache. Problemskizze zur Pädagogisierung der Gehörlosigkeit im 19. Jahrhundert', in *Zeitschrift für Pädagogik*, Bd. 37, S. 245–66.

Lutz, Petra/Macho, Thomas/Staupe, Gisela/Zirden, Heike, Hrsg. (2003) *Der (im-)perfekte Mensch. Metamorphosen von Normalität und Abweichung*, Köln/Weimar: Böhlau Verlag.

Meyer, Wilhelm (1873 u. 1874) ‚Ueber adenoide Vegetationen in der Nasenrachenhöhle', in *Archiv für Ohrenheilkunde*, N. F., Bd. 1, S. 241–54 u. Bd. 2, S. 129–57 u. 241–74.

Nadoleczny, Max (1906) ‚Die oto-rhinologischen Schuluntersuchungen 1902–1905', in *Internationales Centralblatt für Ohrenheilkunde*, Bd. 4, S. 213–29.

Powell, Justin J. W. (2007) ‚Behinderung in der Schule, behindert durch Schule? Die Institutionalisierung der „schulischen Behinderung', in Waldschmidt/Schneider, Hrsg., S. 321–43.

Sickinger, A. (1904) ‚Organisation großer Volksschulkörper nach der natürlichen Leistungsfähigkeit der Kinder', in Paul Schubert, Hrsg., *Bericht über den 1. Internationalen Kongreß für Schulhygiene. Nürnberg vom 4. bis zum 9. April 1904*, 4. Bd. 1, Nürnberg: Verlag von J. L. Schrag, S. 173–95.

Schrakamp, Franz (1908) ‚Gesundheitswesen', in Theodor Weyl, Hrsg., *Die Assanierung von Düsseldorf*, Leipzig: Engelmann, S. 83–119.

Stobschinski, R. (1929) ‚Schwerhörigenbildung und Schwerhörigenfürsorge', in Bunde deutscher Taubstummenlehrer, Hrsg.,

Handbuch des Taubstummenwesens, Osterwieck am Harz: Staude, S. 725–31.
Teumer, Jürgen, Hrsg.（1997）*Zum Beispiel: Albert Gutzmann. Leben und Wirken eines bedeutenden Gehörlosen- und Sprachheilpädagogen*, Berlin: Ed. Marhold.
Waldschmidt, Anne/Schneider, Werner, Hrsg.（2007）*Disability Studies, Kultursoziologie und Soziologie der Behinderung. Erkundungen in einem neuen Forschungsfeld*, Bielefeld: transcript Verlag.
Zehmisch, Heinz/Siegert, Constantin/Wendler, Jürgen（1979）‚Deutschland bis 1945', in Jürgen Wendler, Hrsg., *75 Jahre Phoniatrie. Festschrift zu Ehren von Hermann Gutzmann sen*., Berlin: Humboldt Universität, S. 11–27.

日本耳鼻咽喉科学会（二〇〇五）『日本耳鼻咽喉科学会史』（http://www.jibika.or.jp/about/enkaku/jibika.pdf）。

三宅鉱一（一九一二）「病的言語異常概論」井沢修二編著『吃音矯正の原理及実際』大日本図書所収。

鷲田清一（二〇一一）『「ぐずぐず」の理由』角川選書。

神話のなかの障害者

松井　彰彦

学術創成研究に応募してみないか、という打診をスタンフォード大学経済学部の青木昌彦名誉教授からいただいたのは、二〇〇六（平成一八）年の夏だった。ちょうどそのころ、福祉と経済の溝に疑問を感じていた私は、障害学研究者の長瀬修氏や福島智氏らと、「障害学と経済学の対話」という小さな研究会を定期的に開いていた。青木氏の打診に、資金が必要なプロジェクトがあります、と即答し、申請に向けた研究チームの構成を長瀬氏と練りはじめた。

学術創成研究部門に、『総合社会科学としての社会・経済における障害の研究』（通称は、READ: Research on Economy And Disability）というプロジェクト名で申請するにあたって、必ず入れなくてはならないと考えていた部門があった。それが、歴史部門である。「障害」という言葉はそれが人を指すものであれ、社会と人との関係を指すものであれ、時代とともにその意味内容を変えてきた。現代の障害問題を読み解くためには、その歴史的な経緯を知る必要があると考えたのである。どのような歴史を辿るかによって、社会や制度は変わる。それを障害者という社会の標準値から外れた人々に焦点を当てることによって、浮かびあがらせる。幸い、経済史学の中林正幸氏の推薦で、若手の俊英、山下麻衣氏を分担者として加えることができ、本研究プロジェクトチームの陣容が整った。

本書は、山下氏を核として結成されたREAD歴史研究グループの研究成果をまとめたものである。READの歴史グループの重要な点は、いわゆる障害者運動以前の歴史に焦点を当て、「障害」ないし「障害者」という呼称が定着する前の「障害者」たちを見据えているところにある。これは、障害者による当事者運動が、「歴史」と呼ぶには、まだ生々しい現代に息づいたものであるということにもよるが、より積極的な理由として、「ある特定の人々はいつ『障害者』になったのか」という問いに対する答えを探るには、まだ「障害」という言葉が定着していなかった時代を知ることが肝要であるという点があげられる。

本書の内容の説明は山下氏の序文、障害学にとっての意義は長瀬氏の巻頭言に譲るとし、ここでは「歴史のなかの障害者」の向こうを張って、「神話のなかの障害者」に触れつつ、現在ならば障害者と呼ばれるような者の意外とも思える側面を披露することとしたい。

＊　＊　＊

神々の時代には、いまであれば障害者と呼ばれるような者たちが大切な役割を担っていた。人間のさまざまな欲望や性癖をそのまま映し出したようなギリシャの神々のなかでも大神ゼウスを頂点としたオリュンポス十二神はとくに個性が際立っている。その十二神の一神が、火と鍛冶の神へーパイストスである。

ホメーロスの『イーリアス』第一書では、主神ゼウスが、浮気をなじる正妻へーレーに怒って、ほかの神々も怖れをなしていると、ゼウスとへーレーの第一子で、「両脛《もろずね》の曲った御神」へーパイストスがこれをとりなす場面がある。

「我慢なさいませ。おん母上、……
それ、いつぞやも私がしきりに、加勢をしようといたしましたら、
足をひっ攔《とら》えて、神さびた（宮の）門口《とぐち》から抛《ほう》り出しました、
それで私は一日中《ひねもす》空をわたっていって、日の沈むのと同じ頃おい、
レムノス島に落っこちまして、ほとほと息も絶えだえなのを、その処で
シンティエス人らが、落ちるなり直ぐ引き取って（世話して）くれた次第でした。」

こういうと　白い腕の女神へーレーはほほえみたもうて、
ほほえみながら息子のさし出す　台盃《だいさかずき》を手に受けとった。
それから彼は他の神たちにも……とろりと甘い神酒《ネクタル》を注《つ》いでまわれば、
幸わいたもう神々のあいだに　消えもやらぬ高笑いが湧いて起った。

……

さりながら、あかあかと照る　日のかがやきも沈んでからは、
みなみな、おのが館へと　身を横たえに帰ってゆかれた、
そこには世に聞こえたへーパイストス、両脛の曲った御神が、
たくみな技《わざ》に工夫をこらし、各自《めいめい》へと造ってあげた邸《やしき》があった。

――『イーリアス』第一書五八六―六〇八

このように神々の座を盛り上げたかと思うと、こんどは本職のほうでみなに頼られる。トロイエ戦争での

ギリシャ方の英雄アキレウスに武具が必要という段になって、アキレウスの母神テティスは、ヘーパイストスのもとへ向かう。それを迎えたのは、ヘーパイストスの妻、美しい典雅《カリス》の神女であった。

……白銀《しろがね》の足の女神テティスが間近に来た、その姿を
目にとめたのは、今しも家を出て来た美しい典雅《カリス》の神女、
鉢巻《はちまき》もつややかなこの神女を　名高い彎脚《まがりあし》の御神が　妻にしていた。
さればいきなりその手に縋《すが》ると、名前を呼んで話しかけるよう
「まあ、テティスさま、……さあ、こうお入り下さいませな、折角お饗応《もてなし》できますよう。」
こう声を立て、尊《とうと》い女神は、……テティスを台座に腰かけさせた、
して、名高い工匠のヘーパイストスを呼び出して、話すようには、
「ヘーパイストスったら、出ていらっしゃいよ、テティスさまが御用ですって。」
それに対って今度は　世にも名高い彎脚神が答えるようには、
「こりゃ全く、大層な、畏《かしこ》い方がおいでたものだな、
私が遠くへ落ことされて難儀したとき、助けてもらった方なのだよ、……
それゆえお前は早速、御饗応《おもてなし》の　設《もう》けを立派にしてさし上げろ、……
さあ、存分に御意向を仰せ下さい。……」
……それに対って、今度はテティスが、涙ながらに答えていうよう、
「ヘーパイストスさま、……
こうして今お膝にも　縋りにあがった次第なのです。

もしや私の短命な子に、楯《たて》や兜《かぶと》や、美事な脛当《すねあて》、それも踵《かかと》の
上飾《うわかざ》りなど取りつけたのや、なお第一には胸鎧《むなよろい》を　造ってやって下さいますよう……」

「なに大丈夫、そうしたことは、もう一切御気に懸けられますな、……」

こう言うと、テティスをその儘《まま》そこに残して、鞴傍《ふいごわき》へゆき、……

大きく、また頑丈な楯をつくり終えると、
今度はさらに、火の輝きよりなお燦然《さんぜん》たる胸甲《むなよろい》を　彼にとこしらえ、
またがっしりとした兜を造った、……
さらには彼にと、しなやかな錫《すず》で脛当をばつくってやった。

――『イーリアス』第一八書三八一―六一三

ヘーパイストスの神話には、「障害者」という言葉から受ける弱さのようなものは感じられない。みなから頼りにされる神の脚がたまたま曲がっていたと言っては言いすぎであろうか。

英雄の時代となって、登場するのがオイディプスである（ソポクレス「オイディプス王」参照）。テーバイの王ライオスは、妃イオカステとのあいだにできた自分の子どもがやがて自分を殺すことになるという予言を受けて、歩けないようにピンでかかとを刺し、生まれたばかりのわが子を従者に命じて殺そうとする。しかし、赤子を殺すことのできない従者は羊飼いに託して、遠くへ連れて行ってもらう。赤子はコリントス王の子どもとして、オイディプス（かかとの腫れた者）と名付けられて、成長する。あるとき、父親を殺し、母と交わるという神託を受けたオイディプスは、自分が故郷と信じているコリントスを離れ、ふとしたいざこざから旅の途中の実の父親ライオスを殺し、ついでテーバイの危機を救った英雄として、テーバイ王位に

就き、実の母親イオカステを妃とし、四人の子をもうける。真実を知ったイオカステは自殺し、オイディプスは自分の目をえぐって盲目の人となり、テーバイを追放される。

ソポクレス『コロノスのオイディプス』において、オイディプスは、テーバイを去って異国の地を放浪しながらも威厳を失わず、アテナイの王テセウスを友とし、彼と同じ目線で対話する人物として描かれている。最期を迎えても、なお凛とした強い人間がここにいる。

オイディプス：わが友、アイゲウスの子【テセウスのこと】よ、老年や死がないのは神々だけだ。そのほかのすべてのものは、すべての克服者たる時がついえさせてしまう。地の力も滅び、身体の力も滅びる。信義は死に、不信が萌え出でる。同じ心が友のあいだにも、国と国のあいだにも、不動であることはけっしてない。……テーバイとあなたとの間柄が今日はうるわしい日差の下にあったとて……、つまらぬことから、今日の和合の誓いを槍でもってひき裂くだろう。

その時に、おれの眠って埋められている骸、冷たい骸はいつの日か、彼らの熱い血潮を吸うであろう、……あなたは、自分の言葉を忠実に守りさえすればよいのだ。そうすれば、神の言葉に偽りなくば、この地の住人としてオイディプスを受け入れたことが無益であったと言うことはあるまい。

コロス（バックグラウンドコーラスのこと）：王よ、前からこのお人は、この地のために、このような約束を果たすつもりだと言っております。

テセウス：それでは、誰がこのようなお人の好意を無にできよう。その人には、まず第一に、戦さの盟友として、いつでもわれらが家のかまどは開かれている。それは互いの権利なのだ。第二に、われらが神たちの保護を求めて、この地に来て、この地とわたしとに尊い酬いをもたらしている。これらのことをうやまい敬して、わたしはこの人の恵みをけっして退けるまい。いや、この国の人として、この地に住まわせよう。

ここには庇護されるべき弱い障害者などというものは存在しない。コロノスのオイディプスからは、自分の道は自分で切り拓くという力強さのみが伝わってくるのである。

これらの記述のなかに「障害」および「障害者」という集合名詞的な呼称はない。「障害」あるいは「障害者」という概念は、本書が明らかにしているように、近代に創られたものという仮説と一致する。

ヘーパイストスやオイディプスの力強さは、「自分のことは自分で決める」という経済学の人間像とも重なる。障害者のエンパワメントということがしばしば障害学の研究者から聞かれる。歴史のなかで障害者がどのようにとらえられてきたかということを、歴史学者の目でしっかりととらえつつ、力強さをどのように復活させていくか。手足の不自由な人や目の見えない人が神話の時代のような力強さを得るとき、「障害者」という呼称はなくなっているかもしれない。

参考文献

ソポクレス（一九八六）高津春繁訳「オイディプス王」同訳『ギリシャ悲劇II』に所収、ちくま文庫。

――（一九八六）「コロノスのオイディプス」同右。

ホメーロス（一九五三～一九五八）呉茂一訳『イーリアス』（上・下）岩波文庫。

第3章　脳病院と精神障害の歴史

昭和戦前期の精神病院における患者デモグラフィと治療の構造

鈴木　晃仁

一　〈定義と切断〉と〈内容と構造〉

精神障害の歴史において、健常者と障害者の区別と差異化に着目して〈定義と切断〉に強調をおくヒストリオグラフィと、差異化された障害者が社会のなかでどのような生活を送ったのか、その生活を成り立たせている構造は何かということを問う〈内容と構造〉を重視するヒストリオグラフィは、相互に影響を与えながら並行して研究を進展させてきた。

定義と切断のヒストリオグラフィの大きなインスピレーションは、ミシェル・フーコー『狂気の歴史』である。『狂気の歴史』は、「理性と非理性の切断の働き、両者の間に作られたあの距離、理性と理性ならざるものとの間に設定されたあの空白について語る必要があるだろう」という有名な言葉ではじめられている（フーコー　一九七五：八）。この発想に影響を受けた研究は、健常者と障害者の二元論的な図式を大きな概念装置として用いて、ある定義や基準を用いて障害者が位置づけられるあり方を研究してきた。健常者が障害とは何であるのかと定義して違いを作り出し、社会のなかのある特別なカテゴリーに分類する仕組みの研究である。障害者の位置づけにはさまざまな目的があり、優生学のように障害者から権利を奪うこと（場合によってはナチスのように生命を奪うこと）が基本的な目標である場合もあるし、障害者の状況を改善しようという善意や情熱にもとづいた福祉を目標にすることもあったが、いずれにせよ、障害者のアイデンティティを外から定義して健常者から切断したグループとするという概念的な権力（場合によっては暴力）が存在した。それに対抗するために、障害を持つ当事者たち自身によるアイデンティティの回復と自律性の獲得が試みられてきて、「障害者運動」という確かなかたちをもつ現象が現代社会に定着している。

この構図のなかで、障害は本質主義的な理解から切り離してとらえられ、さまざまな障害のカテゴリーを作り出すこと自体が、健常者の論理から作り出されたものであるという構成主義の視点が作り出された。この視点は、障害の境界設定という行為を、その設定を行なう社会の特徴を表現するものとして解釈することを可能にして、障害の歴史に大きな知的広がりをもたらした。障害の歴史を正常が作られる歴史であるととらえ、切断が正常と障害を「作り出す」メカニズムを問うことができるようになったからである。フーコーは、この視点を、「ある文化が本質的な選択を行い、それに実定的な相貌を与える分割」を研究することであり、「文化が形成される場合の原初的な厚み」を明らかにすることであるといっている（フーコー 一九七五：九）。ある日本の障害者運動の研究者は、「健常者社会がその本質において内包している〈健常者〉による〈障害者〉の支配と抑圧を可視化させる」という（田中 二〇〇六）。トーンと狙いにおいては違っているが、いずれも健常者と精神障害者の切断に注目し、それを通じて見えてくる健常者の社会の本質を明らかにしようという視点から出発しているという点で、両者の基本的な立場は変わらない。

それに対して、精神障害の〈内容と構造〉を問う歴史研究は、定義や切断といった障害の外周や輪郭を問うよりも、精神障害者はどのような人だったのか、切断されたあとでどのような生活を送ったのか、その生活を形づくった構造は何か、その構造は同時代の社会のなかでどのように構成されたのかという問いを中心に据えた。平たく言うと精神障害者の実態と内実、そしてそのような実態が現われた構造を問うことを主眼としたのである。この問題意識は、精神障害の歴史に実証史学の厚みを与えることになった。フーコー流の研究が明らかにしたように、正常と異常、理性と狂気が境界設定された言説の歴史はたしかに重要である。しかし、境界を設定する言説ばかりが重点的に研究されて、境界の内側の内実が知られていない状態というのは、その議論の妥当性について心もとない印象を与える。「どのように切断されたか、その切断を可能にしたロジックは何か」という問いだけではなく、「切断の試みの結果、何がもたらされたのか」という問いに対する洞察をともなってはじめて、障害の歴史は実質がある歴史学のひとつの領域となるというのが、歴史学者が常識的に持つ直感である。このような事情のため、〈内容と構造〉の精神障害のヒストリオグラフィは、ひとつの明確なイデオロギーなり研究プログラムに従っているというより、フーコー流の研究が空白のままにした実態に光を当てる歴史資料を見つけてそれを分析する実証的な方法論を共有しつつも、それらの史料から結論を引き出す方向はさまざまに拡散することになった。フーコーらが言うのと実態は異なるということを強調してフーコー流の研究を批判する論者もいるし、むしろフーコーらの概念装置に肉付けを与える方向を目指す研究者もいる。また、健常者の社会を分析するのに用いられるジェンダー・階級・家族・人種などの概念が障害者の生活の分析にも有効であることを強調する論者もいる。こういった多様な研究が、精神障害者の〈内容と構造〉を明らかにしようという関心を緩く共有し、〈定義と切断〉のヒストリオグラフィと距離をとると同時に影響しあいながら、精神障害の歴史研究の現在を構成している。

すなわち、現在の二本柱のヒストリオグラフィを持つ精神障害の歴史が成立するためには、フーコーらの理論的な視角と並んで、障害者の生活の現実に光を当てる史料が発見されて、それが活用されることが必要であった。言葉をかえれば、障害の歴史における「史料革命」が要請されたのである。つまり、(一) 広範に存在するにもかかわらずそれまで使われていなかったタイプの史料が発見され、(二) その史料に書かれている内容を分析する方法が考案され、(三) その方法を用いた分析が広い文脈のなかで検証されるという一連の知的努力が、精神障害の歴史研究のひとつの柱を提供したのである。欧米の精神障害の歴史研究において、「史料革命」がもっとも顕著であったのは、フーコーらに刺激されて一九八〇年代から欧米諸国で現われた精神病院の社会史であり、その史料革命を代表したのが、精神病院など精神障害者を集めた収容型施設が作り出した症例誌 (case history) と呼ばれる患者/障害者についての記録であった (Andrews 1998)。症例誌は、近代であれば国や地域や時代を問わず精神病院のアーカイブにほぼ例外なく、そしてきわめて多量に存在する史料である。症例誌が歴史学者によって発見された時期は、コンピュータが歴史学の研究者に個人レベルで利用可能になった時期と重なっており、患者の諸属性や受けた治療の内容や入退院のパターンについて集合的・計量的に分析する方向に発展させることが可能になった (Wright 1997; Melling and Forsythe 2006)。その一方で、当時の歴史学の〈言語的転回〉がもたらした洞察を取り入れて、症例誌という個人に関するテキストの生成を分析してそこから生活の構造を明らかにする方向にも研究は発展した（Suzuki 2006）。ちなみに、同じ時期の医学史において、精神医療の歴史以外の分野でも、病院における入院患者の症例誌という史料が注目され、新しい医学史研究をささえる基礎的な史料になるという動向があった（Risse and Warner 1992）。

精神病院の症例誌という記録は、収容型施設に収容された患者／障害者個人をベースにした記録である。精神医療施設のアーカイブにおいては、まずその量において研究者を圧倒するのは症例誌である。メリングらの研究は一万三〇〇〇人の患者記録をデータベースに入力し、四〇〇〇人について重点的な分析をするという大規模な作業にもとづいている（Melling and Forsythe 2006）。また、情報の質においても、収容施設に入る以前の情報については、それまで患者と生活してきた家族が提供したものであり、入院後のものについては、患者自身の行動を間近で観察した医者や看護人が記したものである。これらの情報が家族や医師・看護人の意向を反映し、それぞれの戦略にもとづいて選択され構成された記述であることは言うまでもないが、それらの情報の背後には確実に患者についての実態が存在し、症例誌からその実態に光を当てることは十分に可能である。それに加えて、一九世紀以降に定着した精神病院においては、フーコーが言うところの規律型権力の核をなす「症例としての個人の形成」の力が働いており、その意味で、症例誌には近代の医学権力が複雑なかたちで刻み込まれている。「症例誌」が医学史研究に新しい問題群を提供したのは、大量のデータ、質が高い情報、医学権力の刻印という三つの特徴を持った史料であったことによる部分が大きい。

本章の第一の目標は、日本の精神医療史研究においてはほとんど用いられたことがない精神病院の症例誌を用いた歴史研究が可能であることを示すことである。日本においては、これらの患者記録への歴史資料としてのアクセスは整備されておらず、一般の歴史学者にとっては不慣れな資料だろうが、ハンセン病を中心にして実際にそれらを用いはじめている研究者も現われてきている。また、個人の歴史的な記録の取り扱いにはプライバシーの保護の点で注意を払わなければならないが、医学情報の取り扱いに関する一定のガイドラインが存在し、日本医史学会は患者情報の取り扱いについての倫理規定の概念を持っている。しかし、史料へのアクセスや個人情報の問題以上に日本の人文社会系の歴史研究者による症例誌の活用を妨げているのは、人文社会系の研究者が医学の一次資料に対して持っている距離感であるように見受けられる。

スペースの制約と研究の段階という二つの理由で、本章では、精神障害者の病院内での生活の全体像を示すというよりも、重要なポイントが点描されるにとどまる。まず、彼らの生活の基本的な構造を示す指標は、入退院のパターンである。どのくらいの期間にわたって在院していたのか、退院の際に病気が治って退院したのか、治らないまま退院したのか、あるいは死亡して退院したのか。このような精神病院の患者の入退院のデモグラフィについての情報は、精神障害者の生活を理解するうえで基本的なデータであるが、患者記録による組織的で正確な計量が可能になるまでは、歴史研究の射程に入っていなかった。そのため、不正確なイメージが検証されないまま、そのイメージにもとづいて精神医療の特徴が議論されてきた。イングランドの精神医療史研究を離陸させたアンドリュー・スカルの優れた著作も、一九世紀の精神病院（「貧民狂人収容院」）は患者を長期収容する施設であるという前提にもとづいて、社会における不都合な存在を閉じ込める精神病院の機能を強調していた（Scull 1993）。それに対して、デイヴィッド・ライトはバッキンガムシャー州狂人収容院の患者記録の分析から、患者の在院期間の中間値は五〇〇日程度であることなどを明らかにして、長期収容というより、家族というもうひとつのケアの空間との共同関係のなかで狂人収容院を理解すべきであることを説得的に議論した（Wright 1999）。それと同じように、戦前の日本の精神病院についても、患者のデモグラフィについての正確な情報が共有されていないため、少数の例にもとづいた精神病院の像が戦前の精神医療の性格づけに影響を与えてしまっている。たとえば、兵頭晶子『精神病の日本近代』（二〇〇八）は優れた著作であるが、その歴史理解の根本にある「日本の近代化にともなって、短期的な治療の対象である狐憑きから、不治の病として長期にわたって監禁される精神病へと移行した」というテーゼは、精神病院の患者の在院期間についての無根拠な思い込みにもとづいている。本章のひとつの目標は、戦前期東京の精神病院である王子脳病院を例にとり、患者のデモグラフィという精神障害者の生活の構造のひとつの要素を明らかにし、それから当時の精神医療の特徴を明らかにすることである。

もうひとつのポイントは、精神病院において治療がどのように実施されたかということである。精神病院はいつの時代においても収容監禁と医療の二つの側面を持っており、両者のバランスはさまざまに変化してきた。戦前の精神病院はどの程度治療的な空間であり、収容監禁の側面に比して、治療はどこまで重要な位置を占めていたのだろうか？「治療の歴史」に対する無関心というのが、長いこと精神医療であれそれ以外の分野であれ、医学史研究の重要な空白のひとつであった。医療系分野の出身の医学史研究者は、治療について、「それは効いたかどうか」という歴史学的に著しく貧困な問いしか持っていなかったし、人文社会系の医学史研究者の多くは、「それは野蛮な人権侵害か」という総じて同程度に貧困な問いしか持っていなかった。とくに、藤野豊に代表されるように、近年の人文社会系の研究者による医学史研究の成果の多くが、過去の医学の「蛮行」をさばくいわゆる「メッセージ性」を持った歴史研究として問われている日本では、その傾向が現在でも強い（藤野一九九三）。欧米の医学史研究では、このような状況の反省の上にたって、一九八〇年代以降に治療という行為が持つ複雑な意味合いを明らかにしようとする新しい治療の歴史が現われた（Warner 1986; Rosenberg 1992）。精神科医療の歴史においても、ブラズロウの『精神の病と身体の治療（*Mental Ills and Bodily Cures*）』や、プレスマンの『ロボトミーと最後の方法（*Last Resort*）』など、患者記録から治療が持っていた意味を再構成した著作が一九九〇年代に現われた（Braslow 1997; Pressman 1998）。前者は、二〇世紀のカリフォルニア州立病院の患者記録を素材にして、マラリア療法の導入とともに、梅毒に起因する進行麻痺の患者に対するネガティブな表現が患者記録において減少したこと、すなわち、治療法が患者に「治療の対象」という新しいアイデンティティを与えたことを論じて「治療」の意味の広がりを示し、後者は、二〇世紀アメリカのロボトミーの歴史を取り上げて、現代のわれわれはロボトミーを野蛮と決めつける強固な確信を持っているが、それが実施された具体的なメカニズムをほとんど知らないことを歴史学者に痛切に思い知らせた。これらの精神科の治療の実態と複雑性を明らかにした先行研究に範をとり、本章は、戦前期日本の精神病院の患者が受けていた治療のパターンと意味を明らかにして、精神病院がどの程度まで「医療」の性格を持っていたのか、その医療の性格はどのように構造化されていたのかを論じることをもうひとつの目標とする。

本章が分析する王子脳病院について、ひとこと説明しておく。王子脳病院は一九〇一年に東京府北豊島郡滝野川西ヶ原に開設された私立の精神病院である（東京精神病院協会 一九七八）。当初の不安定な経営を安定させ病院を発展させたのは、二代目の院主の小峯茂之（一八八三〜一九四二年）であった。茂之のもと、一九一九年の精神病院法の制定とともに東京府の代用病院に指定され、精神病院法が定める公費の患者を受け入れることになった。その後、一九二八年には一五〇床であったものが、一九二九年には大幅に増床して二五〇床に、一九三六〜三七年には微増して二八〇床となった。これに加えて、小峯茂之は、隣接する敷地に建てられた一四五床の入院設備を持つ堂々とした私立病院である小峰病院も経営していた。小峰病院は、警視庁への届出では精神病院とは分類されておらず、少なくとも形式上は王子脳病院とは異なった病院であったが、実際の運営においては両者の境界はしばしば曖昧であり、患者記録や患者名簿においては、両者は一括して管理されていた節がうかがえる。その意味で、現存のアーカイブは王子脳病院と小峰病院という二つの病院の入院患者のものであるが、両者を区別することが難しいので、区別して論じる必要がある場合を除いて「王子脳病院」と一括して呼ぶことにする。数千人分の患者記録・症例誌を中心とするアーカイブは現在小峰研究所が所有し、筆者（鈴木）が保管して整理している。

二　患者の入退院のパターン

王子脳病院は精神病院法のもとでの代用精神病院であったから、私費の患者と公費の患者（多くは代用患者）がおり、両者はまず、生活スペースの点で異なっていた。図3－1は、病院の建築の変遷を研究している勝木祐仁氏が作成した、一九三七年近辺における王子脳病院の建物の敷地図と建物の平面図である。王子脳病院・小峯病院は複数の建物が複雑に立ち並ぶコンプレックスであった。「E」の形をした小峯病院が存在し（A）、それをはさむかたちで王子脳病院の二つの建物があった。片方は「王子脳病院乙敷地」に建てられた「S」の字を押しつぶしたような不規則な形をしている建物であり（B）、この複雑な建物も複数回の建て増しの産物であった。もう片方にある不規則な形をしている建物（C）は、王子脳病院「甲敷地」に建てられた比較的古い建築物である。Bの隣には、昭和一二年頃に新築されたと思われる二階建ての建物（D）が示されている。

図3－2の平面図にはBとDの建物の利用図が示されているが、そこでは、男と女の区別と同時に、私費患者と公費（代用）患者の生活空間が合計四種類に色分けして示されている。公費・私費ともに六畳間に二人を基本にして生活空間が区分けされており、八畳間の二人部屋と九畳間・十畳間の三人部屋、十二畳の四人部屋、十八畳の六人部屋が配されている。Dの建物は男性患者専用で、Bの建物では男性患者と女性患者の生活スペースのあいだには壁が設置されている。この図から、一部の私費患者と公費患者は生活空間を共有しており、男性患者と女性患者の生活空間は意外に近いことがわかる。

生活空間の静態的な区分を共有していた公費患者と私費患者だが、病院の利用の動態については大きな違いがあった。その違いがもっとも明らかになるのは、患者名簿から計算できる在院期間である。表3－1は、一九三〇年、一九三五年、一九四〇年に入院した私費患者・公費患者について、その在院期間の平均値・中間値を掲げたものである。私費患者は、男も女もほぼ三五日から四五日の中間値のあい

図3－1　王子脳病院の建物（1937年2月）
出典：勝木裕仁氏作成。

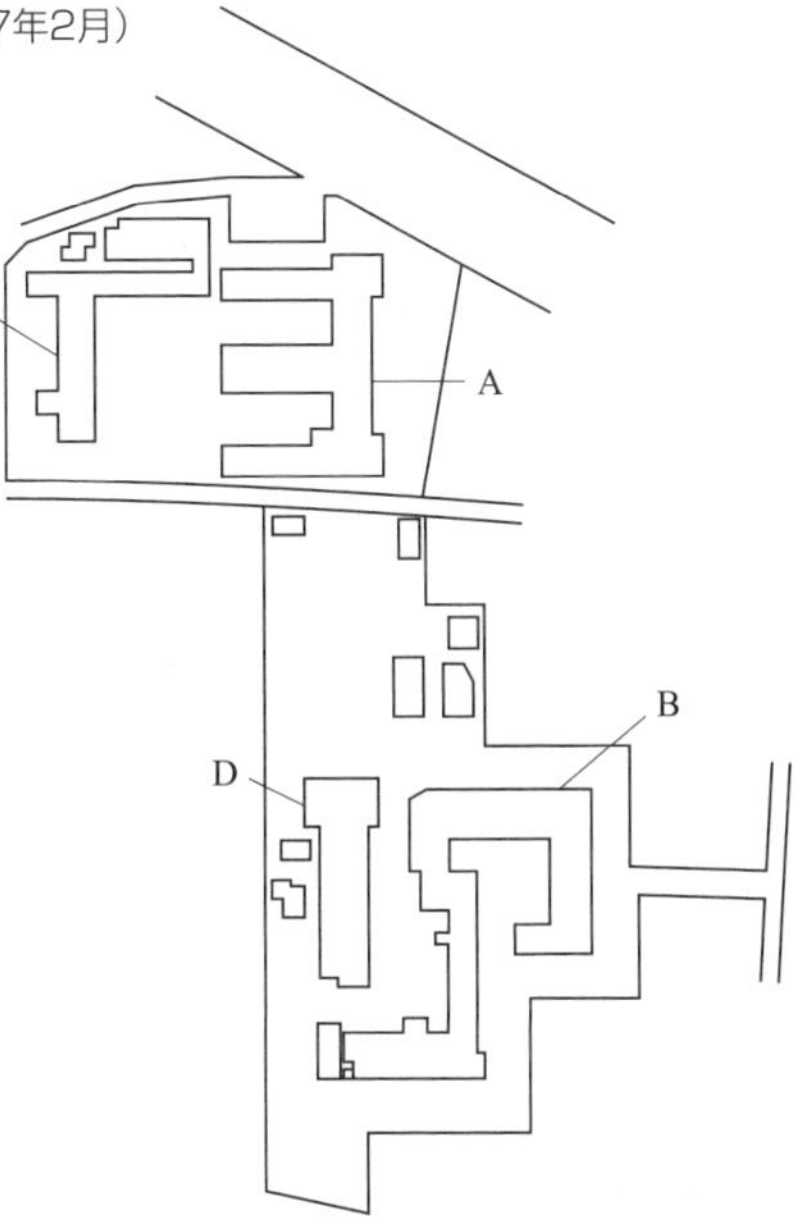

図3－2　王子脳病院の平面図
出典：小峰研究所所蔵。

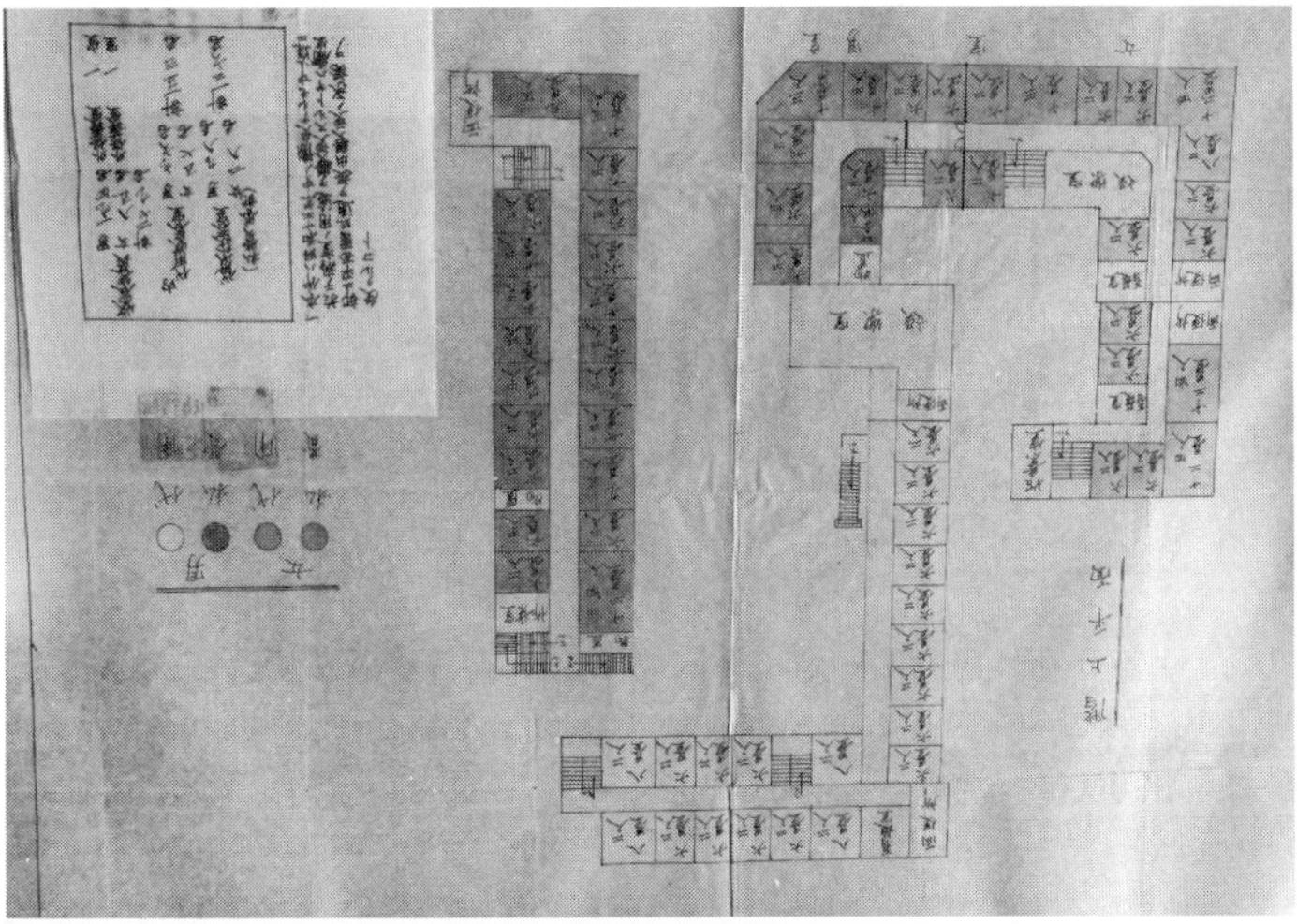

表3－1　王子脳病院入院患者の在院期間，入院年コホート別（1930,1935,1940年）

私　費	1930年入院		1935年入院		1940年入院	
	男性	女性	男性	女性	男性	女性
患者数	216	93	186	102	333	189
平均（日）	114	95	85	79	84	73
中間値（日）	42.5	44	35.5	46	40	43
公　費	1930年入院		1935年入院		1940年入院	
患者数	39		54		42	
平均（日）	788		683		558	
中間値（日）	959		770		499	

出典：筆者作成。

だで一定しており、一カ月から一カ月半の在院が一般的であった。一方、公費患者はそれぞれの入院年次コホートにより大きな変動があるが、五〇〇日から九五〇日、一年から二年半くらいというのが中間値になっている。すなわち、公費患者は私費患者の一〇倍から二〇倍の期間にわたって精神病院を経験したことになる。

私費患者と公費患者は、在院期間だけでなく、在院の結果どのようになったかという「転帰」においても大きく違っていた。一九二六年から一九四二年までに入院・退院した私費・公費の患者の、一九四二年までの転帰をまとめたのが表3－2である（一九四二年で区切ったのは、昭和一八年入退院の患者名簿を欠くためである）。全治退院の割合でいうと公費患者のほうがはるかに高く、私費患者は軽快・未治の段階で退院した者が多かったことを示す。いいかえると、公費患者は全治しないと退院できず、軽快・未治では入院が継続されたが、私費患者においては、家族の都合や入院の経費などの理由で、軽快・未治の段階でも退院となることが多かった。そして、なかなか退院せず在院期間が長い公費の患者は精神病院内で死ぬことが多かった。私費患者の約一割が病院内で死亡しているというのもその在院期間を考えると高い数字であるが、公費患者の三分の二近くにあたる者が病院内で死亡しているというのは非常に高い数字である。公費患者の三分の二は結果的に「残りの人生を精神病院で送る」ために王子脳病院に入ったのに対し、私費患者の大多数にとって精神病院は改善を得るために短期間滞在し、そのうち四割程度が改善し、四割弱が改善せずに退院する場であった。

一九四二年までの公費患者の高い死亡率すら色あせて見える高死亡率の事態が、表3－2で示したデータが終わる一九四二年以降、とくに一九四四年・一九四五年にやってくる。総力戦下の社会における精神病院の患者の高い死亡率は有名であり、第一次世界大戦中のドイツの精神病院においても、第二次世界大戦末期と終戦直後の日本の精神病院においても、入院患者の死亡率の急上昇が見られた。少し違う手法で計算された死亡率であるが、松澤病院では患者の死亡率は一九四四年に三八・六パーセント、一九四五年には四一・四パーセント、井の頭病院ではそれぞれ三八・六パーセントと五二・七パーセントである（岡田 一九八一）。王子脳病院においてもこの時期に患者の死亡率は急上昇した。一九三〇年代には、年頭に在院していた公費患者のうち一〇パーセント前後が一年以内に死亡する程度であったが、一九四一年の一五パーセント、一九四二年の一七パーセントと上昇し、一九四四年には年頭に在院していた公費患者一〇九名のうち五一名（四七パーセント）が一年以内に死亡するという、「殲滅」という言葉がふさわしい状態となった（同年の私費患者について同じように計算された値は、平年よりもかなり上がっているが、それでも一九パーセントにとどまっている）。

表3－2　王子脳病院入院患者の転帰，1926～1942年

	私費		公費	
	実数	%	実数	%
全治	239	4.1	129	22.1
軽快	2,352	40.4	34	5.8
未治	2,143	36.8	40	6.8
死亡	565	9.7	368	63.0
公費変更	36	0.6	—	—
その他	337	5.8	13	2.2
合計	5,822	100.0	584	100.0

出典：筆者作成。

王子脳病院においては、精神病院に公費で入院する患者は、生きて

診断・在院期間・転帰など

在院期間	転　　機	備　　考
7年	死亡（肺結核）	
9年6カ月	死亡（肺結核）	
9年6カ月	死亡（肺結核）	
10年6カ月	死亡（肺結核）	
5年6カ月	死亡（肺結核）	
5年3カ月	死亡（栄養障害）	
8年3カ月	死亡（狭心症）	
6年11カ月	死亡（死因記載なし）	S 4.10.5–11.16まで私費入院
6年11カ月	死亡（脳膜出血）	
7年8カ月	死亡（肺結核）	1936.11.21–12.21に短期間退院
7年6カ月	死亡（肺結核）	
2年7カ月	未治退院	
10年3カ月	未治退院	

退院することなく死ぬまで病院に滞在した者が三分の二程度であったこと、とくに戦争の末期にはすさまじく高い死亡率が見られたことが確認できる。ここで、「死ぬまで精神病院に在院した」という表現には注意が必要である。この表現から、現代の日本のような精神病院患者の高齢化や、慢性化した患者がいつまでも生きている空間としての精神病院を想像してはいけない。先にみたように、死ぬまでの在院期間はそれほど長くはなく、院内で死亡した公費患者四二五人の平均死亡年齢は四二歳程度であった。入院から死までの期間が短かった理由を知るためには、死因に関するより詳細で組織的なデータ分析が必要であるが、長期入院患者をサンプリングした表3－3を見れば、結核による死亡が突出して際立っており、結核という感染症が、精神病院の入院患者の生存期間を短くすることに大きな役割を果たしたことは確実である。脳病院で結核による死亡が多かったことは昭和期には広く知られており、一九三三年には鎌倉脳病院の院長の西井烈が『読売新聞』に「精神病と結核」という小文を連載寄稿し、患者の不衛生な生活からくる体力低下が、高い割合で患者に

表3－3　長期入院患者の年齢・

症例番号	性	年齢	公私別	診　断	入院年月日	退院年月日
A	女	41	公	早発性痴呆	1933.12.28	1940.12.27
B	女	22	公	早発性痴呆	1932.2.19	1941.8.3
C	男	26	公	早発性痴呆	1932.4.23	1941.4.21
D	女	42	私	早発性痴呆	1933.3.14	1943.9.13
E	女	18	公	躁鬱病	1938.4.1	1943.10.16
F	男	29	私	精神分裂病	1937.2.13	1943.5.20
G	女	51	公	早発性痴呆	1931.10.13	1940.1.12
H	男	51	公	進行麻痺	1929.12.10	1936.10.31
I	男	19	公	早発性痴呆	1929.10.2	1935.10.18
J	男	27	公	早発性痴呆	1936.6.11	1944.2.26
K	男	37	公	早発性痴呆	1930.4.11	1938.10.30
L	男	26	公	早発性痴呆	1932.7.12	1935.2.25
M	女	35	私	精神分裂病	1933.6.15	1943.9.15

出典：筆者作成。

結核の病変が見いだされることの原因であろうと書いている（西井 一九三三）。また、この時期の精神病院の二大疾患は、早発性痴呆（精神分裂病・統合失調症）と並んで、梅毒が進行して中枢神経を侵した結果発病する麻痺性痴呆であったことも重要である。麻痺性痴呆はもともと予後が悪く、発病してから死の転帰までの時間が短い。当時はマラリア療法も利用できるようにはなっていたが、麻痺性痴呆患者は発病・入院後に比較的速やかに死を迎えることが多かった。すなわち、結核と梅毒という二つの感染症が王子脳病院の死因で大きな割合を占めており、そのため、公費患者が死ぬまでの時間はそれほど長くはなかった。

昭和戦前期に精神病院に入院した精神病患者・精神障害者のデモグラフィの輪郭をまとめると、王子脳病院には、一カ月から二カ月程度在院しただけで軽快・未治のまま退院していく私費患者と、二年程度在院し、その三分の二は病院で死を迎えた公費患者がいたこと、公費患者は現代の精神病院患者のように高齢化する以前に、結核や梅毒という感染症で比較的若くして死んでいたことがまず重要である。戦争末期から終戦期の食糧不足と極度の栄養欠乏の状況は凄惨なものであったが、その現象は、戦争末期に突然新しいデモグラフィのレジームが現われたわけではなく、精神病院で死を迎えるという、それ以前に存在していた構造がより急速に展開したものであった。また、これは推測であるが、戦後の精神病院に五年から一〇年以上にわたる長期入院者が数多く現われるという構造も、「死ぬまで精神病院に収容され続ける」という戦前から存在していた公費患者の入退院のデモグラフィが、結核の克服、衛生状況と栄養状況の改善、そして抗生物質の利用による梅毒性の精神病の減少という精神科の疾病構造の変化にともない、入院から死までの時間が引き延ばされた結果であると考えることができる。そうだとしたら、戦後の精神病院における入退院の構造は、「死まで在院し続ける」という戦前における公費患者の入退院の構造をもとにして、患者の量的拡大と病院内での寿命の伸展の結果つくられたものである。

このようなレジームを成立させていた構造の形成について、本章は一点だけ考察を試みたい。戦前期の公費患者の多くが死ぬまで精神病院に入院していたことは、死ぬまで入院するように「定められていた」ことだろうか？　退院することなく精神病院で死ぬように「意図されていた」のだろうか？　もし、そのような意図が存在したとしたら、どのような理由で、誰が持っていた意図なのだろうか？

この問いに対し、誰もが思いつく可能性は、「公費患者は家族によって精神病院に遺棄された」というシナリオ、つまり、いったん精神病院に入れたら、もう家族の一員ではないと見なし、退院させて家族に引き取ることをしなかったからという説明である。こうした解釈は、日本の精神医学の父と呼ばれる東京大学教授の呉秀三その人も指摘していた。呉は、作業療法を行なうと、訪問した家族が患者がひと通りの仕事をすることができるのを見て、家族が患者を引き取るようになると述べる文脈で、あたかも患者を遺棄する場所としての精神病院の機能を嘆いている。

また、巣鴨病院なり、その他の病院におきまして、精神病者を病院に入れると、重荷でも下ろしたような感をもっておる人がある。もっともひどいのは、患者を病院に入れておいて、家族はそれなりに行方が分からぬというのがあります。これはどうも、日本の文明が進まないものとは、皮相の見かも知りませんが、そう思わなければなりませぬが、西洋などでは、施療病院でも、その門前が日曜などには市のようになって、病人の家族は固よりのこと、近所近辺のものまで、色々の人が患者の見舞いに行きます。ところが日本などでは、施療患者の家の人を呼んでも、なかなか出てこない。その家族の者が患者を病院に託したのか、棄てたのか分からぬようなのが多いのでございます。ところが、前申したように、病院において患者に業務を授けるようになってからは、今までは患者がなおったから引き取りに来いといっても、取りに来なかったのが、患者がよくなってきて、業務をなし、機を織ったり、編み物をしたり、縫物や洗濯をしておるのを観ると、医者がまだ本当に治っておるのでないといっても、すぐ引っ張って行ったりする。病院経費の負担を幾分減らす（すなわち、病人の代謝が多くなる）気味がある。今申すとおり、患者に業務を授けることは、病気を治すというばかりでなく、経済上からいっても、利益があることでございます(1)。

呉秀三がこの講演をしたのは一九〇七年であるが、その講演が主張している二つのポイント、すなわち、当時の日本と西欧を較べて、日曜ごとに大挙して家族などが訪問する西欧の精神病院と、家族が患者を病院に棄てたかのような日本の精神病院と対比させたこと、そして、作業療法が家族への引き取りの鍵を握っていると考えたことは、少なくともそのままのかたちでは、昭和戦前期の王子脳病院には当てはまらない。その論拠としては、家族が患者に面会に来ていたこと、作業できないまま退院した患者もいたし、作業できるのに退院しなかった患者もいたことがあげられる。

面会についてだが、王子脳病院には面会室が設けられており、看護日誌は、ほとんどの長期入院の患者について定期的な家族の面会があったことを記録している。典型的なパターンは、一カ月に一度かそれ以上、患者ともっとも近い関係の家族が面会するというものであった。たとえば、表3－3の患者Hは、昭和四年に進行麻痺で入院した当時五一歳の男性で、公費患者として七年間在院したが、家族の訪問は、昭和五年には二一回、七～九年にはそれぞれ一七回、一六回、一七回の訪問を受けている。面会のペースは、長期在院の患者においてもあまり変わらず、患者の死期が近づくと、近親・家族が訪問する頻度はむしろ上がり、これまで訪問しなかった兄弟なども訪問するようになる（これは生前の姿を一度見ておくという動機で行なわれたものだろう）。精神病院で生涯を過ごすことになっていたからといって、それは家族が遺棄したということではなく、定期的に面会には訪れていたのである。印象論的な言い方をさせてもらうと、現代のいわゆる老人ホームとよく似ており、戦前の精神病院が家族にとって持っていた機能を考えるヒントになるかもしれない。

呉のもうひとつのポイントである患者の退院と作業が一致するという現象は、症例誌の分析からは鮮明には現われてこない。たとえば、家族に暴行して入院した早発性痴呆の二六歳の男性で、入院後すぐに感情鈍磨、茫然無為、混迷状態などのいわゆる人格の荒廃が現われた患者は（表3－3、患者L）、談話応答がいっさいなく面会した母に突然コップを投げるような状態でありながら、家族二名にともなわれて二年半後に退院している。その一方で、妄想はあるものの、作業もするし、その他の点でも模範的な患者が死に至るまで収容されている例も多い。昭和六年に入院した五一歳の女性患者（表3－3、患者A）は、看護婦たちには非常に機嫌よく接し、作業療法を熱心にし、他の患者との関係も良好で患者の世話までしていたが、八年あまりにわたって在院して結局院内で死亡した。

もうひとつの例として、作業をしても退院できなかったやや特殊なケースをあげよう。昭和四年一〇月に入院した男性（表3－3、患者I）である。当時一九歳だった彼は、幼少時から激しい吃音のため情緒不安定で、弟に暴力をふるったりしていた。進学を嫌い、結局小学校も終了せず、奉公先でも問題を起こして長続きせず、務めた工場も解雇されて、近所の人などが悪口を言っていると思って父親に暴力をふるい、家族が警察に保護を求めたのが王子脳病院に入院した直接のきっかけである。病状日誌には「早発性痴呆」の診断があるが、この診断が不適当なものであることは医者たちもわかっていたはずである。彼は入院後すぐに落ち着きをとりもどし、「終日作業熱心、終了後は静かに雑誌などを読み、にこにこと談笑し、好機嫌なりし」（S五・七・一、昭和五年七月一日の症例誌記事より。以下、症例誌からの引用はこの形式に従う）のように記されている。この男性は退院を希望していたが、その希望はかなえられず、焦燥にかられて作業用の竹べらで自分の喉を突いて自殺未遂をはかったこともある。彼の退院が実現しなかった理由は、彼の言葉によれば家族であった。昭和一〇年の七月九日には、「家では自分が全快するまで入れておくつもりらしいが、自分は少し身体がしっかりしたら退院したいから、病気の方をまけておいてください」と、「激しくどもりながら、ぽつりぽつりと」医者に語る。それからも、「家族に内緒で退院させてくれませんか」(S一〇・七・一九)のように退院を願い続けるが、その年の一〇月一五日に突然昏睡状態となり、三日後に死亡している。作業ができたにもかかわらず、この男性は結局六年間在院して死亡することになったのである。

このような反証例はあるが、作業をする能力に応じて家族が引き取ったり病院に留め置いたりするという現象を呉が強調しているのは非常に興味深い。治安と並んで重要な精神病院の機能であった救貧の問題と関係があるだけでなく、西欧の精神病院への収容の背後には資本主義の発展にともなう「存在の商品化」があったという、スカルの巨視的な主張との関係においてとらえることができるからである(Scull 1993)。労働できることを明示的に示す作業療法が家族に強い印象を与えて患者を引き取らせたという呉の指摘を組織的な分析で示すことができれば、労働できないこと、すなわち経済的に有用でないことが、精神病院に収容されることの重要な基準であるというスカルの「商品化仮説」の妥当性を示すひとつの証拠になるだろう。サンプル数を増やすことも含めて、「死ぬまで在院した」という公費患者が入退院したレジームがどのようなメカニズムにもとづいていたかを明らかにすることは、今後の課題である。

三　薬剤と治療法

前節では、王子脳病院において、公費患者と私費患者の在院のデモグラフィが大きく異なるということを論じた。この節では、両者は滞在の内実、とくに治療の実施とその意味においても大きく異なっていることを論じる。

公費患者は、それが精神病院法のもとの代用患者であれば、国から六分の一の補助のもと、各府県から患者一人・一日あたりにつきいくら、というかたちで定まった金額が支給される仕組みになっていた。その金額は府県により異なっていたが、一九二一年の東京を例にとると一円五銭であった（岡田 二〇〇二：一七七〜八六、金子 一九八二：三二八〜九）。精神病院の建造物や人員配置については、東京府の場合は警視庁によって比較的厳密な基準が定められており、敷地周囲には高さ一・八メートル以上の塀を設けることといった治安・監禁的な規則、運動場・娯楽室の設置といった患者の生活環境に関する規則、医師は患者五〇人につき一人、看護人は患者五人につき一人以上といった人員の基準をクリアする必要があり、そのうえで一定の金額のもとで代用患者を引き受けることになっていた。その条件で、公費の患者に対してどの程度の生活水準を提供できたのかはよくわからない。一方、ほぼ同じ時期の私費患者の入院費は食事つきで最低一日二円からで、王子脳病院の特等は一日五円、小峯病院の特等は九円であった（東京精神病院協会 一九七八）。公費患者と私費患者のあいだに提供された生活に差があったことは確かであった。図3−2の図面で確認したように、王子脳病院では公費と私費の患者の生活の区切りはゆるいものであり、両者の生活空間は共有されていたので、代用患者と私費患者は互いに生活の違いをまざまざと見ることになっていた。表3−3の症例Gの女性は、当初は私費扱いで入院し、二カ月あまり後に代用扱いとなった患者であるが、彼女は初めて代用扱いになったときに怒りを表明している。

与えられた治療の様子

鎮静合計	強心・強壮	栄養	殺菌	ホルモン	インシュリン	その他・不明	薬剤日数	備考
90	178	90	2	4	0	0	380	6カ月
1	20	0	0	91	0	41	155	
190	74	1	0	0	0	27	308	
234	3	3	75	0	0	68	393	
197	1	0	1	17	141	25	460	
114	0	0	0	17	32	83	388	
251	0	80	0	3	4	119	555	
31	0	12	0	0	0	148	217	
462	10	63	0	0	0	240	860	
424	0	25	0	0	0	25	519	
621	5	3	0	0	0	108	758	8カ月

昼の食事、前と変り、代用の法《ママ》より食事が来たのに対し非常にいかり、看護婦の言うことなんかなかなか聞入れず。食事は完全に食せしも窓を開きて「まもる、むかいに来てくれ」などと大声で言居られる。（S六・一二・二四）

この記述から推察するに、代用患者向けの食事と私費患者のものとは、調理や配膳の場所や仕組み、あるいは品数や内容が違っており、はっきりと目に見えて違うかたちで差異化されていたのだろう。病院内では他の患者の食事を盗む「盗食」はきわめて一般的であったが、この背景には同一の生活空間で違う食事が出されていることがあったのかもしれない。

私費患者と公費患者の食事の格差は詳細にはわからないが、治療の格差は症例誌から鮮明に現われる。当然のことであるが、治療に対して支払いをする私費患者には潤沢に――場合によっては過剰に――治療が施された。それをもっとも雄弁に語っているのが、表3－3の患者Mに与えられた治療をまとめた表3－4である。この患者は、入院当時三五歳の女性で、昭和八年六月二五日に入院してから一〇年あまり私費患者として在院し、昭和一八年

表3－4　患者Mに

年（昭和）	月経	浣腸	下剤	パピアト	ナルコポン	ルミナール	モヒアト	アトロピン	その他鎮静睡眠
8	0	16	16	90	0	0	0	0	0
9	8	9	2	0	0	1	0	0	0
10	6	67	16	20	155	15	0	0	0
11	5	29	10	0	226	8	0	0	0
12	1	86	78	44	146	7	0	0	0
13	2	100	142	0	114	0	0	0	0
14	0	62	98	0	250	1	0	0	0
15	3	5	26	0	0	31	0	0	0
16		29	85	0	45	102	315	0	0
17	1	0	45	0	0	39	231	133	21
18	0	2	21	0	214	146	11	241	9

出典：筆者作成。

九月一五日に退院した。未治退院ではあるが、その横に「入院時より稍軽〔快〕」と記されている。一〇年間私費患者として在院したことが示唆するように、この患者は日本の富裕層・上流階級に属しており。父親は宮内庁の勅任官で、患者本人は著名なミッション系の女学校を卒業していた。結婚してすぐに夫と死別し、入院当時は子ども一人と夫の母親とともに暮らしていた。表3－4は、鎮静・催眠系の薬効をもつ薬剤についてはそれぞれの薬品ごとに、それ以外の薬品については、その主たる作用によって「強心・強壮」「栄養」「殺菌消毒」「ホルモン」「インシュリン」「その他・不明」に分類して、投与された日数を一日ごとに「一回」として数えたものである。薬剤の性能については、昭和二三年に非凡閣より発行された『最新医薬品類聚』全五巻を参照した（慶松編　一九四八）。

まず、表3－4は、彼女が王子脳病院で過ごした一〇年のあいだに、複数の種類を変えて組み合わせながら鎮静剤の利用が漸増していったことを示している。入院当初の一～二年は、神経系への作用を通じて鎮静作用・催眠作用を持つ薬品が使われる頻度は低かった。しかし、三年目の一九〇回をはじめとして、パピアト、ナルコポン、ルミナール、モヒアト、アトロピンなどの鎮静剤はしだいに、頻繁に数多く用いられるようになった。昭和一六・一七年にはいずれも四〇〇回と一日一回以上のペースで、八カ月間滞在した昭和一八年には六二〇回と一日二・五回以上のペースで、鎮静剤が用いられた。また、併用される薬剤の種類も増えていった。在院期間の前半には一種類から三種類の併用だったが、後半には五種類までの薬剤が併用されるようになっていった。滞在の最後の年の三月から七月は、ナルコポン、ルミナール、モヒアトを毎日併用している状態であった。それぞれの薬剤の性格についてより詳細な調査が必要だが、常識的に判断して、鎮静剤の継続的な使用によってある薬剤に対して患者が耐性を持ち「効かなく」なるために、種類を変えながら量が増えていく過程がここにみてとれる。この女性患者Mは、在院中に、神経系に作用する複数の薬剤の薬漬け状態に移行したといってよい。

表3－4は、鎮静・催眠の薬剤以外もこの女性に与えられたことを示している。これらの薬剤は、それぞれの段階での症状や彼女の状態に対応して与えられていた。入院直後にまず問題になったのは衰弱と体重減少であった。入院する一年前の昭和七年七月頃から、彼女は拒食・不眠・独語・無断外出・徘徊の症状があり、昭和八年四月頃からは著しい抑鬱状態であった。拒食のため、入院時には体重が二三キロしかない状態であり、入院してからも彼女の拒食は続き、翌月は二〇・九キロにまで減少した。拒食のために衰弱症状がはげしく、樟脳から製したビタカンファー、ヂギタリスから製したヂギタミン、カフェインを含むアンナカなどの強心剤が多く投与された。詳細は不明であるが、栄養を補うために「人工栄養」が与えられ、ブドウ糖注射（「ロヂノン」）や、ビタミンB1剤である照内末、肝油から製したヤノールなどが与えられた。その後、病院で食事もとるようになって体重は急速に回復し、半年で

二〇キロの増加をみたが、入院当初は、衰弱を防いで栄養を摂取させることが治療の中心であった。

体重のつぎに重要なターゲットとなったのは、生殖腺の機能である。昭和八年六月に入院してから九年三月まで彼女は無月経であった。一般的にいって女性の月経と精神病を結びつける言説は根強く、体重を回復させた王子脳病院の医者たちが彼女の月経を回復させることを次の目標にしたのは自然な流れである（Moscucci 1990）。八年の一二月から、「メタロザール」と記された薬と卵巣製剤であるオバホルモンがセットにされて三日ごとに投与され、九年の一月にはメタロザールと卵巣製剤のペラニンの組み合わせに切り替えられる。同時期にギナンドールという別の卵巣製剤も投与された。「メタロザール」という名称の薬剤は確認できなかったが、いずれも卵巣製剤とセットで投与されていることから判断して、ホルモン製剤の一種であると判断される。このホルモン剤の投与のあと、患者の月経は不規則ながら回復し、昭和九年度には八回の、一〇年度には六回の月経がみられる。体重と同様に、生殖腺機能の乱れについても、それを薬物によって矯正することが行なわれていたのである。

それ以外にも、患者Mにはあふれんばかりの薬と治療が与えられた。昭和一二年から一三年にかけての活発なインシュリン系の薬品投与は、当時新しい治療法として注目されていたインシュリンショック（昏睡）療法の試みである。昭和一四年から一五年末にかけては、「特薬」と記されている内容の不明な薬剤が長期間にわたって投与されている。動物の脳から精製した「セレブロホルモン」や、「空気イオン」「超短波」「赤外線」などの王子脳病院では多用されなかった珍しい療法も試された。それが妥当なものであったかどうかはさておき、私費患者Mの一〇年間の入院は治療の試みで埋め尽くされたものであり、収容よりも治療に重心がかかったものであることは明白である。

患者Mは長期滞在であるが、短期滞在の私費患者においても治療的な性格が鮮明に現われる。表3－5は、一九四〇年に退院した患者から三〇件の患者記録（私費二七人、公費三人）をサンプリングしたものにおける治療法の使用を一覧表にしたものである。治療法としては、当時の新治療法から（一）マラリア発熱療法、（二）インシュリンショック療法、（三）電気痙攣療法（ECT）、（四）カージアゾル痙攣療法、の四種類を選び、それ以外の薬品の利用を一括して（五）他の薬品とした。マラリア発熱療法については実施したか否かを、それ以外の治療法については実施された日数を記した[2]。

表3－5が示すことは、一九四〇年の段階では、多くの私費患者にとって精神病院が治療的な性格を持った場所、それも最先端の治療を受ける場所としてはっきりと位置づけられていたことである。インシュリンショックは三分の一以上の二七人中一〇人が、ECTはおよそ半分の二七人中一三人の患者に試みられている。二七人の患者の延べ在院日数のなかでインシュリン昏睡は一二・五パーセント、ECTは一〇・五パーセントを占めている。これらの治療法は、それぞれ二日から数日間の間隔をあけることが多いので、二割から半分程度の日数がショック療法のコースに当てられていたことになる。また、これらの最新治療法について、入院から治療がはじまるまでの日数が、すべて四日以内であることに注目すると、入院の目標そのものがこれらの治療法を受けることであったことが推察できるだろう。さらに、これらの治療法を受けたあと、患者は長居をすることなく速やかに退院している。前節でみたように、私費患者には軽快や未治で退院する割合が高いのも、治療のコースが終わると退院するという利用のパターンと関係があるのだろう。

すなわち、王子脳病院の私費セクションでは、インシュリンショックやECTなどの一定の効果を持つ治療法が導入された一九四〇年の段階において、そこに治療を「目的として」在院する特徴が現われていた。精神病院の目的を全治させることであると狭くとらえるとしたら、これらの私費患者が軽快・未治で退院したということは、精神病院の失敗を意味する。しかし、別の見方をすると、王子脳病院で治療を受けたあとに軽快・未治で退院した患者たちは、別の場所（おそらく家庭）でケアを受けていたことになる。つまり、精神病・精神障害を持つ人々のキュアとケアの長期的なサイクルにおいて、精神病院はインテンシブな治療を施し、家庭などにおいてはより長期的なケアが担われるという役割分担が発生していたことになる(3)。

一方で、公費患者のサンプル（症例28、29、30）においては、私費患者とは興味深い仕方で異なった治療法のあり方がうかがえる。マラリア発熱療法は全員に施されているが、インシュリンショックとＥＣＴは用いられておらず、他の薬物はごく少ない。他の公費患者の記録を参照すると、ＥＣＴはまれではあるが無視できない頻度で行なわれているが、インシュリンショックは見当たらない。暫定的にいえば、マラリア発熱療法はルーティンとして公費患者に行なわれ、ＥＣＴもときおり行なわれたが、インシュリンショックは行なわれず、他の薬品も私費患者より使用は非常に少なかったというパターンがみえる。インシュリンショックが行なわれなかったのは、その薬品そのものが非常に高価であったことによるのだろう。

戦前の精神病院の公費部門は、監禁施設という側面を持っていたのは疑いえない。その入院の多くは、徘徊し事件を起こした患者が警察に捕らえられるという事件をきっかけにしている。警察は多くの公費患者の入院について間接的に関与している。しかし、進行麻痺の患者については、必ずマラリア療法が

プリング）における治療法の一覧

インシュリンショック(日)	電気痙攣（日）	カージアゾル痙攣(日)	他の薬品投与（日）	転帰	注　記
22			55	軽快	
			14	未治	
			40	全治	インシュリン失敗
			32	未治	
			13	未治	
21	4		76	軽快	
			11	軽快	
			79	軽快	インシュリン失敗
32	21	9	64	軽快	
			52	軽快	
	2		51	未治	インシュリン失敗
			6	死亡	
			14	軽快	
			1	軽快	
			10	未治	
	25		52	軽快	
	25			未治	
	17		19	−	
	26		95	軽快	
	5			未治	
			49	軽快	
	18		57	軽快	
1	1		18	−	インシュリン失敗
19	5		15	軽快	
39	3		129	軽快	
59	10		14	軽快	
				全治	
193（12.5%）	162（10.5%）		966（62.5%）		
			1	死亡	
			13	死亡	
			31	死亡	
0	0	0	45（3.9%）		

表3－5　1940年退院の患者（サン

番号	性別	病名	年齢	在院期間（日）	入院から治療が始まるまでの日数	マラリア発熱
	私費患者					
1	男	早	27	62	3	
2	男	麻	41	37	3	○
3	男		53	49	2	
4	男	麻	28	43	4	○
5	男	麻	46	30	1	○
6	男	早	25	91	2	
7	女	うつ	36	11	−	
8	男	麻	39	87		
9	男	早	23	128	3	
10	女	(麻)	22	128	−	○
11	男	早	35	51	3	
12	男	躁	65	7	−	
13	男	麻	37	32	1	○
14	女		29	11	−	
15	男	麻	43	10	−	
16	女	早	27	55	1	
17	女	早	20	61	1	
18	男	痴呆	27	60	4	
19	女	早	24	101	2	
20	男	早	27	21	3	
21	女		42	49	−	
22	女	早	27	65	3	
23	男	痴呆	27	64	3	
24	女	早	43	35	1	
25	男	早	17	129	2	
26	男	早	27	119	4	
27	男	酒中	34	9	−	
合計				1,545		
	公費患者					
28	女	麻	58	447	−	○
29	男	麻	35	78	−	○
30	男	早	66	602	−	○
合計				1,127		

病名：早＝早発性痴呆，麻＝麻痺性痴呆，うつ＝鬱病，躁＝躁病，酒中＝酒精中毒
出所：筆者作成。

施されていたことは一定の強調をしなければならない。公費患者であっても、マラリア療法は受けていたのである。だが、それと同時に、マラリア療法を精神病院内で実施するためには、マラリア原虫を患者から患者に植え継いでいく必要があったことにも注意しなければならない。マラリア療法は、それを受ける患者への治療であると同時に、他の患者のためにマラリア原虫を培養するという意味も持っていた。症例30の患者が、早発性痴呆の診断でありながら、マラリア療法を受けていることは、治療の目的と同時に原虫の培養器として用いられた可能性を示唆している。

マラリア療法を除くと、公費患者が受けていた治療は少なく、また彼らに与えられた薬剤は治療というよりも管理の側面を持っていたといえる。表3－6は、長期在院した公費患者から三名を選び、看護日誌に書かれている記録から、その患者たちの様子を一覧表にしたものである。看護日誌の記述のなかから、「作業・手伝い・娯楽室での活動」「交話」「退院請求」「（精神疾患以外の）病気」「茫然無為」「独語空笑」「憂鬱悲嘆」「妄想」「色情行為」「不潔行為」「徘徊」「興奮」「反抗」「不良行為」「暴行」「薬物投与」の項目にあてはまるものをチェックして、一カ月を前半・後半の二つの期間に分けて、それぞれの期間に、その項目にあう記述が一度以上あった場合には、その期間にポイント一点をつけ、それを年ごとに合計したものである。

患者Aは、入院時には四一歳の女性であり、診断は妄想性の早発性痴呆であった。入院までの経過については、本人が語ったところによれば、広島生まれで東京に上京し、髪結いや料理屋勤めなどで金を貯めるが、病気や商売の失敗が重なったうえ、内縁の夫に捨てられたという。入院後は、医者が記した病床日誌によれば、内縁の夫に毒殺されかかったことや、退院させないと大地震が来るなどの妄想を語るが、退院請求がいっさい聞き入れられないと、徹底的な「拒診」をする。昭和一〇年の秋頃から、死の二カ月前の昭和一五年の一〇月頃まで、カルテは日付と医師名のゴム印にところどころ「拒診」と書き入れられるだけの状態となる。その間、医者にはきわめて敵対的な態度をとり続けていた。昭和一二年一一月六日には、「診察せんとすると顔色を変えて『馬鹿ヤロウ。ハシタ野郎、こんなところに居候にきやがって』」と医者がののしられ、医者から患者から看護婦から、ぜんぶ私が食わしているんだと、妄想を交えて医者を怒り、看護婦がふとんに少しでも触れると、シラミがついたといって、シラミをとってつぶす真似をする（S一二・一一・六）。

医師側の記録からは、医師との関係が非常に険悪である様子が浮かび上がる患者Aであるが、看護記録においては、むしろ模範的な患者像がうかがえる。表3－6を見ると、「作業・手伝い・娯楽」、すなわち、作業室での作業や他患者の世話の手伝い、娯楽室での他の患者と花札をするといった、精神病院のなかで円滑な社会関係を営んでいるポイントが高い。「交話」のポイントも高く、他の患者との関係もすこぶるよい。入院当初から、他の患者と身の上話などを談笑しているのが見られる（どこまで妄想であるかは別にして、彼女の身の上話に他の女性患者が耳を傾けたことは容易に想像できる）。交話だけでなく、他の患者にあんまをしたり（S九・五・二）肩をもんだりしている。だからといって精神症状がないわけではない。「独語空笑」という精神病の症状を記述するのにしばしば用いられる言葉は、ほぼどの期間においても使われており、妄想もときおり記録されている。しかし、これらの精神病の症状は、色情的行為、不潔行為、廊下の徘徊、興奮、看護人や他の患者への暴行、あるいは不良行為などをほとんどともなっていない。その意味で、患者Aは、精神病の症状は常に存在しており、医者との関

公費患者の様子

妄想	色情	不潔	徘徊	興奮	暴行	反抗	不良行為	薬物
1	0	0	0	0	0	1	0	1
3	0	0	0	1	0	1	0	0
0	0	0	0	0	0	0	0	0
1	0	0	0	0	0	1	0	0
4	0	0	0	0	0	3	0	0
0	0	0	0	0	0	1	0	0
0	0	0	0	0	0	7	0	0
0	0	9	8	0	5	1	17	0
0	8	14	20	0	3	9	22	0
0	5	21	18	0	1	11	24	1
0	4	13	9	8	4	12	23	8
0	5	8	2	5	16	22	23	3
0	2	10	3	2	9	16	23	5
0	0	17	0	3	4	7	23	0
14	0	0	6	1	1	0	1	0
6	0	0	15	3	3	0	3	0
0	0	0	8	5	0	0	7	11
0	0	0	6	3	3	0	5	11
1	0	0	1	5	4	0	6	9
3	0	0	4	4	3	1	4	5
18	0	0	7	9	12	0	1	12
12	0	0	8	11	5	0	0	2

係は険悪であったが、看護人と患者との対人関係は良好であり、病院内での空間的時間的秩序を守り、社会性も高い生活を送っていた。

一方で、それと対照的なのが患者Bである。Bは昭和七年に入院しているが、当初の二年間の看護日誌は失われているため、表3－6は昭和九～一五年の看護日誌からのポイントをあげている。Bは入院時二二歳で、生まれは台湾で、母はその名前から台湾人であると推察される。高等女学校を卒業して結婚するが数年で離婚し、離婚の話が持ち上がってから、脳の中や腹の中に人が入ったなどと騒ぐようになる。離婚して実家に帰り、寡婦となった母と、連れてきた自分の子どもに暴行し、巣鴨の保養院に一カ月収容されたのち、

表3－6　長期在院

	年	作業・手伝・娯楽	交話	退院請求	病気	呆然無為	独語空笑	憂鬱悲嘆
患者A	S 9	7	8	1	9	0	6	1
41歳（女）	S 10	8	8	0	0	0	19	0
早	S 11	17	1	0	0	0	17	0
7年滞在	S 12	19	0	0	0	0	22	0
死亡	S 13	9	0	0	0	0	24	0
（脳溢血）	S 14	17	0	0	0	0	24	0
	S 15	2	1	0	5	0	24	0
患者B	S 9	2	5	0	1	0	18	0
22歳（女）	S 10	0	1	0	0	0	5	0
早	S 11	0	1	0	1	0	4	0
9年半滞在	S 12	0	4	0	1	0	23	0
死亡	S 13	0	2	0	1	1	23	0
（肺結核）	S 14	0	0	0	1	0	24	0
	S 15	0	1	0	1	0	21	1
患者C	S 8	2	0	1	0	0	6	0
26歳（男）	S 9	2	0	1	0	0	9	0
早	S 10	0	0	4	0	0	5	0
9年滞在	S 11	0	0	0	0	1	4	0
死亡	S 12	0	0	0	0	3	4	0
（肺結核）	S 13	0	0	0	2	20	11	0
	S 14	0	1	0	0	8	17	0
	S 15	0	0	0	7	5	13	0

出典：筆者作成。

代用患者として王子脳病院に昭和七年二月に入院した。

　患者Bの病床日誌から、患者Aと同様に、医師との関係は悪いか不在であることが読み取れる。昭和九年には、医師に暴行し、拒診する。昭和一〇年からは、「呆然」「不管性」「不関性」などの言葉が使われることからもわかるように、医師との応答が成立しなくなり、一〇年九月から日付と医師名のハンコだけがカルテに並ぶようになる。入院して二～三年で、医師とのコミュニケーションが取れないか、そのルートが存在しない患者になっていた。この点では、患者Bは患者Aと大きな違いはない。

　しかし、患者Bが看護婦たちと持った関係は、患者Aのそれとはまったく違ったものであった。患者Bの看護日誌は、彼女と看護婦たちのすさまじい苦闘をまざまざと見せてくれる。昭和九年三月からの看護日誌は、他の患者を打ち、他の患者の食物を盗み、食器に五本の指を入れ、着衣やふとんを破き、着物をまくって下腹部を出し、手や着物の綿を陰部に入れる「色情的行為」が毎日のように行なわれ、しかもそれが数年にわたって継続していることを示している（S一〇・六・二、S一三・一〇・二二）。そのため、患者Bを表で表わすと、「作業・手伝い・娯楽」「交話」のポイントが低くなり、「不潔」「暴行」「反抗」「不良行為」などのポイントが高い。ちなみに、患者Bの行為については、看護婦たちは、明確に意図された「反抗」であり、自分たちを困らせようとして行なっている「不良行為」であるととらえていた。「注意するとかえって意地になる」「なんとかして人の困るよう、困るようにしている。注意なせばなすほど意地になってせるなり」（S一三・九・二三）、「本日も相変わらず火鉢の上にあがって看護婦が注意しても一行〔いっこう〕聞き入れず、反対をなす。強き注意をすれば反行〔反抗〕をなす。注射をなせば、あだをなす。手の付けようなく、昼間髪を乱しておる」（S一二・一二・一四）。看護婦たちは患者Bの症状の変化に比較的敏感で、さまざまな好転の機会をとらえて記録していた。「本日余興がありて、他患者が行ってしまうと自分も行くのだと騒いでいる。つれていって差し上げると静かに見ておられた」（S九・一〇・二二）、「お正月なりと申して新しい衣服に取りかえれば非常に嬉しそうにして割合に看護婦の言うままになりおる」（S一二・一・一）、「熱発して後、少しくはっきりして来たように見受けられる。時折、体の不潔を気にして入浴がしたいとか体をふいてほしい等と申さる」（S一三・一一・九）[4]。しかし、このような希望は、つぎつぎと打ち砕かれた。お正月の新しい着物は一カ月もたたずに破られ、その年の春には、彼女はまた半裸で色情的行為を繰り返していた。だっこしてお風呂に連れて行ってと看護婦に甘えたあとは、気に入らないことがあるといって風呂場で放便した。希望が現われては消え、「不潔」「暴行」「反抗」「不良行為」が繰り返されるなかで、Bの入院は九年以上も続いた。なお、患者Bに物理的な拘束が行なわれたのは、少なくとも看護日誌に記録されている限りにおいては、昭和一〇年四月八日と七月一日に手が縛られた二日しかなく、それ以外は、居室や廊下を比較的「自由に」うろついていたことを言い添えておく。

そして、患者Aと患者Bとの対比のなかにおくと、Bだけに薬物が与えられたことの意味が明らかになるだろう。患者Bには昭和一二年の七月以来、ナルコポン、スコポラミン、ルミナール、ベロナールなどの神経系に作用する薬剤が投与される。これは、明らかに問題患者を病院内で管理するための薬剤であった。これらが投与されたときには、暴力行為を鎮めるための注射であったことがはっきりわかる。昭和一三年二月二六日には、「他患者を打つのでルミナール注〔射〕、施行す」と記されている。昭和八年の一月には、一カ月に一一回のルミナール注射が行なわれ、これほど多くはないが、昭和一二年にも月に数回の割合でルミナール注射が行なわれている。また、「反抗」が多かったBに対して、他の代用患者にはあまり見られない電気痙攣療法（ECT）が行なわれたことにも注目するべきである（S一四・一一・二四、S一四・一二・二四、S一五・一・二、S一五・三・一二）。右でみたように、ECTは治療を求めて短期で入院した私費患者にも頻繁に実施されたが、患者Bに対して行なわれた電気痙攣療法は、それとは意味合いが違う。早発性痴呆・分裂病を治療する手段であると同時に、亢奮を鎮める手段であり、問題行動と反抗に対する懲罰のニュアンスも一定程度は持っていたと考えられる。ちなみに、それは必ずしも強力で有効な懲罰の道具ではなかった可能性もあり、昭和一五年に行なわれた電気痙攣療法は、少しは状態を改善したのかもしれないが、患者はすぐに裸体で窓にのぼって放尿するようになっていた。

患者Cにおいても、その薬の利用パターンは患者Bとよく似ている。患者Cは入院時二六歳の男性で、父母はすでに没し、福島県の農村から兄弟で東京に移住してきた労働者であった。彼は「自分は子爵である」などの強固で明確な妄想を持ち、日本医科大学の臨床講義に連れて行かれるなど、医学的な価値が高い患者であったため、医者たちの病床日誌は当初はかなり充実している。看護日誌によると、「他患とも談話しない。頭から羽織を被り、茫然として室隅にうずくまり居る。看護人が何かたずねても少しく不機嫌に応答」とある。このような自己の世界への閉鎖と他患者や看護人を含めた外界への無関心が彼の世界を圧倒するため、作業・娯楽のポイントや交話のポイントは著しく低い。しかし、この茫然無為の世界に、時として発作的な暴力が現われるため、散発的に「興奮」「暴行」「不良行為」などを起こし、そのポイントが上がっている。

これらの散発的な暴行に対しては、薬物による対処が試みられた。患者Cは、昭和一〇年の二月からズルフォシンの注射を受けるようになった[5]。二月に六回、三月にも六回受けている。このあとも、月に数回の割合で昭和一五年までズルフォシンの注射が記録されている。この注射について、そのすべてではないがかなりの件数が、それにともなう痛みが懲罰の意味合いを持ち、興奮や暴行を鎮める効果を狙ったことは間違いない。たとえば、昭和一〇年六月一日には「落ちつきなく興奮。陰部露出して平気。午後ズルフォシン三・〇cc」、昭和一二年の八月一四日から一八日にかけて、「興奮し多動多弁あり。硝子一枚破りおり。ルミナール二・〇瓦」「独語怒号を発す。ズルフォシン二・〇cc注射」「廊下窓硝子二枚破る」「窓硝子一枚破る。ズルフォシン二・五瓦」のような記述がある。茫然無為の生活のなかでときおり興奮し暴行してはズルフォシン等を打たれるというパターンは、昭和一〇年から一五年まで、患者Cの生活のひとつの要素となる。

以上の記述から、王子脳病院の患者に対する薬剤や治療法の使用は、私費患者と公費患者において明確に違っていたことがわかる。その違いは、私費患者が料金を払って治療を受けることが多かったというトリビアルな違いだけではなかった。私費患者にとっては、治療の意味合いが強い短期滞在という精神病院の利用が一般的であり、その文脈のなかの薬剤でありインシュリン療法であり電気痙攣療法であった。一方、公費患者においては、長期滞在のなかでの管理の道具であり、在院生活の秩序の侵犯を減らすという意図で行なわれた薬剤投与であり電気痙攣療法であった。この対比は絶対的なものではなく、本章では詳細に触れなかったが、私費患者のなかにも治療を目的としなかった長期在院者はいたし、また、私費で短期であっても、精神病院への入院自体が、ある種の懲罰的な意味合いを持っていた患者は存在した。しかし、大きな構造としては、治療を目的として精神病院の生活が構造化されていた私費患者と、入院生活に秩序をもたらすことを目的として薬剤や治療法を施されていた公費患者の違いを指摘できる。

四　市場・政策・「それで？」

王子脳病院の入院患者の症例誌の分析から、戦前期の精神障害者の生活の実態を浮かび上がらせる作業はまだ着手したばかりであり、本章は速報的な性格が強い。昭和期だけで約七〇〇〇件の入院があり、症例誌という複雑なテキストである歴史資料の読み方・分析の仕方を考案しながら分析を進めているため、本章には少数のサンプルにもとづく試行的な段階の議論も含められている。

しかし、そのなかでも、くっきりと浮かび上がってきたことは、私費患者と公費患者の生活の強烈な対比であろう。インシュリン療法をはじめ、最新式の治療を受けるために短期間だけ精神病院に入院する、〈治療を目的とした入院〉という特徴を鮮明に持つようになった私費患者に対して、公費患者の生活の構造はまったく違うものであった。数年にわたって精神病院に在院し、いったん入院したら病院内で死ぬことが定められていたかのように見える公費患者は、極端に高い割合で死亡していた。人間培養器の機能も持っていたと考えられるマラリア療法以外には、患者に暴行したり院内で暴れたりしたときに与えられる鎮静剤やショック療法が唯一の薬剤であった。治安のための監禁という性格は必ずしも鮮明ではないが、それほど遠い先ではない死に至るまで在院させ続けることだけが、公費患者の生活のプロジェクトであった。市場経済にまかせられた私費診療の側には、患者のデモグラフィにおいても治療においてもダイナミズムと呼んでいいものが存在したのに対し、公共政策で行なわれていた公費患者・

代用病床の側は、閉塞感と呼んでいいものに支配されていた。王子脳病院という戦前期東京でもっとも成功していた私立代用精神病院においては、精神障害者たちはこのような二層に鮮明に分かれた生活を送っていたのである。

冒頭で触れた精神障害の歴史における〈定義と切断〉と〈内容と構成〉という二つのヒストリオグラフィの問題に戻ると、このような生活の構造を明らかにすることは、〈定義と切断〉のヒストリオグラフィとどのような関係があるのだろうか？　〈定義と切断〉の研究者から、「それで？」とたずねられたら、〈内容と構成〉の研究者はどのように答えたらいいのだろうか？　残念ながら、この問いにきちんと答えるには、筆者の研究、そして日本の精神医療史研究全般は、あまりに未成熟であり断片的である。その文脈でいえば、本章が示したことは、精神障害の歴史のもうひとつの側面に光を当てる史料群が存在すること、その史料群を分析して〈内容と構成〉を明らかにする方法があること、そして、政策が定めた場合と市場にまかせられた場合で内容と構成が大きく変わったことである。最後の点は、〈定義と切断〉を考えるうえでヒントになるとは思うが、そのような道筋で考えればいいのかは、今後の課題である。

＊　草稿の段階でコメントをいただいた、橋本明、高林陽展、佐藤雅浩、廣川和花の諸氏、そして、作成中の図面の使用を許可していただいた勝木祐仁氏に感謝したい。この章の不備の責任が著者のみに存することは言うまでもない。

註記

（1）呉秀三「精神病学講演速記」（一九〇八年）、一九〇七年の東京医学会談話会でした講演筆記の印刷。この部分は、金子準二の『書誌』一四八頁。

（2）マラリア発熱療法。マラリア発熱療法は、一九一九年にウィーン大学教授のワグナー・フォン＝ヤウレックが開発した麻痺性痴呆に対する治療法。マラリア原虫を注射して四〇度程度の熱を繰り返し発熱させる。インシュリンショック療法は、マンフレート・ソーケルが一九三四年に発表した早発性痴呆に対する治療法。多量のインシュリンを注射して昏睡状態に陥らせて痙攣を起こすことを、数日おきに繰り返す。カーディアゾル痙攣療法は、一九三五年にブダペストのラディスラウス・フォン・メドゥーナが発表した方法で、カーディアゾル（アメリカ名メトラゾル）を用いて痙攣を起こして早発性痴呆を治療する方法。電気痙攣療法は一九三八年にローマ大学のウーゴ・チェルレッティが開発した治療法で、電流を用いて痙攣を起こすものであり、インシュリンやカーディアゾルよりも安全で安価な方法で痙攣を起こすとされた（Shorter 2005）。

（3）組織的な調査をしたわけではないが、王子脳病院の私費患者には、クリアな精神病の症状を示さず、「不都合な」行動をする患者が懲罰・矯正の目的で入院させられた者が、少数ではあるが確かに存在することも付言しておく。これらの症例を分析し、精神病院の機能について総合的な像を描くことは今後の課題である。

（4）この、発熱が精神病を改善するという看護婦の記述は、当時のマラリア療法などに影響されたものだろう。

（5）ズルフォシンというのは、硫黄をもとに作られた薬剤である。日本においては、長崎医科大学の高瀬清が昭和三（一九二八）年頃から実験をはじめ、昭和五、六年の日本神経学会で報告された、最新の薬品である。これは、マラリア発熱療法にヒントを得て、硫黄化合物を注射しても発熱を得られることを利用した発熱療法の一種である。王子脳病院に付設された小峰研究所においても実験されており、その結果は昭和八年の『小峰研究所紀要』にも掲載されている。もともとは、マラリア発熱療法のように、進行麻痺を念頭において開発された薬であるが、マラリア発熱は、診断にかかわりなく比較的自由に使われており、早発性痴呆の診断を受けた患者Cに用いられたことはそれほど不思議ではない。

引用・参考文献

岡田靖雄（一九八一）『私説松澤病院史』。

——（二〇〇二）『日本精神科医療史』医学書院。

金子準二・田辺子男・小峯和茂編（一九八二）『日本精神医学年表』牧野出版。

慶松一郎編（一九四八）『最新医薬品類聚』全五巻、非凡閣。

田中耕一郎（二〇〇六）『障害者運動と価値形成——日英の比較から』現代書館。

東京精神病院協会（一九七八）『東京の私立精神病院史』牧野出版。

富岡詔子編（一九九九）『作業治療学2　精神障害』協同医書出版。

西井　烈（一九三三）「精神病と結核」『読売新聞』一一月一〇日：朝刊九頁、一一月一一日：朝刊九頁、一一月一二日：朝刊九頁。

兵頭晶子（二〇〇八）『精神病の日本近代——憑く心身から病む心身へ』青弓社。

フーコー、ミシェル（一九七五）田村俶訳『狂気の歴史——古典主義時代における』新潮社（Michel Foucault, *Histoire de la folie á l'âge classique*, Paris: Plon 1961）。

藤野　豊（一九九三）『日本ファシズムと医療——ハンセン病をめぐる実証研究』岩波書店。

Andrews, Jonathan（1998）'Case Notes, Case Histories, and Patient's Experience of Insanity at Gartnaval Royal Asylum, Glasgow, in the Nineteenth Century', *Social History of Medicine*, 11: 255–81.

Pressman, Jack（1998）*The Last Resort: Psychosurgery and the Limits of Medicine*, Cambridge: Cambridge University Press.

Braslow, Joel（1997）*Mental Ills and Bodily Cures: Psychiatric Treatment in the First Half of the Twentieth Century*, Berkeley, CA: University of California Press.

Forcythe, Bill and Joseph Melling, eds.（1999）*Insanity, Institutions and Society: New Research in the Social History of Madness*, London: Routledge.

Melling, Joseph and Bill Forsythe (2006) *Politics of Madness: The State, Insanity and Society in England 1845–1914*, London: Routledge.

Moscucci, Ornella (1990) *The Science of Women: Gynaecology and Gender in England 1800–1929*, Cambridge: Cambridge University Press.

Risse, Guenter B. and John Harley Warner (1992) 'Reconstructing Clinical Activities: Patient Records in Medical History', *Social History of Medicine*, 5: 183–205.

Scull, Andrew (1993) *The Most Solitary of Afflictions: Madness and Society in Britain 1700–1900*, New Haven: Yale University Press.

Shorter, Edward (1997) *A History of Psychiatry: From the Era of the Asylum to the Age of Prozac*, New York: John Wiley and Sons.

Suzuki, Akihito (1999) 'Framing Psychiatric Subjectivity: Doctor, Patient, and Record-Keeping at Bethlem in the Nineteenth Century', in Bill Forsythe and Joseph Melling, eds. (1999).

Rosenberg, Charles (1992) 'The Therapeutic Revolution: Medicine, Meaning, and Social Change in Nineteenth-Century America', in Charles E. Rosenberg, *Explaining Epidemics and Other Studies in the History of Medicine*, Cambridge: Cambridge University Press.

Warner, John Harley (1987) *The Therapeutic Perspective: Medical Practice, Knowledge, and Identity in America, 1820–1885*, Cambridge, Mass.: Harvard University Press.

Wright, David (1997) 'Getting Out of the Asylum: Understanding the Confinement of the Insane in the Nineteenth Century', *Social History of Medicine*, 10: 137–55.

第4章　工業化と障害者

工場法施行令の分析

長廣　利崇

一　戦前期日本の障害者は生活に困窮していたのか？

(1)戦前期日本における障害者研究の課題

精神・身体面における機能や能力の低下・劣勢は、先天的・後天的な疾病、生活上の災害・事故に加えて、産業労働に起因するものがある。本章では、戦前期日本の労働災害に起因する障害に関する政策を検討したい(1)。具体的には、一九一六年に施行された工場法が一九三六年に改正されるまでの期間を分析対象とし、工場法施行令（以下、「施行令」と略すこともある）にもとづく労働災害に対する「扶助」が企業・労働者に与えた影響を考察することにある。扶助に関しては、公的扶助のみならず、地域・家族を主とした私的救済をもみるべきであろうが（大杉 一九九四）、ここでは扶助に関する法令を題材として戦前期日本の障害者がいかに定義づけられていたのか検討したい。

富国強兵をスローガンに掲げた明治政府の工業化政策によって、日本は、欧米から技術が移植された

図４－１　工場・鉱山の災害による死亡者

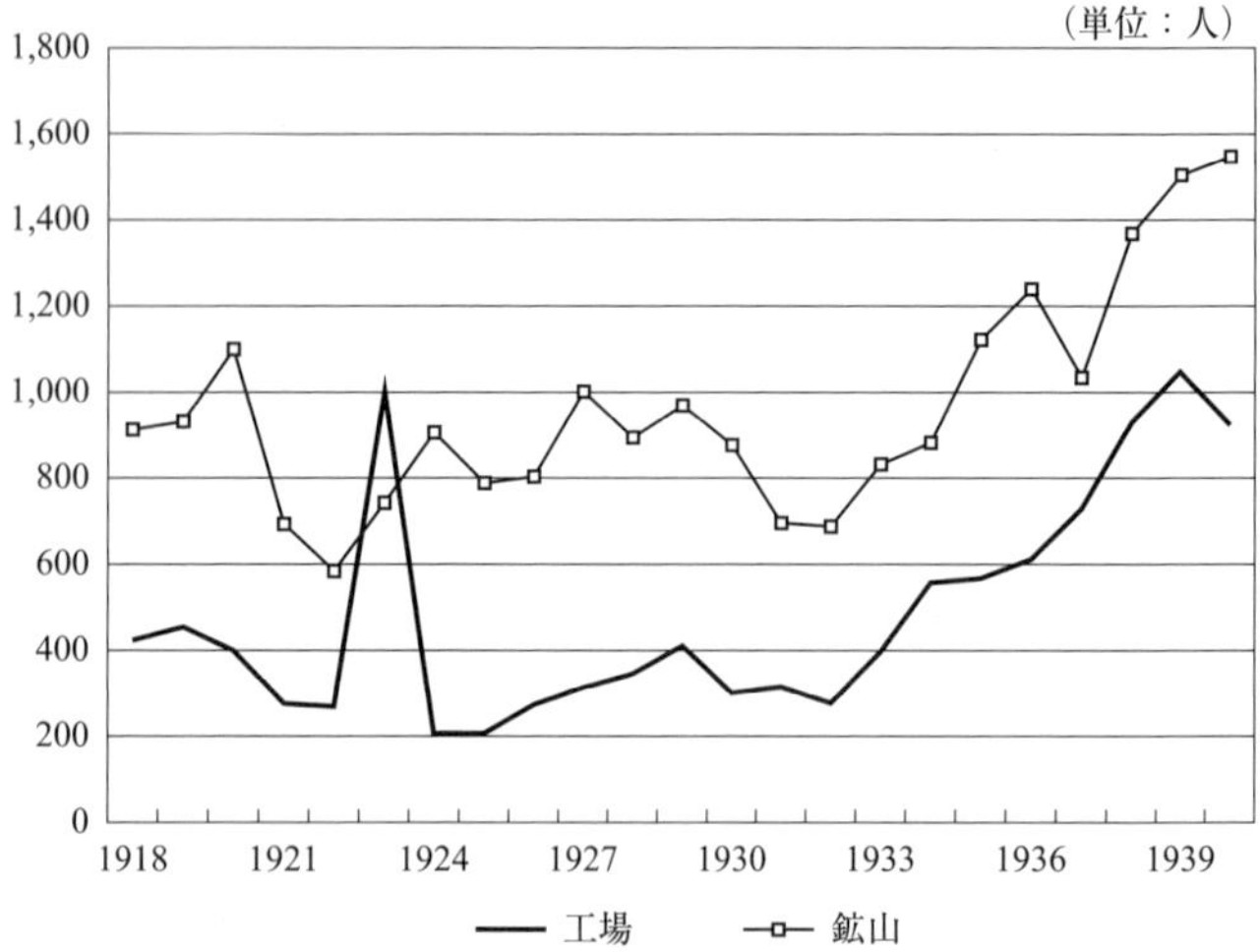

註：1923年の工場災害による死者数が突出しているのは，関東大震災の影響と思われる。

出典：労働運動史料委員会編（1959: 390–91, 369–97）より作成。

近代工業のみならず、江戸時代に系譜をもつ在来産業の発展がみられ、急速な工業化・経済成長を果たした。こうした経済成長の対価として貧困・公害などとともに、産業労働において身体を損傷したり、精神に異常をきたしたりする障害者が多数生み出されたことは容易に想像できよう。たしかに、産業労働にもとづく障害者は、江戸期をはじめとした経済成長が本格的に花開く以前の時代にも存在し、人間の経済活動とともに古い。

だが、明治維新以降の工業化とともに、労働によって身体に損傷を受けた者の数は、前工業化期と比べて圧倒的に増えた。図４－１が示すように、工場・鉱山の死者数は趨勢的にみれば増加している。図４－２によって鉱山災害による負傷者数の推移の特徴をみれば、一九二五年から軽症者の数が大きく減っているものの、工場の軽症者数は増えている。他

図4－2　工場・鉱山の災害による重症・軽症者

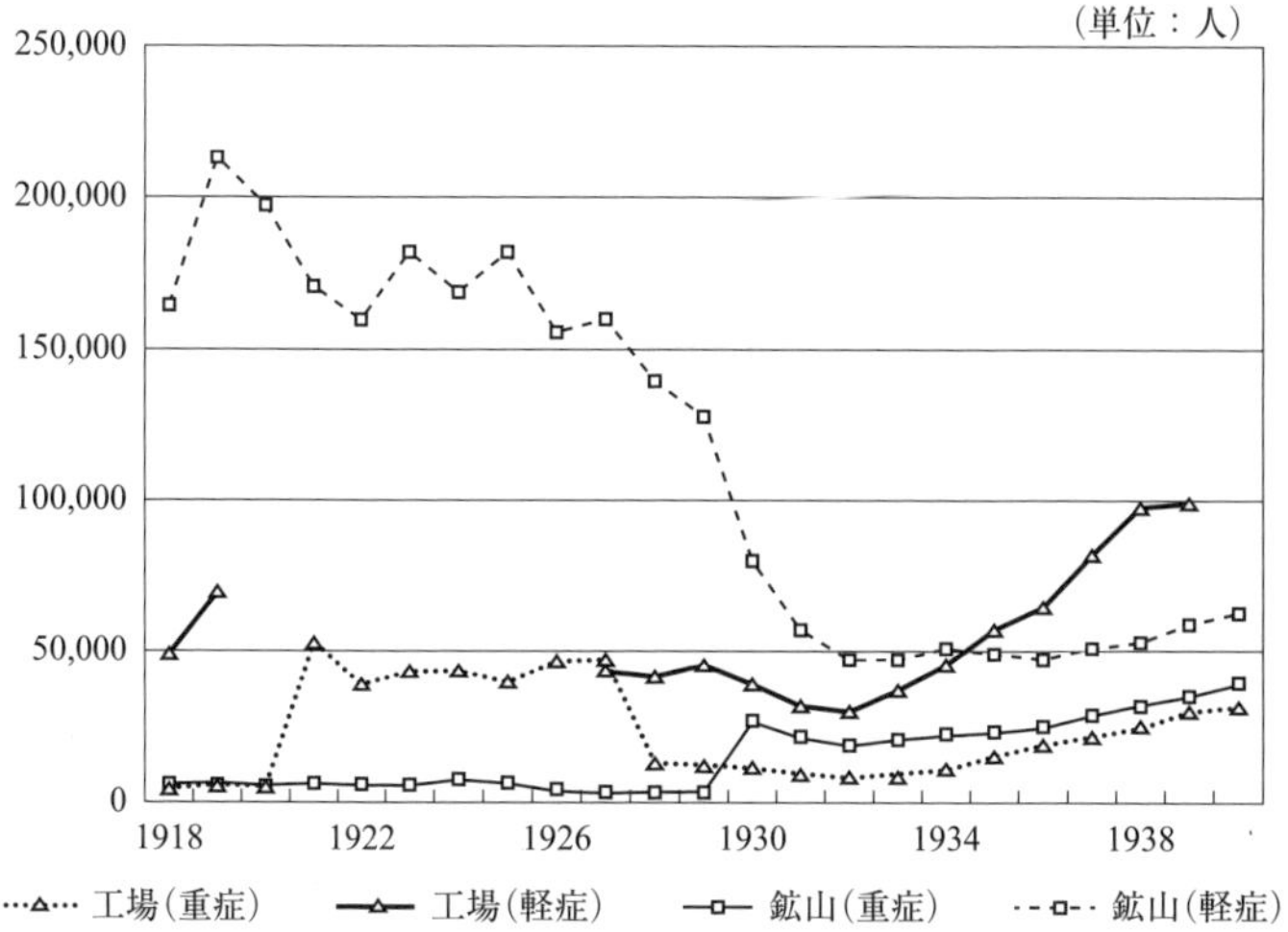

出典：労働運動史料委員会編（1959: 390–91, 369–97）より作成。

方で、一九二八年ごろから鉱山災害による重傷者は増えるが、工場のそれは減っている。

一八六八年の恤救規則に始まるとされる日本の障害者福祉は、一九四九年に身体障害者福祉法が制定されるまで、包括的な法整備がなされることはなかった。戦前期日本において優遇されていた傷痍軍人の扶助政策を除けば、工場法による労働災害者の障害扶助が体系的に法整備された唯一のものであったため、この法は戦前期日本の障害者のあり方をみるうえで好事例となろう。だが、日本の社会経済史・経営史研究において、障害者に関して中心的に検討した研究は管見のところなく、明治維新以後の日本経済成長を支えた産業労働によって引き起こされた労働災害に関しては、ほとんど注目されていないのが現状だといえよう。

他方で、社会福祉史などの研究においては、労災にもとづく障害者についての多くの言及がある。信頼できる研究によれば、「多くの障害者が作り出されたが、その対策は企業によってまちまちで、ほとんどの企業が対策を行っていなかった」とし、「この法律〔工場法──筆者註、以下同じ〕の障害者保障は重度から軽度までの四段階に障害者を分け、賃金の一七〇日分以上から三〇日分以上までの扶助料を支給するというきわめて不十分なものであった」（吉野 二〇〇七：三一〜二）としている。また、当時の言説においても、「本人に身体に障害があって生存してをる場合、終身自用を弁じ得ない程度の者には賃金百七十日分、終身労役に従事することの出来ぬ者には賃金百五十日分の扶助料をやって、鉱山主の責任が解除され、坑夫は夫以上何等当然な収入の途がないのは、いかにもすくなかろうか、一日賃金一円ならば、百七十円で一生涯活きていかねばならなぬのだ」とあるように、障害者の生活の困窮を述べるものもあった（三上 一九二〇：一一六〜七）。

周知のように、一九四七年の労働者災害補償保険法によって、労災に起因する障害者の災害補償と生活保障とが戦前の水準よりも拡充されたことはよく知られているが、この事実を鑑みれば戦前の障害者に対する生活保障は不十分であったといえよう。だが、現代の高見から過去を見下ろせば、戦前期日本の障害者のあり方を見失うことになる。障害者史の進展の制約になってきたともいえるヒューマニズムをもとらえ直し、戦前期日本の戦前期日本の障害者扶助は不十分だったのか否か、戦前期日本の障害者の生活は困窮していたのか否かを冷静に検討することが、障害者史研究の進展には必要だと思われる。

⑵生活程度が「普通」の障害者の存在

戦前期の障害者は、労働能力が減退・喪失する「無能力貧民」としてとらえられており、貧困問題の一環として障害者はしばしば社会調査の対象とされた（山田 一九九二）。したがって、傷痍軍人を除けば、日中戦争以前の日本では、障害者問題が貧困と切り離されて独自に取り上げられることは少なかったと考えられている。

しかし、一九二四年に内務省社会局労働部監督課によってまとめられた『工場鉱山ニ於ケル業務上ノ不具廃疾者ノ現状ニ関スル調査』を冷静に読めば、興味深い事実が判明する。この調査は、工場法施行令第七条で定められた「終身自用ヲ弁スルコト能ハサルモノ」（第一号）、「終身労役ニ従事スルコト能ハサルモノ」（第二号）、施工令第一四条の打切扶助が「不具廃疾者」の調査対象とされている（社会局労働部監督課 一九二六）。これら条文は後に詳しく説明するが、少なくとも社会局は、「不具廃疾者」、すなわち障害者を、治癒が困難で終生にわたって身体を自由に動かせず、労働できない者ととらえていたことになる。

表４−１　工場法施行令第７条にもとづく扶助者の生活状況

（単位：人；％）

	生活の程度	第１号	第２号	打　切
実数（人）	余裕	3	6	
	普通	43	668	36
	困難	80	560	46
	単独生活者	2	99	3
	総計	128	1,333	85
割合（％）	余裕	2.3	0.5	0.0
	普通	33.6	50.1	42.4
	困難	62.5	42.0	54.1
	単独生活者	1.6	7.4	3.5
	総計	100.0	100.0	100.0

註：割合は，原史料に含まれる不明者を除いて計算。
出典：社会局労働部監督課（1926）より作成。

この調査を詳しくみてみたい。労災によって障害者となった者は、家族などの扶養者によって生活を支えられる場合があるが、表４−１には障害者の存在する世帯の生活状況が示されている。第一号扶助者の世帯の三三・

表４－２　職工の１月の生計状態（1921年２月）

（単位：円）

所得階層	世帯総数	世帯主所得	所得合計	生計費	所得－生計費
30–40	19	35.29	36.70	54.21	−17.51
40–50	89	42.03	45.74	54.62	−8.88
50–60	155	50.71	55.15	57.43	−2.28
60–70	226	59.75	64.98	63.57	1.41
70–80	247	65.82	74.65	68.00	6.65
80–90	197	73.05	84.44	72.27	12.17
90–100	182	78.27	94.18	79.32	14.86
100–110	94	84.14	104.81	84.46	20.35
110–120	75	86.61	114.30	93.26	21.04
120–130	43	88.28	124.17	95.84	28.33
130–140	30	89.12	134.36	101.78	32.58
140–150	22	106.78	144.75	100.24	44.51
150円以上	34	115.36	168.40	110.03	58.37
平均	1,413	75.02	95.89	79.62	16.27

出典：労働運動史料委員会編（1959: 550–51）より作成。

六パーセントが「普通」の生活状況であるのに対して、第二号扶助者の世帯の五〇・一パーセントの生活が「普通」と判断されている。他方で、生活状況が「困難」な世帯は第一号扶助者の世帯が六〇パーセントを超えているが、これと比べれば第二号扶助者の世帯は相対的に少ない。社会局のこの調査では、「余裕」が五人家族で一二三円以上、「普通」が一家の月収が五六～七八円程度と判断されており、その他は「困難」ととらえられていた。この区分を検討するため、表４－２をみてみたい。ここに示されている一九二一年二月の調査は、世帯主を職工とする六〇円未満の世帯に過不足が生じていることからみて、世帯収入が六〇円以上ない限り生活に支障が生じ、その反面、世帯収入が八〇円を超えれば一〇円以上の貯蓄が可能となることを示している。表４－１の社会局の調査で世帯収入の「普通」を五六～七八円ととらえていることは、生活にゆとりがない低所得者

表４−３　工場法施行令にもとづく扶助者のひと月当たり所得の動向

ひと月当たり所得（円）	第１号（人）	第２号（人）	打切（人）
無収入	93	420	33
僅かに自己の衣食を受けている者	2	33	1
10円以下	12	88	4
10−20日	10	197	10
20−30	5	269	13
30−40	4	147	7
40−50	5	108	9
50−60	1	54	2
60−70	1	29	2
70−80	1	19	2
80−100		18	
100−		4	2
不明		53	6

註：空欄はデータなし。鉱夫は鉱夫労役扶助規則にもとづく。
出典：社会局労働部監督課（1926）より作成。

とはいえるが、困窮しているとはいいがたく、妥当な判断であるといえよう。

表４−２が示すように、世帯主の所得に関してみれば、世帯収入と同様に六〇円以上なければ所得と生計費に過不足が生じる。このことを踏まえて表４−３に示される障害扶助者のひと月当たりの所得をみれば、第二号扶助者において不明者を除く一三八六人中七〇人が六〇円を上回っているにすぎない。したがって、労災によって障害者となった者は、世帯においてその者以外の収入がない限りこれまでの生活を維持できなかったといえよう。

だが、重要なことは、表４−１、表４−３に示されている障害者の生活状況における多様性である。戦前期には「浮浪者」が社会問題化して数々の調査がなされたが、一九二九年の東京市役所の調査では、四七三人の調査対象者のうち三二人（六・八パーセント）が「不具のため」に浮浪者となったことが示されている（東京市役所 一九二九：一六、二四四）。これら浮浪者は「一日六十銭一ヶ月十八円」の生計費で暮らさざるをえないと東京市役所の調査で指摘されているが、表4－3に示されている無収入者や所得二〇円以下の者のなかには、浮浪者に匹敵する生活水準の障害者がいたことは事実である。その反面、表4－3の月収が二〇～六〇円の者のなかには、世帯として「普通」に生活する障害者が存在していたことも事実である。

このように労災にもとづく障害者には、社会局のこの調査によって「産業生活者の生活問題の深さ」を導く研究もあるように（山田 一九九二：三七）、生活に「困窮」する者もたしかに存在していたが、「普通」に生活する者も存在していた。とりわけ、第二号扶助者の半分が「普通」と判断されたことは注目に値しよう。ここで同資料によって第二号扶助者の職業をみておけば、工場労働（八・三パーセント）、小売店営業（七・六パーセント）、人夫・日雇（六・八パーセント）、鉱山労働（六・七パーセント）、農業（六・三パーセント）、職人（五・六パーセント）、手内職・細工物（四・九パーセント）、小使・給使・雑役（四・二パーセント）、事務員・外交員・書記（三・二パーセント）などであった。ただし、これらに従事する障害者は、通常の労働者とは異なり「単ニ手伝」にすぎない者もあり、試験係・記録係などの比較的軽易な工場労働に従事する者も存在した。

こうした第二号扶助者の職業状態よりもここで注目したいのは、「終身労役ニ従事スルコト能ハサルモノ」と工場法施行令で定められた第二号扶助者が就業して所得を得ていることであり、終生労働に従事できないという法的な定義とは異なっていた点である。この現象の意味するところを解明するには、以下で示すように、工場法施行令による障害扶助のあり方を問う必要がある。

二　工場法施行令による労働災害補償

⑴工場法施行令制定以前の労働災害補償

マイノリティ史研究が盛んなアメリカでは、障害者の歴史研究が進展している。アメリカ鉄道業における労働災害を被った障害者に関して分析したウィリアム＝シールは、一八七〇～一九〇〇年に「資本主義は障害のある労働者を役に立たない男へと変えた」と結論づけている（Williams-Searle 2001）。労働によって身体を損傷した者は、男らしい者として認識され、鉄道員の組合の扶助のもとで独立した男と見なされていた。だが、経済環境の変化による雇用の削減圧力、経営合理化によって、障害者の雇用が奪われるとともに、組合の扶助が経済的に困難となった。身体に損傷を負った者は、もはや経済的に自立した男として見なされなくなり、能力がない者、依存している者、そして損傷を誇張して保険金を得ようとする反道徳的な者として見なされるようになり、職場から阻害されていった。

労働者の組合と障害者との関係を指摘した点において、このアメリカのケーススタディは、日本の障害者史へも研究の方向性を与える意味において重要であろう。工場法が制定される以前の日本の職工・鉱夫の労働災害扶助については、①労働者の自発的な扶助組織、②企業の保険組合、③企業が独自に扶助責任を負う場合があった。

労働者の相互扶助組織としては、友子の活動をみなければならない。友子とは、江戸時代に形成された熟練採鉱夫の同職組織であり、「自助的救済機関」といわれるような相互扶助的機能をもち、大正時代末まで存続した（村串 一九九八：一二、一一五～六、一一八～一二〇）。とりわけ、傷病によって労働能力を失った鉱夫は、所属する友子から「奉願帳」を発行され、全国各地の友子の交際所を訪ねて寄付を得る奉願帳制度が一八九〇年代後半には確立していた。落盤によって治癒の見込みがなくなったある鉱夫は、「奉願帳」を携えて九州、関東の鉱山を廻り、二七七鉱山、三五三飯場、六五七人の個人鉱夫から二・四年で二七二円の寄付を受けていた。

こうした友子の慣行を受けて、鉱夫が自発的に形成した組織として、一九一九年に設立された全国坑夫組合の事例は興味深い（二村 一九七〇）。一九一九年には全国的な労働者団体が設立されたが、そのひとつに全国坑夫組合も数えられる。一九一九年九月に組織されたこの組合は、一九二〇年一〇月に解散したため一年程度の活動にすぎなかったが、この組合では友子制度を継承しながら「不具廃疾ノ為ニ生涯労役ニ従事スルコト能ハサル者」に対して収容所を設けて生活を保障し、収容所が設置されるまで入会後の年限に応じて二〇円から五〇〇円までの共済金を支給することになっていた。資金源は会員坑夫からの会費であったが、この組合の一カ月の平均会費総収入は三四〇円にすぎず、障害者の収容所は資金難から設立されないまま、全国坑夫組合の活動は終わった。

企業の保険組合制度による労災扶助に関してみてみたい。工場法の制定に際して農商務省によって調査された『職工事情』では、「綿糸紡績職工事情」の第八章に「職工の疾病負傷に対する救済」がある（農商務省商工局工務課 一九〇三：一六〇～八五）。この調査によれば、大阪の二、三の紡績工場において「救済会」、「共済組合」と称された職工の「病傷保険」への強制加入制度の存在が指摘されている。

とりわけ、「富士紡績株式会社職工病傷保険規則」においては、「廃疾不具」となった「負傷患者」には、「賑恤金」の支給が明記されていた。八等に区分されたこの扶助金額の第一等は、「常に看護を要しかつ自用を弁ずる能わざる者」で日給三〇〇日分、第二等は「自由を弁ずるに妨げあり、かつ独立生計を営み能わざる者」で二〇〇日分、第三等は「自由を弁じ得るもなお独立生計を営むに妨げある者」で一二〇日分とされた。第一等は精神錯乱または亡失する者、言語咀嚼の両機能を全廃する者、一肢を失い一肢の用を廃する者、両眼両耳の機能を廃する者、第二等は一眼を失い一眼昏昧する者、咀嚼または言語の一機能を全廃する者、半身不随の者、胸腹器臓に瘻管を胎したる者、両睾および陰茎をあわせて失いたる者（女子にありては交接および生殖不能）、両肢の用を廃したる者、と富士紡績では定められていた。

労災によって死亡した職工については、「余程精勤せる者にあらざれば葬祭料は贈らざる」工場もあったことが横山源之助の『日本の下層社会』には記されているものの（横山 一八九八：二三九）、企業が独自に労災の責任を負う場合もあった。一九〇一年に農商務省が六九工場を調査した結果にもとづけば、一八工場が労働災害における障害扶助を行なっていた（農商務省商工局工務課 一九〇三：三五～六三）。他方で、一八九〇年の鉱業条例によって、工場法に先駆けて第七一条において「鉱夫中自己ノ過失ニアラズシテ就業中ニ負傷シ廃疾トナリタル者ニ定期内補助金ヲ支給スルコト」が適用された鉱山では、七一の鉱山が「負傷ニヨル廃疾トナリタル者」に対して「補助金」を与えていた（農商務省 一九〇三：一～一三）。

(2)工場法施行令による労働災害補償

工場で働く労働者（職工）を保護する目的で制定された工場法は、一九一一年に公布され一九一六年に施行された（労働省労災基準局労災補償部 一九六一。以下、断りのない限り同書を参照）。工場法の第一五条では、事業主が死傷した職工を扶助（救済）することが定められ、扶助すべき労災の種類、扶助額などは、一九一六年に制定された工場法施行令によって詳細が定められていた。他方で、鉱山で働く労働者の保護法制である鉱夫労役扶助規則が農商務省省令として一九一六年から施行された。官営工場で雇用される労働者に対しては、一九一八年の傭人扶助令においても労働者保護法制が整備された。施行令は、一九二二年、一九二六年、一九二九年、一九三六年に改正されたが、鉱夫労役扶助規則・傭人扶助令においても同様の内容の改正がなされた。ここでは施行令の内容・改正点を中心に論じるが、鉱夫労役扶助規則もこれに等しい内容であったことには注意が必要である。

施行令の第五条では、労災によって負傷した職工の療養費用は工場主が負担することが明記され、第六条では、療養中には一日当たり賃金二分の一以上（三カ月以上にわたる場合は賃金の三分の一までに減らすことが可能）の扶助料を支給する休業補償が定められていた。また、労災によって負傷した者は、療養手当を得て労働可能な状態までの回復をめざしたが、施工令第一四条では、「扶助ヲ受クル職工療養開始後三年ヲ経過スルモ、負傷又ハ疾病治癒セサルトキハ、工業主ハ賃金一七〇日分以上ノ扶助料ヲ支給シ、以後本章ノ規定ニ依ル扶助ヲ為ササルコトヲ得」という「打切扶助」の規定が定められていた。この打切扶助とともに、第七条によって「負傷又ハ疾病治癒シタル時ニ於テ身体障害存スル」場合には、史料1に示される扶助額を支給することとされた。

史料1（工場法施行令第七条・一九一一年制定）

①終身自用ヲ弁スルコト能ハサルモノ　賃金一七〇日分以上（第一号）

②終身労役ニ従事スルコト能ハサルモノ　賃金一五〇日分以上（第二号）

③従来ノ労役ニ従事スルコト能ハサルモノ、健康旧ニ復スルコト能ハサルモノ、又ハ女子ノ外貌ニ醜痕ヲ残シタルモノ　賃金一〇〇分以上（第三号）

④身体ヲ傷害シ旧ニ復スルコト能ハスト雖引続キ従来ノ労役ニ従事スルコトヲ得ルモノ　賃金三〇日分以上（第四号）

ところで、表4-4が示すように、前述した工場法制定以前の一九〇一年に障害扶助を事業者責任として行なっていた工場では、職工が「不具」、「廃疾」となった場合、摂津紡績のように、終身にわたって現在の給料を支払うことを謳う工場や、精工舎のように雇用・所得保障を行なう工場も存在するように、多彩な方法の扶助がなされていた。また、史料1の①~④は、ほかからの手助けがなく身体を自らの意志で動かせるか否か、労働できるか否か、現在の労働に従事できるか否かにもとづいて障害の等級化がなされているが、表4-4に掲げられている鐘淵紡績、京都綿ネル、東京製絨、九州鉄道小倉製作所などは、施行令に示された等級化と同じような労災による障害者を扶助している。

各商業会議所への工場法案の意見聴取では、東京商業会議所が「各工場ヲシテ実際ノ状況ニ応シテ適宜ニ之ヲ定メ」ているため「行政庁ノ認可ヲ経テ実行セシメンコトヲ望ム」というように、いくつかの商業会議所が工場法の扶助規定に反対していた（農商務省商工局工務課 一九〇三）。だが、一九二一年

表４－４　工場における身体障害への扶助動向（1901年調査）

事業所名	業務上の負傷に関する扶助方法（不具・廃疾に関係するもののみ）
三全社	廃疾者となるときは其軽度に依り相当の金員を救す。
名古屋製糸所	永く静養を要するもの又は重患者は当人の意に任せ解約をなし契約満期修了と見なし手当金或は帰郷旅費を給与す。
合名会社勝野商店	不具者となりたるものは其度合により手当金を給与す。
日本紡績(株)	不具廃疾と為りたる者には相当の業務を授け相当業務なきときは契約を解除し一時金十円以上百円以下を給与す。
鐘淵紡績兵庫支店	負傷者不具となり自用を弁すること能はさる者及自用を弁し得と雖も業務を執ること能はさる者には負傷手当金五十円を最低額とし勤続年限及身分年齢に応し負傷手当を給し尚終身本人の生計を救助すへし。負傷者不具とならさるも普通労働を為す能はさる者は其軽重に依り五円を最低額とし勤続年限勤惰及身分年齢に応し負傷の手当金を給し尚会社に於て相当の業務を與ふ。負傷者会社の業務に従事することを欲せす退社する時は五十円を最低額とし負傷手当金を給与す。
日本繊糸(株)	負傷者不具となりたるときは相当の業務に就かしむるか又は扶助料を給す。
小名木川綿布(株)	業務上負傷の為終身不具となり又は不具とならさるも労働に堪へさるに至りしもの及び疾病に罹り休業数日に渉るも全治の見込なきもの。終身不具となり又は不具とならさるも労働に堪へさるものには他に適当の勤務を授け相当の給料を與へ終身安逸の生計を為さしむ。全治の見込なきものには会社貸金並に立替金等あるものは之を免除し相当の旅費金を給し帰国せしむ。
摂津紡績(株)	不具となりたる者は終身現在の給料を付与す。
三重紡績津分工場	負傷者不具となりたるときは相当の手当を支給す。
平野紡績(株)	負傷の結果廃疾となり業務に堪へさるに至りたるものは会社内にて相当の業務を授くるか又は契約を解除し一時金を給することあり。
津島紡績(株)	負傷者廃篤疾となりたるときは一時金を給し又は終身会社に使用す。
京羽商会	負傷者治療後其痕跡顕然たるものは手当金を給す。若し終身業務を営むことを得さる者は一時恩恵金を與へ終身傭となす。
京都綿ネル(株)	一等手当：終身自用を弁する能はさる者（終身年金但年額は現給年額四分の一）。二等手当：自己の動作を得ると雖も終身事業を営む事能はさる者（現給五ヶ月分）。三等手当：仮ひ事業を営むと雖も身体を欠損し給与の必要を見認むる者（現給二ヶ月分）。適当の業務に従事することを得る者は終身雇と為すことあり此場合に於いては右の手当を給与せす。
東京製絨(株)	定期職工にして業務の為負傷し終身不具となり自用を弁する能はさるものを一等とし一ヶ月金三円づつ退職の翌月より終身給与す。不具となり自用をし得るも服業に堪へさる者を二等とし一ヶ月金一円五十銭づつ退職の翌月より十ヶ年間給与す。普通職工にして前二項に該当したるときは其半額を給与す。
北海道炭礦鉄道(株)	負傷の為不具となりたるものは扶助料金七十円以上を給与す。
九州鉄道小倉製作所	負傷者治療後労働をなし得るも旧に復せさるものは扶助料として二十円以上百五十円以内の範囲にて支給す。治療後自用を弁し得ると雖も終身労働に堪へさるものは四十円以上二百五十円の範囲内にて扶助料を支給す。終身不具となり自用を弁するものは六十円以上三百五十円の範囲内にて扶助料を支給す。
汽車製造合資会社東京支店	不具と為りたる者は一時金五円乃至五十円の負傷扶助料を支給す。
精工舎	不具者となりたるときは終身其者の出来得へき業務に従事せしめ本給以上を與ふるの規定あり。

出典：農商務省商工局編（1903）より作成。

の東京府商工課による工場調査によれば、ほとんどの工場が工場法とその施行令にもとづき障害者への扶助を行なっていた（東京府商工課 一九二二）。一九〇一年に終身にわたり現在の給与を障害者へ支給することを謳っていた摂津紡績（尼崎紡績と合併して大日本紡績となる）に関してみれば、一九二一年には史料1に示される施行令とほぼ同一の障害扶助をしており、工場法の制定・施行とともに一九〇一年当時の障害者への扶助が改変されていた。さらには、「同法〔工場法〕に則り支給」するとされた日清紡績をはじめとした紡績企業のほとんどが、施行令に準じて障害扶助を行なっていた。ただし、注目すべきは、この調査において回答した多くの企業・工場が工場法で定められた金額を超える扶助額を支給するよう定めていたことである。とりわけ、東洋紡績は史料1の①を一〇〇〇円以下、②を六〇〇円以下、③を三〇〇円以下、④を一五〇円以下と定めており、一九二一年の紡績女工の一日当たり賃金が一・〇四円であったことを考えれば、施行令の基準をかなり上回るものであった。

このように、工場法の制定以前には一部の企業・工場が障害扶助の責任を自発的に負っており、なかには厚遇といえるほどの扶助を行なっていた企業・工場も存在したが、工場法とその施行令の制定・施行とともにこの法規の規定に企業・工場の扶助内容が収斂していったと考えられる。ただし、施行令が定める規定を超える日数・金額を支払う企業・工場が多数存在しており、このことは、前述した富士紡績の保険組合の定める「日給三〇〇日分」（第一号）が施行令の定める第一号の最低額を大きく上回ることに等しい。紡績企業は、国鉄、軍工廠、鉱山企業と並んで当時を代表する大企業であり、従業員一〇人以上の中小・零細企業をも工場法の適用対象とされたため、資金力・収益性の高い大企業が施行令の定める最低額を超えた障害扶助を行なっていたといえよう。

この労災に対する扶助額の規定が変更されるのは、工場法の施行から一〇年を経た一九二六年であった。すなわち、史料1における①の扶助料が賃金五四〇日分以上、②が三六〇日分以上、③が一八〇日分以上、④が四〇日分以上に引き上げられた。さらにこの改正では、打切扶助料が一七〇日分以上から五四〇日分以上に改められた。

一九三六年の施行令の改正では、「労働者扶助ノ要ハ災害ヲ蒙リタル労働者及ビ其ノ遺族ノ救済」あるとしたうえで、「救済ニ充分ナル扶助料ヲ支給セザルノ感」あるため、この改正において「扶助料ノ増額ヲ図ルト共ニ其ノ支給方法ノ整備ヲ為サントス」とされた（「工場法施行令中ヲ改正ス」一九三六）。具体的には、「従来ノ労務ニ服スルコト能ハザル」者に対して、男性が一五〇円、女性が九〇円の最低扶助額が定められた。また、打切扶助においても、この改正によって、男子四三〇円、女子二七〇円の最低額が設定された。

(3) 工場法施行令と鉱山企業

さらに、施行令が企業に与えた影響を考察するため、戦前期日本の大鉱山企業であった三井鉱山の事例をみてみたい。三井鉱山は三池炭鉱を主として複数の炭鉱を所有していたが、ここでは産炭筑豊に所在した山野炭鉱の資料によって、三井鉱山の労働災害者扶助について検討したい（三井鉱山山野鉱業所一九四一：七〜一二、八三〜四、九二〜七、一四三〜五）。なお、障害者扶助は三井鉱山の全社的な規定に準じたため、山野炭鉱の事例によって三井鉱山の動向を代表させることができる。

一八九〇年の鉱業条例では、工場法に先駆けて第七一条において「鉱夫中自己ノ過失ニアラスシテ就業中ニ負傷シ廃疾トナリタル者ニ定期内補助金ヲ支給スルコト」と定められていた。こうした法を受けて三井鉱山では各事業所に規則を設けた。一九〇五年に制定された「山野炭鉱鉱夫救恤規則」によれば、「負傷ノ為廃失トナリタル者」には、一等傷三〇円、二等傷二〇円、三等傷一〇円、四等傷に五円の「手当」が給与された。たとえば、一等傷は「両眼ヲ盲シ、両耳ヲ聾レ、一肢ノ用ヲ失ヒ、陰茎或ハ睾丸ヲ半失シ腸歇爾尼亜ヲ遺シ、頸項背腰諸筋ノ運用ヲ妨ケ、及ヒ以上ニ準スヘキ傷疾ヲ受ケタル者」とされた。

一九〇六年に山野炭鉱で制定された「鉱夫扶助規則」では、「不具廃失ノ程度ヲ斟酌シ賃金ノ〇〇日分以上ヲ給与スル」とされた。この具体的内容が記された「鉱夫扶助規則施行内規」をみれば、重大な障害を負うか知覚・精神を喪失し「終身看護」を必要とする者が一等とされて賃金の三〇〇日分以上四〇〇日分以内が支給され、「不具トナリ自用ヲ弁スル」もののまったく就業できない者が二等とされ賃金一〇〇日分以上三〇〇日分以内が支払われ、「自用ヲ弁シ且ツ軽微ナル稼働」ができる者が三等とされて賃金一〇〇日分以上二〇〇日分以内が支給された。

一九一六年の鉱夫労役扶助規則施行令の制定にともない、三井鉱山では「鉱夫扶助規則」を改正した。一九〇六年の三井鉱山の「鉱夫扶助規則」では、一等が賃金三〇〇日分以上四〇〇日分以内の扶助額であったが、他方で、鉱夫労役規則施行令の一等級の最低扶助額が賃金一七〇日分であったように（史料1）、三井鉱山は法令が定める最低額を上回る障害扶助を約束していた。一九一六年の改正においても新たに「鉱夫及職工扶助規則施行内規」が設けられたものの、「鉱夫扶助規則」は修正されず、鉱夫労役扶助規則施行令の最低額を大きく上回る扶助額の規定が続いた。

前述したように、一号の扶助料が賃金一七〇日分以上から五四〇日分以上へと引き上げられた一九二六年の施行令の改正にともない、鉱夫労役扶助規則施行令の扶助額も増額されることになった。これに際して、三井鉱山では、「新法ヲ適用セラルヘキ関係上、急速ニ改正ノ要アル」とし、「鉱夫及職工扶助規則施行内規」を廃止して、事業所ごとに「(現行扶助額の) 最低額ノ五割増」を基準に新たな内規を制定するように求めたものの、「(事業所間の内規の) 内容大体一様ニ付、別達内達ノ通リ各所共通」の「鉱夫職工扶助料取扱内規」を新たに制定した。この「鉱夫職工扶助料取扱内規」の制定において、障害扶助額は、一九二六年の鉱夫労役扶助規則施行令と同一のものとなった。したがって、一九二六年の施行令における最低扶助額の引き上げは、企業に大きなインパクトを与えていたといえよう。

この内規において定められた一等症は、重症の精神または神経の障害、両眼網盲、言語咀嚼の両機能廃絶、二肢ノ亡失及廃用、内臓の甚大なる機能障害によって「終身自由ヲ弁スルコト能ハサル者」、第二等症は中等度の精神または神経の障害、両眼の大なる視力障害、両耳の聾、内臓の著しい機能障害、一肢の亡失または廃用、言語または咀嚼の甚大なる機能障害、二肢の甚大なる機能障害によって「自由ヲ弁シ得ルモ終身労役ニ服スルコト能ハザル」者とされた。すなわち、後述する一九二七年の社会局通達による「身体障害ノ程度」とは完全に一致しないが、損傷部位の種別と程度においてこれに準じるものとなっていた。

障害扶助に大きな変更がみられた一九三六年の改正にともない、三井鉱山では一九三七年に「鉱夫扶助規則」を改めた。この規則の改正では、前述した施行令の「身体障害等級及障害扶助料表」と同一のものを採用するとともに、扶助の最低額も増額させた。

このように三井鉱山では、一九二六年、一九三六年に改正した鉱夫労役扶助規則施行令に準じて障害扶助の内容を変更していた。しかし、三井鉱山が一九三六年に「業務上廃疾ニ因ル退職従業員救恤取扱内規」（以下、「救恤取扱内規」と略す）を定めていたことは注目に値する。「救恤取扱内規」は、鉱夫が業務上の負傷または疾病によって障害を負い「鉱夫扶助規則」の第一号症（「終身自用ヲ弁スルコト能ハサルモノ」）と第二号症（「終身労役ニ従事スルコト能ハサルモノ」）に応じた扶助額を支給され、退職一年後に生活困難が認められた者を対象とした（この内規が実施される前に退職した障害者にも適応）。一回限りであった労役規則の障害扶助に対して、この内規は、毎年六月と一二月に第一号症が六〇円ないしは一二〇円、第二号症が三〇円ないしは八〇円の「見舞金」を支給する制度であった。この制度は一年ごとに調査更新するものとされ、障害の程度、生活状態、家族数などの事情によって支給額が定められた。

三　工場法施行令と障害の基準

(1)身体障害の程度

前掲史料1に示されている施行令第七条の障害扶助は、主として、身体を自分の意志で動かせるか否か、労働できるか否か、現在従事している労働をできるか否かで等級化されていることは前述した。だが、この障害の等級化は、扶助を行なう企業からみれば、具体性に乏しいものであった。たとえば、前

表4-5　倉敷紡績共済組合の負傷等級標準表（大正８年11月改正）

		壱等傷	
		甲	乙
摘要		負傷の為又は之に因する続発症の為え終身執業不能となれるのみならず日常の自用さへ弁じ難きもの	負傷の為又は之に因する続発症の為え終身労役に服すること能はざるもの
上肢	欠損	両上下肢又は一側上下肢の欠損	一上肢の欠損
上肢	機能障害	両上肢又は一側上下肢に於ける瘢痕強奇形に因する高度の機能障害	一上肢に於ける瘢痕奇形強直等に因する高度の機能障害
下肢	欠損	両下肢又は一側上下肢の欠損	一下肢（大腿以下）の欠損
下肢	機能障害	両下肢又は一側上下肢に於ける瘢痕強直奇形等に因する高度の機能障害	一下肢に於ける瘢痕強直奇形等に因する高度の機能障害
眼耳		両眼視力又は両耳聴力の廃絶せるもの若くは殆んど廃絶せるもの	
生殖器顔貌其他			生殖器損傷又は之に因する続発症の為め生殖不能となれるもの。女子顔面及頭部に於ける甚だ高度の醜形を残したるもの
所臓器		脳脊髄又は末梢神経の損傷により四肢両上肢，両下肢，又は一側上下肢の麻酔を来し又は之が為に高度の精神障害を来たせるもの。内臓の損傷又は之に因する続発症の為め甚大なる障害を残し自用を弁じ難きもの	脳脊髄又は末梢神経の損傷により一肢の麻酔又は両肢の不全麻酔を来たし又は或程度の精神障害を残せるもの

註：壱等症のみ記載。
出典：社会保障研究所（1971: 18–23）より作成。

述した「富士紡績株式会社職工病傷保険規則」では身体の損傷程度にもとづいて扶助額が定められていたが、施行令においては、第一八条で「身体障害ノ程度」が地方長官の権限によって審査・調停され、「必要ト認ムルトキ」は医師の診断を求めることが明記されているのみであった。さらに、表4－5によって倉敷紡績の共済組合による「負傷等級標準表」をみれば、第一等症の甲は史料1の①、乙は②の内容に近いが、注目すべきは、甲・乙それぞれに身体の損傷程度が対応していることである。このように施行令に不在であった身体の損傷程度の詳細な分類が、企業共済組合の規約には明示されていることもあった。工場法の制定に携わった岡実によれば、史料1の施行令七条は、官役職工人扶助令、鉱業法施行規則、鉄道院その他の官業における共済組合の規定を斟酌して作られたが、「立案ニ際シ之ヲ具体的ニ規定スルノ可否ニ付テハ相当議論ノ存シタル所ナルモ、結局具体的ニ記載スルモ傷害ノ程度ヲ明確ナラシムルコト困難ニシテ、寧ロ抽象的ノ標準ヲ掲ケ各個ノ場合ニ応シテ適宜ニ判定スル」ことになったとされる（岡 一九一七：六二五）。

施行令においてこうした身体障害の程度が明確に提示されたのは、一九三六年の改正からであった。だが、重要なことは、労災による障害の等級化が一九三六年の施行令改正においてはじめて実現されたわけではなく、一九二七年に社会局長官名で地方長官と鉱山監督局長に「身体障害ノ程度」が「発労第一五号」として通達され（「身体障害ノ程度ニ関スル件」一九二七）、工場・企業の障害扶助に大きな影響力を与えていたことである。

この「身体障害ノ程度」は、施行令第七条（鉱夫労役扶助規則第二〇条）の「身体障害ノ程度ニ関シテハ法規ノ規定カ極メテ抽象的ナル為メ、何レニ属スルヤ決定困難ナルコト多ク」という状況を打開するために通達された。表4－6が示すように、「身体障害ノ程度」では、眼、耳、鼻、口、精神及神経、頭・頬及身幹、胸腹部臓器、上肢、下肢、皮膚、泌尿・生殖器の一一に分類され、個々の障害が史料1の第一号から第四号に対応して等級化されている。

「身体障害ノ程度」は「法令ノ規定ヲ変更スルモノニ非サル」とされ、法的拘束力のないことを社会局が通達していたものの、多くの工場は労災扶助を行なううえでこの標準に依拠した。企業・工場は、労災扶助を行なうに際して工場法施工令の内容に疑問がある場合、地方長官を通して社会局労働部に文

	3	胸腹部臓器の機能に著しき障害を胎し従来の労役に服すること能はさる者	3号
	4	胸服部臓器の機能に障害を胎すも従来の労役に服し得る者	4号
頭・頬及身幹	1	頭蓋骨又は顔面骨の一部を欠損したる者	3号
	2	頭，顔面又は頸部に醜痕を胎す者（※）	4号
	3	脊柱に著しき奇形を胎す者	3号
	4	脊柱に奇形を胎すも前号より軽き者	4号
	5	前各号以外の骨に奇形を胎し又は欠損したる者	4号
	6	頸又は腰に著しき運動障害を胎す者	3号
	7	頸部又は腰に運動障害を胎すも従来の労務に支障なき者	4号
上肢	1	両上肢の腕関節以上を失いたる者又は十指の全部を失いたる者	1号
	2	一上肢の腕関節以上を失いたる者又は一手の指全部を失いたる者	2号
	3	両上肢の用を全廃したる者	1号
	4	一上肢の用を全廃したる者	2号
	5	一上肢の肩胛関節，肘関節又は腕関節に著しき運動障害を胎す者	3号
	6	一上肢の関節に運動障害を胎すも其の程度軽く従来の労務に従事し得る者	4号
	7	一手の拇指，示指又は二指以上を失い其の欠損が末節以上に達する者	3号
	8	一手の拇指，示指又は二指以上に著しき運動障害を胎し従来の労務に服すること能はさる者	3号
	9	一手の拇指及示指以外の一指以上の運動に著しき障害を胎す者	4号
	10	一指の骨の一部を失いたる者	4号
下肢	1	両下肢の足関節以上を失いたる者	1号
	2	一下肢の足関節以上を失いたる者	2号
	3	両下肢の用を全廃したる者	1号
	4	一下肢の用を全廃したる者	2号
	5	股関節，膝関節，足関節に著しき運動障害を胎す者	3号
	6	一下肢の関節に運動障害を胎すも其の程度軽く従来の労務に支障なきもの	4号
	7	一足を跗骨より蹠骨に至る間にて失いたる者又は第一趾及第二趾の全部を失いたる者	3号
	8	第一趾若は第二趾の骨の一部を失い又は他の一趾以上を失いたる者	4号
	9	一足の第一趾又は第二趾に著しき運動障害を胎す者	4号
皮膚	1	上肢又は下肢の露出部に於て半掌面大以上の醜痕を胎す者	4号
	2	前号以外の皮膚に掌面大以上の広範なる瘢痕を胎す者	4号
泌尿・生殖器	1	睾丸を失いたる者	3号
	2	泌尿生殖器の機能障害を胎す者	3号

註：表中の（※）は，女子の場合は3号となることを示す。
出典：「身体障害ノ程度ニ関スル件」，「工場法例規（昭和2年）」（国立公文書館所蔵）所収。

表4－6 「身体障害ノ程度」（発労第15号）

眼	1	両眼を亡失若しくは失明し，又は両眼の視力0.01以下に減じたる者	1号
	2	両眼の視力0.04以下に減じたる者	2号
	3	一眼を亡失若しくは失明し他眼視力0.04以下に減じたる者	2号
	4	一眼を亡失若しくは失明し又は視力0.04以下に減じたる者	3号
	5	両眼の視力0.05～0.4に減じたる者	3号
	6	前号に該当し眼鏡を以って補正し得る者	4号
	7	一眼の視力0.05～0.6に減じたる者	4号
	8	両眼に半盲症を胎す者又は視野の狭小を胎す者	3号
	9	一眼に半盲症を胎す者又は視野の狭小を胎す者	4号
	10	両眼の眼瞼を欠損したる者	3号
	11	一眼の眼瞼を欠損したる者（※）	4号
	12	一眼又は両眼に睫毛禿を胎す者（※）	4号
	13	一眼又は両眼の眼球又は眼瞼に運動障害を胎す者	4号
	14	一眼又は両眼に調節機能障害を胎す者	4号
	15	9・11・13・14に該当する者にして障害とくに甚だしく従来の労務に服すること能はさる者	3号
耳	1	両耳を全く聾し又は聴力か聴殻に接せざれば大声を解し得ざるに至りたる者	2号
	2	耳を聾したる者	3号
	3	両耳の聴力が40 cm にては尋常の話聲を解し得ざるに至りたる者	3号
	4	一耳の聴力が1メートル以上にては尋常の話声を解し得ざるに至りたる者	4号
	5	片側の耳殻の全部又は一部を欠損したる者（※）	4号
鼻	1	鼻の全部又は大部分を欠損したる者	3号
	2	鼻の機能を失ひたる者	3号
	3	鼻の一部を欠損したる者（※）	4号
口	1	咀嚼及言語の機能を廃したる者	1号
	2	咀嚼又は言語の機能を廃したる者	2号
	3	咀嚼及言語機能に著しき障害を胎す者	2号
	4	咀嚼又は言語の機能に著しき障害を胎す者	3号
	5	咀嚼又は言語の機能に障害を胎し前号より軽き者（但し義歯を以て補足し機能に妨げなき者を除く）	4号
精神及神経	1	精神又は神経系統に著しき障害を胎し常に介護を要する者	1号
	2	精神に障害を来したる者	2号
	3	神経系統の機能に著しき障害を胎し終身労務に服すること能はさるに至りたる者	2号
	4	神経系統の機能に障害を胎し従来の労務に服すること能はさる者	3号
	4	神経系統の機能障害又は神経症状を胎すも従来の労務に服し得る者	4号
胸腹部臓器	1	胸腹部臓器の機能に著しき障害を胎し常に介護を要する者	1号
	2	胸腹部臓器の機能著しき障害を胎し終身労役に服すること能はさる者	2号

書で照会し、社会局は照会内容を判断して、照会先に加えてすべての地方長官へ通達し、「疑義」として同様の事案に適用するものとした。この「疑義」に関する資料を通して施行令の企業に与えた影響を、事例的にみてみたい。

たとえば、「腕関節以上ヲ失ヒタル者トハ、上膊部ニ於テ切断セル場合ヲ含ムヤ、或ハ腕関節ニテ切断セル者ヲ指スヤ」、と合同織物株式会社が一九二七年通達の「身体障害ノ程度」の内容を社会局へ照会しているように、企業は施行令に則って労災扶助を行なおうとしていた（「障害扶助料ノ疑義ニ関スル件」一九二八）。丸万製糸株式会社（和歌山県）が照会をしたのは、ここで働いていた女性労働者が運転中の車軸に髪を巻き込まれ、「毛根消失ノ為メ再ビ生毛不能ナリ」という状態になったことに関してである（「障害扶助料支給標準ニ関スル件」一九三一）。すなわち、「身体障害ノ程度」には、「頭、顔面又は頸部に醜痕を胎す者」を労災対象としてあげているが（表4－6）、丸万製糸株式会社の疑義は「全頭皮毛ノ脱離」がこれにあたるか否かというものであった。

土佐セメント株式会社からの照会は、修理作業中に「左手掌骨複雑骨折」をした職工が全治したと判断されたにもかかわらず、「小指ノ伸張ニ多少ノ不自由」を訴えていた件に関して、障害扶助料の支払いを社会局へ照会するものであった。小指の伸張の不自由については、「他覚的ニ其ノ理由ヲ発見スルコト困難ナリ」との医師の診断書が社会局へ提出されていた（「身体障害程度ニ関スル件」一九三二）。社会局は、「多少ノ障害」の場合は「身体障害ノ程度」に該当しない障害とし、「非常ナル障害」の場合は施行令第七条の四号に該当する障害になるというような、曖昧な回答をしている。この社会局の回答は、職工の主張する小指の障害を否定することもなく、医師の診断書の内容も肯定しないものであった。

この事例からは、こうした職工と経営側との障害扶助をめぐる対立には、社会局は介入しない方針にあったことが読み取れる。

(2)「身体障害ノ程度」の問題点

このように「身体障害ノ程度」は企業・工場に少なからず影響力を行使していたが、「身体障害ノ程度」の問題点があげられていた。

問題を指摘したのは、主に企業病院に勤める医師であった。とりわけ、一九二九年に暉峻義等を理事長として関西地方の産業医、研究者、実務家から構成された産業衛生協議会が、積極的に障害扶助に関して発言した(産業衛生協議会 一九二九：九一七〜二八)。この協議会には、八七名が出席した創立総会において社会局の技師も加わっており、同会の具体的活動が小委員会によってまとめられた議案を会議の場で採決し、その採決内容を決議文として社会局長官へ送付したことを鑑みれば、企業の利益を政策に反映させる目的があったといえよう。さらには、浜口内閣が推進した産業合理化政策の一環として、「社会局長官諮問事項」に回答するという明確な目的をもって運営された。たとえば、創立総会において議論されたひとつの「職業的疾患ニ関スル件」では、郡是製糸、東洋レーヨン、福岡鉱山監督局から派遣された産業医などが医学的見地から見解を公表し、社会局へ提出して法改正を促していたように、同会の総会は企業と政府との利害調整を求める場であった。

産業衛生協議会が現行の障害扶助について疑問を呈したのは、第一に、施行令第七条と「身体障害ノ程度」との矛盾であった。すなわち、第二回産業衛生協議会総会において「労役ニ従事スルコト能ハサル」などの施行令の条項が「機能障害」によって分類されているのに対して、一九二七年通達の「身体障害ノ程度」が「負傷部位」によって分けられているため、両者に矛盾が生じていることが指摘されていた（産業衛生協議会 一九三〇a：一九一～五）。第三号の扶助料を支給される限りは、業務転換ないしは解雇せねばならないので、施行令第七条と「身体障害ノ程度」との矛盾は、労働者にとっても重要な問題であることも指摘されていた。

第二に産業衛生協議会は、「身体障害ノ程度」によって標準化された等級を再考するよう求めた。同会の一九三〇年の総会における決定事項をみれば、「身体障害ノ程度」を「明白ナラザル場合ニ於テノミ之レニ依ルベキモノ」とする、すなわち、施行令において定められていないこの障害の標準表を絶対的なものとしてとらえないことに加えて、「一手の拇指、示指又は二指以上を失い其の欠損が末節以上に達する者」（上肢－7）をはじめとする前掲表4－6に示されている上肢－8、上肢－7を第三号から第四号へ引き下げることを求めた（産業衛生協議会 一九三〇b：一七七～九）。

この総会では、障害の等級に関して「個々ノ項号ニ於テハ、余リ優遇ニ過ギタルニアラザルヤト疑念ヲ生ズル」ものがあり、欧米の「障害補償法」などと比べれば、「四肢ノ末端」における障害は「加重ニ認定」していることが指摘されていた。とりわけ、「一手の拇指、示指又は二指以上を失」った者は、「従来ノ労務ニ服シ得ルコトヲ認ムル」ため、第三号という等級が「加重」であることが言及されていた。等級の高い、すなわち高額な扶助を支払われた労働者を解雇する傾向にあった大企業では、「低キ等級ニテ失業セザラン」ことを求める職工も存在したため、「身体障害ノ程度」の修正を産業衛生協議会は求めていた。

まとめれば、たとえば、「一手の拇指」を失った者は、表4－6の上肢－7で第三号に該当するが、この第三号が前掲史料1で「従来ノ労役ニ従事スルコト能ハサル」者となるため、扶助されれば工場・鉱山を解雇される。だが、「一手の拇指」を欠損した者であっても従来の職務を継続できる者が多く、「機能障害」で等級化された施行令第七条に「負傷部位」で分類された「身体障害ノ程度」が新たに加えられたことで、障害扶助のあり方に問題が生じていたといえよう。

八幡製鉄所の医師の陳述をみれば、この問題は明確になる（植村 一九三七）。一九三五年に一万七〇〇〇件の公傷病患者が発生した八幡製鉄所では、死亡三七人、四肢を切断した者一三人に加えて、「不具障害」に対する「一時金」受給者四八五人のうち、三〇〇人は歯牙欠損、指の屈折障害などの「軽微」なものであった。だが、「不具廃疾第三号」に該当して扶助を受けた者は「解職せねばなら」ないため、「拇指を失ふ如き軽い不具で解職せられては他工場での就職は困難である」ような状況のもと、「不具者は社会立法に依つて恵まれた様で実は反対の結果となる」ことを問題視していた。

さらに障害扶助には、個別的な要因も存在した。この点に関する興味深い事例として、岐阜県の採製材所の疑義がある（「職工の扶助に関する件」一九三〇）。製材工場において左手の第二関節以上を切断した男性労働者は、「幼少ヨリ乞食」をしていたが、この製材所で二四年間働き製材所経営者と「一家族」のような関係であり、妻と三人の子がいた。製材作業が不可能となった「負傷」後には、荷車を引く作業に従事し、製材所経営者はこの者を「終生ヲ保障スル心得」でいた。問題はこの障害が施工令第七条の第二号（終身労役ニ従事スルコト能ハサルモノ）となるため、「扶助料支給セネバナラヌナレバ気ノ毒ナレド解雇シタシ」ということであった。また、「本人ハ扶助料ヲ不望、終生ノ使役ヲ願」っており、経営者もこのつもりであったが、製材作業ができなくなった者を雇用し続けること自体が「大ナル扶助」であると経営者は主張していた。社会局への照会内容は、こうした「本人ノ幸、不幸モ不関、規定ノ障害料支給セナバナラヌヤ」ということと、「後日解雇等ノ場合生ジタルトキ支給シテモ差支ナキヤ」ということであった(2)。

四　工場法施行令の改正

(1) 一九三六年の工場法施行令の改正

こうした施行令第七条と「身体障害ノ程度」の問題が露呈した結果、前掲史料1に示されている第一号~第四号の条項は、一九三六年の工場法施行令の改正にともない大きく修正され、「身体障害ノ程度」を基礎として、一四級に分類された「身体障害等級及障害扶助料表」が一九三六年に改正された施行令に明示され、これが労災による障害を基準化することとなる。

ただし、改正された施行令第七条には、「従来ノ労務ニ服スルコト能ハザルトキハ賃金百八十日分ヲ下ルコトヲ得ズ」という条項があった。「従来ノ労務」とは職工が身体に損傷を負う直前に従事していた職務を意味しており、障害を負ったままで他の職務に就ける場合に、この条項が適応された(石川一九四〇)。重要なことは、この条項が、賃金一八〇日分以上を支給するという、労災による転業や解雇にもとづく職工の経済的損失を補償する基準として存在し、障害を等級化する役割を果たしていないことである。このことは、先にみた第二回産業衛生協議会総会において指摘された「機能障害」を廃して、「負傷部位」による障害の基準化がなされたことを意味していよう。

ところで、一九三六年の「身体障害等級及障害扶助料表」と二〇一〇年現在の日本で適用されている労働者災害補償法施行規則の障害等級表とを比べてみれば、表記などで異なる点があるものの、両者の障害内容はほとんど等しいことがわかった。(3) 一九三六年に制定された障害等級表の理念は、現在の日本においても効力を発揮しているといえるが、これと一九二七年通達の「身体障害ノ程度」とを比較すれば興味深い事実が浮き彫りになる。

表4－7は、一九三六年に改正された施行令の一四級までのうち、第一級から第四級の障害内容と「身体障害ノ程度」の障害内容を比較して、同様の内容もしくはもっとも近似していると判断できれば、その等級を記したものである。この表が示すように、一九二七年に社会局より通達された「身体障害ノ程度」において第一号であった障害のほとんどが、一九三六年の障害等級表において第一級となっているが、一九二七年に第一号であった両上肢の腕関節以上の喪失と十指の喪失とが分離され、後者が「十指ノ用ヲ廃シタ」障害として一九三六年に第四級になっている。

第二号については、「身体障害ノ程度」において第二号と定められていたものが、障害等級表では主として第二級～第四級に分けられる大幅な改正がなされている。具体的にみれば、たとえば、一九三六年の改正以前には、一眼の失明・他眼の視力低下（眼－3）と両耳の聴力喪失（耳－1）とは、第二号として同額の扶助額が支給されたが、改正後には第二級となったこの眼の障害に対して、聴力の喪失は第四級に下がっている。(4) 同様の障害の序列の再編は、腕関節以上に一上肢・一下肢を欠損した障害（上

表4－7 「身体障害等級及障害扶助料表」と「身体障害ノ程度」との比較

工場法施行令別表「身体障害等級及障害扶助料表」（1936年）				「身体障害ノ程度」（1927年）	
等級		内容	扶助料	等級	備考
1級	1	両眼ヲ失明シタルモノ	賃金600日分	1号	眼1
	2	咀嚼及言語ノ機能ヲ廃シタルモノ		1号	口1
	3	精神ニ著シキ障害ヲ残シ常ニ介護を要スルモノ		1号	精神1
	4	胸腹部臓器ノ機能ニ著シキ障害ヲ残シ常ニ介護ヲ要スルモノ		1号	胸1
	5	半身不随トナリタルモノ			
	6	両上肢を肘関節以上ニテ失ヒタルモノ		1号	上肢1
	7	両上肢ノ用ヲ全廃シタルモノ		1号	上肢3
	8	両下肢ヲ膝関節以上ニテ失ヒタルモノ		1号	下肢1
	9	両下肢ノ用ヲ全廃シタルモノ		1号	下肢3
2級	1	一眼失明シ他眼ノ視力0.02以下ニ減シタルモノ	賃金530日分	2号	眼3
	2	両眼ノ視力0.02以下ニ減シタルモノ		2号	眼2
	3	両上肢ヲ腕関節以上ニテ失ヒタルモノ			
	4	両下肢ヲ足関節以上ニテ失ヒタルモノ			
3級	1	一眼失明シ他眼の視力0.06以下に減シタルモノ	賃金470日分		
	2	咀嚼又ハ言語ノ機能ヲ廃シタルモノ		2号	口2
	3	精神ニ著シキ障害ヲ残スモノ		2号	精神2
	4	胸腹部臓器ノ機能ニ著シキ障害ヲ残シ終身り労務ニ服スルコト能ハサルモノ		2号	胸2
	5	十指ヲ失ヒタルモノ			
4級	1	両眼ノ視力0.06以下ニ減シタルモノ	賃金410日分		
	2	咀嚼及言語ノ機能ニ著シキ障害ヲ残スモノ		2号	口3
	3	鼓膜ノ全部ノ欠損其ノ他ニ因リ両耳ヲ全ク聾唖シタルモノ		2号	耳1
	4	一上肢ヲ肘関節以上ニテ失ヒタルモノ		2号	上肢2
	5	一下肢ヲ膝関節以上ニテ失ヒタルモノ		2号	下肢2
	6	十指ノ用ヲ廃シタルモノ		1号	上肢1
	7	両足ヲ「リスフラン」関節以上ニテ失ヒタルモノ			

註：備考欄は表4－6に対応し，数字は番号を示す。
出典：工場法施行令別表「身体障害等級及障害扶助料表」。

肢−2、下肢−2）にもみられる。第二号に関するもっとも大きな変化は、「身体障害ノ程度」において「神経系統の機能に著しき障害を貽し終身労務に服すること能はさるに至りたる者」（精神及神経−3）と認定されていた障害が、一九三六年の改正において第八級となったことである。「身体障害ノ程度」と一九三六年の施行令との差異に関しては、ここでは詳細に述べる余裕がない。ただし、「神経系統」の障害に関する等級の引き下げに関しては、産業衛生協議会の活動が大きな影響を与えていた。この「神経系統」の障害の格下げには、「願望性神経症」のとらえ方がかかわっていた(5)。

外傷性神経症とは、たとえば、頭部に外傷を負った者が医者から完治したと見なされた後も頭痛などを訴えることをいうが、とりわけ、外傷性神経症の八〇パーセントを占めるとされる願望（欲望・欲求）神経症は、「外傷後胎症でブラブラとして居る間に自分は扶助して貰へる立場にあると云う観念」が背後にある、とされる症状である（高折 一九三一）。一九二九年に外傷性神経症の研究が産業衛生協議会の研究課題となり、この問題に対して設けられた小委員会の報告が一九三二年になされた。この小委員会委員の大阪鉄道病院の高折茂は、外傷性神経症のうち「願望性神経症」がもっとも多い症例とし、「災害補償は原則として願望神経症以外の外傷性神経症に限局するを合理的なり」とした（高折 一九三二）。高折は、「欲求神経症は労働者保護法令の無かつた時代には発生しなかつたもの」と述べ、施行令第一四条で定められている三年間の療養保障を打ち切ることを求め、それが外傷性神経症の患者のためになることを主張している。

注目すべきは、高折の主張のひとつに願望神経症の発生を防止するために、医学のみならず「社会的及心理学的研究」を求めていることである。願望神経症を社会的にみれば、それは「本症発生と労働組合との関係が相当に濃厚」と高折が指摘するように、組合の後ろ盾によって障害扶助料を会社に要求するものもあった。同様のことは大阪住友病院の河合六郎が述べている（河合 一九三二）。すなわち、「願望症の発生率の著差は工場内に労働組合員の存否に関係しその存する所に著しく多し」とし、願望神経症を「原則として補償せざる」ことを主張している。さらに極端な主張は、大阪陸軍工廠診療所の植村秀一によるものであり、陸軍には「外傷性神経症殊に願望性神経症と云う実例は皆無」と述べたうえで、これは「国家的犠牲精神」が陸軍所属の職工にあるからだと植村は主張している（植村 一九三二）。

(2)工業化と障害者（一九一六〜一九三五年）

いままでみてきた諸事例を通して本章がもっとも主張したいのは、工場法施行令にもとづく障害扶助が始まった一九一六年から一九三六年の施行令の改正までを、ひとつの時期としてとらえるべきことである。すなわち、一九一六〜一九三五年の労災による障害のあり方は、一九二七年以降にその特徴が具現化したように、施行令第七条の条項と「障害ノ程度」との矛盾によって、混乱する側面があったことである。この時期の障害は、産業衛生協議会の言葉を借りれば、施行令が労働できるか否かという「機能障害」にもとづいているのに対して、「損傷部位」で基準化される「障害ノ程度」が大きな影響力をもったことである。「損傷部位」での障害の基準化は、工場・鉱山からの要求にもとづき社会局が通達したものであったが、この通達と施行令第七条とが相反する関係となり障害者扶助のあり方に影響を与えた。具体的には、労働できる労災者も労働できない者と見なされ、工場・鉱山から投げ出された。

障害学の進展に大きな影響を与えたマイケル・オリヴァーは、「資本主義が発展するにつれて、すべての障害者は、労働力としてみなされることはなくなる」（オリバー 二〇〇六）としている。一九一六年の施行令第七条には、労働能力の有無による障害の等級化がなされていたが、この条項に反して一九一六～一九三五年の工場法は労働力を有する「障害者」を生み出したことも事実であった。

このように、法によって決められた障害者と損傷程度からみた「障害者」との不一致が存在した。このことは国家・政府、すなわち「上」から定められた障害者と、社会・個人、すなわち「下」からみた「障害者」との温度差を示唆しうる。いち早くこの問題を指摘したのは、産業衛生協議会に集《つど》った産業医たちであり、一九三六年の施行令改正にともない、労働できる／できないという枠組みでの障害の基準が見直された。

このことは一九三七年のリハビリテーションの言説にも関係してくる（臨時産業合理局生産管理委員会 一九三七）。すなわち、臨時産業合理化局は「傷害者」と「不具者」との違いを主張する。具体的には、「一、傷害者ヲ先天的ノ不具者ト混同シテハナラナイコト」、「二、傷害者ニ作業能力ヲ與エルニハ特殊ノ技術家ガ必要デアルト同時ニ雇主ノ熱心ガ必要デアルコト」を主張し、とりわけ「傷害者ハ以前ハ正常ノ身体的機能ヲ備エテ活動シタ経験ノアル人デアル」ため「不具者」とは異なることを強調する。つまりは、労働災害にもとづく「傷害者」という新たな概念の登場は、労働できる／できないを根拠に据えていた一九一六年施行の工場法施行令を否定するものであったといえよう。

さらに指摘したいのは、施行令によって労働できない障害者と見なされたにもかかわらず、労働する障害者が存在し、本章の第一節でみたように、このなかには生活程度が「普通」の障害者がいたことである。これら障害者は、いままで指摘してきた工場法施行令の法的不備によって生み出された可能性が強い。他方で、施行令第七条の第一級と見なされた障害者の多くは、生活が困難であった。しかしながら、少なくとも戦前期日本の障害者は「無能力貧民」としてのみとらえられない多様性がある。これは「上」からの視点よりもむしろ「下」から、すなわち個人レベルでの障害のあり方を探る必要性を示していよう。そして、この実態を探ることこそが今後の課題である。

註　記

（1）本章でいう障害、障害者とは、労働災害に起因するものをいう。

（2）工場法施行令第一三条には、「障害扶助料ハ職工ノ負傷又ハ疾病ノ治癒後遅滞ナク之ヲ支給スベシ但シ工業主ガ引続キ雇傭スル場合ニ於テ本人ノ承諾アリタルトキハ雇傭期間内障害扶助料ノ支給ヲ延期スルコトヲ得」とある。

（3）昨今、この労災の障害等級に関する訴訟に関して、顔の傷の補償に男女の差を設けるのは違憲という判決が下された（『京都新聞』二〇一〇年五月二八日）。現在の労災の障害等級は、一九三六年の工場法施行令別表にもとづくだけではなく、ここで明らかにしたように発労第一五号の「身体障害ノ程度」（表4－6）に起源がある。

（4）この段落中の括弧内は、表4－6の「身体障害ノ程度」の備考欄を示す。

（5）なお、本文中での引用を含めて、外傷性神経症については佐藤（二〇〇九）による詳細な分析がある。

引用・参考文献

石川海一郎（一九四〇）『工場扶助の実際知識』大同書院。
植村卯三郎（一九三七）「産業労働者の負傷に対する外科的処置」。
植村秀一（一九三二）「陸海軍に於ける願望神経症」。

大杉由香（一九九四）「本源的蓄積期における公的扶助と私的救済——岡山・山梨・秋田を中心に」『社会経済史学』第六〇巻三号：三四九〜三七八頁。

岡　實（一九一七）『工場法論』有斐閣。

オリバー、マイケル（二〇〇六）三島亜紀子ほか訳『障害の政治——イギリス障害学の原点』明石書店。

河合六郎（一九三二）「重金属工業に於ける願望神経症」。

「工場法施行令中ヲ改正ス」（一九三六）国立公文書館所蔵。

佐藤雅浩（二〇〇九）「戦前期日本における外傷性神経症概念の成立と衰退：一八八〇—一九四〇」科学・技術と社会の会『年報科学・技術・社会』一八号。

産業衛生協議会（一九二九）「産業衛生協議会記録」。

——（一九三〇a）「第二回産業衛生協議会議事録」。

——（一九三〇b）「社会局に提出したる産業衛生協議会の決議並に答申」。

社会局労働部監督課（一九二六）「工場鉱山ニ於ケル業務上ノ不具廃失者ノ現状ニ関スル調査」。

社会保障研究所（一九七二）『日本社会保障前史資料』第三巻、至誠堂。

「障害扶助料支給標準ニ関スル件」（一九三一）「工場法関係（昭和五〜六年）」国立公文書館所蔵。

「障害扶助料ノ疑義ニ関スル件」（一九二八）「昭和三、四年度・例規指令回答通牒」所収、国立公文書館所蔵。

「職工の扶助に関する件」（一九三〇）「工場法関係（昭和五〜六年）」。

「身体障害程度ニ関スル件」（一九三二）「工場法関係（昭和七〜八年）」国立公文書館所蔵。

「身体障害ノ程度ニ関スル件」（一九二七）「工場法例規（昭和二年）」国立公文書館所蔵。

高折　茂（一九三一）「工場法及び健康保険法に於ける外傷性神経症の取扱に関する疑義」。

——（一九三二）「外傷性神経症に関する小委員会報告」。

東京市市役所（一九二九）「浮浪者に関する調査」。

東京府商工課（一九二一）「府下各工場ニ於ケル職工ノ福利増進施設概要」。

農商務省商工局編（一九〇三）「各工場ニ於ケル職工救済其他慈恵的施設ニ関スル調査概要」。

二村一夫（一九七〇）「全国坑夫組合の組織と活動」法政大学大原社会問題研究所『資料室報』一五九号（二村一夫著作集として http://oohara.mt.tama.hosei.ac.jp/nk/で公開）。

三上徳三郎（一九二〇）『炭坑夫の生活』工学書院。

三井鉱山山野鉱業所（一九四一）「山野鉱業所沿革史」第一三巻。

村串仁三郎（一九九八）『日本の鉱夫』世界書院。

山田　明（一九九二）「解説　近代日本の無能力貧民問題と社会事業調査の展開——『老人・障害者・医療保護』について」社会事業福祉調査研究会編『戦前期社会事業調査資料集成』第七巻。

横山源之助（一八九八）『日本の下層社会』（復刻版）岩波書店。

吉野由美子（二〇〇七）「障害者福祉」井村圭壯・藤原正範編著『日本社会福祉史』勁草書房。

臨時産業合理局生産管理委員会（一九三七）「傷害者ノ継続的雇用方法」。

労働運動史料委員会編（一九五九）『日本労働運動史料』第一〇巻（統計篇）、東京大学出版会。

労働省労災基準局労災補償部（一九六一）『労災補償行政史』労働法令協会。


Williams-Searle, John (2001) 'Cold Charity: Mnhood, Brotherhood, and the Transformation of Disability, 1870–1900', in Paul K. Longmore and Lauri Umansky, eds., *The New Disability History: American Perspectives*, New York: New York University Press, pp. 157–86.

付　記

本稿は、二〇一〇年一〇月に脱稿したものであり、その後に公刊された山田明『通史日本の障害者——明治・大正・昭和』（明石書店、二〇一三年）などの成果を参照することができなかった。

エッセイ②

共活という思想――体験的自分詩「闇の反撃」が生まれるまで

広瀬浩二郎

共生の模索

東京の盲学校で中・高時代を過ごした僕にとって「共生」という言葉は常に目標とすべき理想、あこがれの理念だった。同世代の見常者とともに学ぶことができる大学生活は「完全参加と平等」、すなわち共生を具体化するための自信を僕に与えてくれた。おりしも僕が大学に進学した一九八〇年代後半には、パソコンが学生間にも普及し、視覚障害者が独力で漢字・仮名混じり文を書くことが可能となった。僕自身、入学当初は各授業の課題を点字で提出していたが、二年目からはパソコンを使ってレポートを作成した。「見常者と同じことができる」というのが当時の僕にとっては重要であり、それこそが共生だと考えていたような気がする。

僕は京都大学を受験した初めての全盲学生だったので、入学時には新聞、テレビなどで取り上げられた。ある女性週刊誌は「お母さん、生きててよかった!」という大きな見出しのもと、僕の失明体験、盲学校での点字習得、そして大学合格を感動的な物語にまとめ、特集した。この記事を通して、「そうか、本人は見常者と同じ人間であることを望み、また信じてきたのに、どうやら世間は全盲者を特別な存在と見ているらしい」と実感させられたのが、僕が社会を意識した最初の経験だったかもしれない。

冷静に振り返ってみると、見常者と同内容の試験を受け大学にパスしただけなのだから、ことさらに全盲者の苦労を美談調で紹介するのは、僕がこだわる共生と矛盾しているだろう。しかし、お調子者の僕は自分がマスコミに登場することで、多少なりとも障害者への理解が進展すればいいと都合よく解釈し、今日に至るまで各種メディアからの取材を楽しんでいる。

そもそも僕が大学に進学したのは、「好きな歴史を本格的に勉強してみたい」というのが動機だった。高校時代、日本史の授業で恩師が口にした一言は、いまなお僕が歴史研究に取り組むうえでの原点となっている。曰く、「障害者の歴史は今日まで体系的な研究がない。やはり障害を持った研究者が当事者の視点で埋もれている歴史を掘り起こしていくことが不可欠である」と。この発言に刺激されて、あらためて僕は日本史の教科書を読み返してみた。はたして教科書にはどれくらいの障害者が描かれているのだろうか。僕が発見できたのは『平家物語』を創造した琵琶法師と江戸時代の国学者・塙保己一だけで、いずれも断片的な記述だった。

現代でも障害者といわれる人は多数いるし、医学が未発達だった前近代社会には割合的にもっと多くの障害者が生きていたはずである。ところが、教科書には彼らの暮らしの様子がほとんど出てこない。それはなぜなのか。まず第一の理由として、障害者は自分で文字を書き残すことが難しかったため、関係史料が極端に少ないことがあげられる。また教科書の執筆者の大半が非障害者であり、日常生活において障害者と接する機会がないのも原因なのではなかろうか。かくして僕は「埋もれている歴史」の研究を志し大学の門をくぐった。

共生への疑問

障害者史研究とは共生社会を支える理論を構築するための実学であるというのが、日本史学科に進んだ僕の基本スタンスだった。当時、盲人史の先行研究としては加藤康昭『日本盲人社会史研究』(未來社、一九七四年)があった。本書は全国各地に残存する史料を集め、近世の視覚障害者の実態を包括的に分析した労作で、現在でも高く評価されている。視覚障害者が歴史を研究する際、古文書解読は大きなハードルとなる。日本史の専門課程に進学した僕は古文書演習で、まさに手も足も出ない苦境に追い込まれた。藁にもすがる気持ちで全盲研究者の大先輩でもある加藤康昭先生の自宅を訪ね、研究方法について助言を求めた。

加藤先生は、見常者の奥様と二人三脚で綿密な史料収集と現地調査を行ない大著を完成された。奥様の献身的な努力、ご夫婦のライフワークともなった長年の共同作業には敬意を表したい。その加藤先生は「君も早くいい奥さんを見つけなさい」と、半分冗談っぽく僕にアドバイスした。これは共生を模索してきた僕にとって衝撃的な言葉だった。全盲研究者は、一人では古文書を読むことができない。だから歴史研究をしようと思えば、半永久的に見常者のサポートが必須となる。けっきょく視覚障害とはマイナス(不利益・不自由)であり、それを抱え込んでしまった人間は弱者なのではなかろうか。「見常者と同じことができる」という僕のプライドは脆くも崩れ去った。

歴史研究の入り口で壁にぶつかっていた僕は、民俗学方面の著作を読みあさり、我流で聞き取り調査を実施するようになった。他人の話をじっくり「聴く」という点において視覚障害者にハンディはないし、「目が見えない」ことはユニークな特徴として僕を印象づける武器ともなる。好むと好まざるとにかかわらず覚えられやすく、よく話しかけられるというのは、調査を遂行するうえではプラスに働く。

フィールドワークを続けるなかで出会ったのが九州地方の地神盲僧(琵琶法師)であり、東北地方のイタコ（盲巫女）だった。琵琶法師は文字を媒介としない語り、すなわち声と音の世界で個性を発揮していた。『平家物語』は視覚を使わない彼らの語りが集大成された口承文芸である。イタコは目に見えない死者の霊と交流する口寄せを得意とし、村落共同体の多様な宗教的ニーズを充足させる職能者として活躍した。琵琶法師やイタコは見常者と「違う」立場の人間であることを自覚し、前近代社会にあって役割とやりがいを持って堂々と生きていた。彼らのバイタリティあふれる生業、および「目に見えないもの」を尊重する中・近世民衆のエートスは、見常者と同じであることを追い求めてきた僕に強烈なインパクトを与えた。

共生、つまり障害の有無に関係なく万人がともに生きることを目指すならば、どうしてもマイノリティである障害者はある種の頑張りを強いられることになる。時に共生とは多数派の論理となり、障害は克服すべきマイナスと一方的に決めつけられてしまう。そして、それを克服できない者は、共生社会から排除されるのである。障害の克服を金科玉条とする共生社会では、いつになっても障害者は「お母さん、生きててよかった」と美談の主役に祭り上げられるか、その逆で「君も早くいい奥さんを見つけなさい」と被支援者として自己規定せざるをえないだろう。

イタコや琵琶法師の生き方は目が見えないことをプラスに転じる発想、視覚を使えないのではなく、使わない強みから生まれる豊かな可能性を見事に示している。それは共生が内包する障害者への過大評価、あるいは過小評価を乗り越える「ともに活かす」柔軟な社会の姿ともいえよう。僕はこれまでの自身の拙い歴史研究を通じて、視覚障害者と見常者が互いの持ち味を活かしあうことの大切さ、共活の意義を強調してきた。共活とは障害／健常という関係にのみ当てはまるものではなく、多様性が重視される現代社会のさまざまな分野に応用できる概念だろう。

共活社会を拓く

僕は二〇〇一年から国立民族学博物館に勤務し、「さわる文化」をテーマとする各種イベントを開催している。障害者史の実証研究からはやや離れてしまったが、共活社会を築くための実践的研究を継続中である。卒業論文以来、僕はイタコや琵琶法師の活動に注目し、「視覚障害者文化」という語を用いて、「目が見えないからこそできること」を探究・宣揚する必要性を主張してきた。それは「障害」の名のもとで不当に貶められてきた人々の歴史、さらには現在を「文化」の観点から積極的にとらえなおすための戦略でもあった。しかし、最近ではこの視覚障害者文化という言葉をあまり使わなくなった。

障害者文化は障害を克服する共生の理論としては有効かもしれないが、異文化間コミュニケーションに力点をおく共活のキーコンセプトにはなりにくい。僕は「見常者（視覚に依拠した生活をする人）」「触常者（触覚に依拠した生活をする人）」という新しい呼称を提案し、両者の相互交流を促す展覧会やワークショップを企画している。世の中には触文化（さわって知る物のおもしろさ、さわらなければわからない事実）があり、その深さと広さを熟知しているのが触常者だといえるだろう。視覚優位の現代にあって、共活社会を開拓する責任を担うのが触常者であり、彼らへの期待は大きい。見常者・触常者の定義が流布すれば、従来の目が見える（肯定形＝優）、見えない（否定形＝劣）という固定観念は崩壊し、障害／健常の二分法も意味を失うに違いない。

最後に、触常者である僕が自分なりの研究と実践、大学入学後の約二〇年の試行錯誤を踏まえて書いた詩を引用し、本稿の結論としたい。

闇の反撃（*Touch Something Invisible*）

僕たちは闇の大切さを忘れてしまった
見えないものを見えるようにすること、闇を光によって駆逐することが
　文明化として賞賛されてきた
ある全盲の社会事業家は自己の失明体験を「光は闇より」の語で総括した
それは悲しみや辛さを突き抜けた人間こそが真の優しさ、力強さに
　到達できることを示した言葉だった
点字を考案したルイ・ブライユは二〇世紀、「光の使徒」として尊敬された
たしかに彼は、文明化から取り残され闇に閉じ込められた視覚障害者に
　大いなる希望を与えた

では、闇とは優しさや力強さ、あるいは希望の単なる源泉なのだろうか

僕たちは実際に目に見えるものより、もっと広くて深い世界があることを
　知っている
すべての見えるものは、この見えない世界から発していることを疑わない
そう、かつて琵琶法師やイタコは、視覚を使わない芸能と儀礼によって
見えない世界の豊かさ、鮮やかさを教えてくれた

闇で耳を澄ませば、広くて深い何かが見えてくる
全身で味わう闇のにおい、闇の手触り

さあ、闇の活力、闇から生まれる喜怒哀楽を取り戻せ

文明化とは何なのか
闇の意味を限定し、その可能性を否定したのは誰なのか
闇が光を駆逐する
Touch Something Invisible!
今、闇の反撃が始まる
静かに、そして大きなうねりとなって

（闇の仕掛け人　広瀬浩二郎）

第5章　社会階層と「精神薄弱者」

二〇世紀前半のイギリスを事例として

大谷　誠

一　「精神薄弱者問題」からの問いかけ

二〇世紀初頭のイギリス（イングランド）[1]では、一九〇八年に老齢年金法や一九一一年に国民保険法が成立するなど、国家は貧困やその他の社会問題への解決に大きく介入した。一九二〇・一九三〇年代の戦間期においても、国家の福祉活動は拡大した。そして第二次世界大戦後の一九四六年に国民保健サービス法、国民保険法、一九四八年に公的扶助法が相次いで成立し、政府は「福祉国家」を宣言した。いわゆる「ゆりかごから墓場まで」の手厚い社会保障を全市民に支給することが、国家のスローガンとなったのである（セイン　二〇〇〇、高田　二〇一二）。

ところが、現代社会福祉体制の揺籃期である一九一三年に、精神薄弱法が社会福祉に関する諸法に混じって成立していた。同法は国家による「精神薄弱者」（現在の日本では知的障害者、イギリスでは学習障害者と呼ばれている）のケアと管理の必要性を定めたものである。戦間期において、下層階級（労働者階級・貧困層）への市民権は拡充されはじめたが、精神薄弱法にもとづく政策のもとで、精神薄弱者のそれはきわめて制限されており、第二次世界大戦後の一九四〇年代後半になっても彼らを取り巻く生活環境が改善されることはなかった。二〇世紀前半における精神薄弱者の歴史的状況[2]について検討しているマシュー・トムソンによれば、同時代、精神薄弱者は施設などに隔離され、コミュニティにて管理されるなど市民権を獲得できなかったのである（Thomson 1998）。

しかし、トムソンの議論のなかで説明不十分なテーマが残っている。それは、上流・中流階級と下層階級[3]とでは精神薄弱者政策において異なる対応がとられていた、という点である。一九世紀半ばのイングランドでは精神薄弱者を含む精神障害者への対策が二層式であったことは、鈴木晃仁の詳細な研究がある（Suzuki 2005）。一八四五年に「狂気法[4]」が成立して以降、下層階級の精神障害者用の施設が建設されたことは、すでにアンドリュー・スカルなど、精神障害者史を考察する研究者のあいだでは自明のことであった（Scull 1993）。鈴木は、このような研究史を念頭に置きつつ、上流・中流階級の精神障害者の施設収容には下層階級の場合と異なる要因、つまり、家族の「自主性」が大きく働いたことを実証している。また、二〇世紀初頭から戦間期にかけても、精神薄弱者への処遇には、一九世紀半ばのケースと同じく、家族の「意思」が当事者の「未来」に大きく関わっていたことが証明されている（大谷二〇〇八）。トムソンは階級の差異にこそ着目していたが、下層階級の精神薄弱者に焦点を当て、上流・中流階級への言及をごく手短なものにしている（Thomson 1998: 216, 248）。

先に述べたように、近代イングランドでは精神薄弱者政策は二層式であったが、一部の医師は上流・中流階級への精神薄弱者の「公的管理」に多大な関心を寄せていた。この代表的人物が、本章で取り上げるアルフレッド・F・トレッドゴールド医師である。彼は二〇世紀前半の「精神薄弱者医療」の第一人者であり、「当部類対策」への国家介入を強く求めていた。トレッドゴールドは、公的機関（行政機関とそれに準じた機関）からから派遣された医師の診断を拒む上流・中流階級の家族や、当事者の施設での医学的治療・訓練・ケアを受け入れずに「素人」の監視にゆだねようとする当該階級の家族の「隠蔽工作」を世間に知らしめることで、社会階層が上位の精神薄弱者でさえも無視できない存在であることを訴えた。そこで本章では、公的機関と非常に関わりあいの深いトレッドゴールド医師と、私費診療施設・制度とつながりのある医師、または上流・中流階級の家族とのあいだの緊張関係を分析軸とし、二〇世紀前半における当該階級の精神薄弱者対策の特質を論じることにしたい。

二 「精神薄弱者政策」とトレッドゴールド医師

(1)二〇世紀初頭から戦間期における「精神薄弱者政策」

一九世紀半ばを過ぎて以降、精神薄弱者は社会や家庭において「重荷な存在」であるとの認識が、社会改良に関心を抱く上流・中流階級の人々のあいだで共有されはじめていた。下層階級の家庭における精神薄弱者は「貧困」を生み出す原因であるとの見方から、彼らのアサイラム（精神障害者施設）への強制的収容を強く求めたのである。その理由として、精神薄弱者の「隔離」を実施することで、救貧税など、社会保障対策にかかる負担を軽減する狙いが社会改良家にはあった。一九世紀半ばに設立された民間扶助団体の慈善組織協会は、その設立時から一八三四年成立の救貧法改正法の実践部隊であると自任して「貧困問題」の解決に関与しており、自活能力のある者のみを救済の対象としていた。同協会は、精神薄弱者は社会的自立が不可能な者であるととらえ、彼らの救済における国家の介入を要求していた（Jackson 2000: 24–5; Wright 2001: 181–4; 大谷 二〇〇八：二一八～二一〇）。

国家が精神薄弱者対策に本腰を入れたのは二〇世紀初頭の一九〇四年からである。右の慈善組織協会が中心となり、内務省管轄の「精神薄弱者のケアと管理に関する王立委員会」（Royal Commission on the Care and Control of the Feeble-Minded《以下 Royal Commission と略記》）が創設された。王立委員会のメンバー数は一一人であり、そのなかには、慈善組織協会書記のチャールズ・ステュアート・ロックや、後に述べる全国精神薄弱者福祉促進協会書記のエレン・ピンセントといった、「精神薄弱者対策」に従事してきた専門家が含まれていた。そして、同委員会は精神薄弱者医療・ケアの専門家と見なされている参考人を招集した。この参考人質疑は一年四カ月ほどの期間にわたり実施され、およそ一六〇人の専門家が現場での経験を踏まえた意見陳述を行なった（Royal Commission 1908a; Royal Commission 1908b）。各自の見解は、精神薄弱者の概念ひとつをとっても同一ではなくて百科争鳴であり、会議がまとまる気配はなかった（Thomson 1998: 23–33; 大谷 二〇〇三：二二五～三二〇）。

参考人質疑における以上のような「結末」を事前に察知していたのかどうかは不明だが、王立委員会は、医師を「実態」調査に当たらせて、イングランドにおける精神薄弱者の「悲惨な状況」を取りまとめることで、対策の緊急性を世間に訴えようとした。一九〇五年と一九〇六年に実施された地域調査は以下のとおりであった。まず、都市部では、ストーク・オン・トレント、バーミンガム、マンチェスター、フルであった。さらに、鉱山地域のダラムと農村地域のサマセットシア、ウィルトシア、ノッティンガムシア、リンカーンシアも調査対象になった。派遣された医師八人のなかで、(5)ウィリアム・A・ポッツ医師とトレッドゴールド医師のみが精神薄弱者医療医師であったように、サマセットシアを担当したトレッドゴールドの調査結果には一定の効果が期待されていた。そして、調査結果から、各地域の精神薄弱者の多数が施設に入所せずにコミュニティに放置されている「現状」が明るみにされたのである（Royal Commission 1908c）。

王立委員会は以上の成果を踏まえて一九〇八年に『報告書』を作成した。精神薄弱者が社会と家庭にとって「脅威」であるとの認識から、委員会は彼らの「発見」と施設収容を求めた（Royal Commission 1908d; Thomson 1998: 23–33; 大谷 二〇〇三：一二八〜九）。『報告書』の公開を受けて、その主旨を法律として実行しようとする動きが活発化した。まず動いたのが一九〇七年創立の優生学教育協会（後に優生学協会に改名）であった。トレッドゴールドやピンセントも参加した同協会は、科学にもとづく社会改良を目指して活動した。優生学教育協会は、精神薄弱者は国家衰退の元凶とみなし、公的機関による同部類の管理を求めて、一九一〇年に庶民院議員三〇〜四〇名と接触した（Simmons 1976: 396; Larson 1991: 49）。

つぎに、精神薄弱者ケア・管理の民間扶助団体であり、一八九五年創立の全国精神薄弱者福祉促進協会も、ハーバート・アスクィス自由党内閣首相ら政府首脳部と一九一〇年に面会した（Simmons 1976: 396）。精神薄弱者対策に従事していた医師・篤志家らによって設立された同協会は、精神薄弱者対策を実施している各地の慈善団体を配下にし、アサイラムやワークハウス監督者(6)とつながりをもっていた。

また、全国精神薄弱者福祉促進協会はこの分野において先に活動していた慈善組織協会との関係を強化しつつ、精神薄弱者対策の専門家としての地位を高めていった（大谷 二〇一〇：一五一〜四）。

全国精神薄弱者福祉促進協会は、社会からの精神薄弱者の保護と、精神薄弱者の引き起こす脅威から社会を守ることを求めて、法案の成立を議員に訴えた（Jackson 2000: 212–3）。同協会には優生学教育協会会員のトレッドゴールドやピンセントも含まれていたように（ibid.: 91; Larson 1991: 51）、二つの協会内でメンバーは重複しており、このことは両協会の活動方針に重なる部分が多かったことを示している。現に、二〇世紀初頭では、優生学教育協会と全国精神薄弱者福祉促進協会は協力しあって法案成立に向けてのロビー活動を行なっていた（Simmons 1976: 396; Larson 1991: 49; Jackson 2000: 213）。

以上の二つの協会による議員との折衝もあり、庶民院議員のなかで精神薄弱者対策の重要性が認識されるようになった。これを受けて、一九一二年から精神薄弱法案の審議が庶民院にて開催された。審議に参加した自由党議員ジョサイア・ウェッジウッドが、法案の中身作りは専門家の手にゆだねられており、素人の議員には理解できないものであると発言していたように（House of Commons 1912: 649）、法案の一部分の修正はあったにせよ、自由党、保守党、労働党議員から法案成立そのものに反対意見が出ることはほとんどなかった。したがって、圧倒的賛成多数（三五八対一五）により精神薄弱法は成立したのである（Thomson 1998: 38; Jackson 2000: 221–2）。

一九一三年に精神薄弱法の成立を受けて管理庁が設立された。一八四五年創設の狂気委員会を源流とするこの国家機関は、各地方行政機関にコロニーの開設と特殊学校・クラスの設置を求めるなど、精神薄弱者政策を実行した（Thomson 1998: 80）。また、狂気委員会は精神病者対策の医師・法律家などによって構成されていたが、管理庁には、精神薄弱者医療・ケアに関与してきた専門家が新たに参加し、ピンセントは委員に任命された（ibid.: 81）。「国家的緊急時」であった第一次世界大戦が終了すると、精神薄弱者政策は本格的にスタートした。一九二一年では、一万三三九四人の精神薄弱者が施設収容されたが（Board of Control 1921: 54）、一九二三年になると、その数は一万七一〇四人へと増加したのであった（Board of Control 1923: 61）。

一九二五年になると、管理庁は、全国における精神薄弱者数を把握する名目で一九〇五・一九〇六年以来の調査を実施し、ロンドン・カウンティ・カウンシル（ロンドン市議会）所属の医師エドマンド・O・ルイス[7]をその責任者に任命した（Thomson 1998: 208–9）。ルイスはロンドン郊外、北部都市（人口約一三万人で綿産業の町）、中部の炭鉱地域、東部の農村地域、南西部の田園地区の五カ所を重点的に調べ上げ、イングランドにおける精神薄弱者数を推計した。ロンドン郊外以外は、前回一九〇五・一九〇六年の調査と重複する場所が選定された。調査の結果、精神薄弱者数が一九〇五・一九〇六年のケースと比較して二倍（一〇〇〇人につき四人から一〇〇〇人につき八人）に達していることが判明した（Mental Deficiency Committee 1929, Part iv）。

ルイスからの報告を受けて、管理庁は一九二九年に『ウッド報告書』第一～四部（第四部にはルイス自身の報告内容が叙述されている）を公表した（Mental Deficiency Committee 1929, Part i, ii, iii, iv）。現に、行政機関によるコロニー開設や特殊学校の整備は精神薄弱法成立時の見込みどおりには進まなかった（Thomson 1998: 85–7）。『ウッド報告書』は、ルイスの報告結果を参考にしつつ、精神薄弱者がイギリスの「社会問題」「貧困問題」の原因であると論じ、彼らの施設収容のより徹底とコミュニティ・ケアの強化を訴えた（Mental Deficiency Committee 1929, Part iii: 38–9）。管理庁は、精神薄弱者ケア中央協会（一九一三年に全国精神薄弱者福祉促進協会から改名。一九二五年に精神福祉中央協会と名称をふたたび変更）と連携しながら、各地に暮らしている数多くの精神薄弱者を保護下に置くことに乗り出した（ibid.: 153–6; 大谷 二〇一〇：一五六～九）。精神薄弱者の施設収容者数は、一九三〇年に二万五二三四人（Board of Control 1930: 82）、一九三二年に三万三三五九人（Board of Control 1932: 75）と増加した一方で、コミュニティにおける法定監督教育下の精神薄弱者数は、一九三〇年では二万四七一〇人（Board of Control 1930: 61）、一九三二年では二万九七三五人（Board of Control 1932: 67）、と上昇した。

後に詳しく述べるが、同時期、優生学協会は劣等人種への不妊手術を実施して、国家の安定を図ろうと考えていた。そこで、同協会は精神薄弱者への手術を実施できる法律の制定を画策した（Thomson 1998: 181–6）。ところが管理庁は、一九三四年「ブロック委員会」において、施設とコミュニティでの精神薄弱者のケア・管理を徹底して行なうべしとの政策を推進することを決定して、優生学協会の申し出を退けた（Board of Control 1934《*Brock Report*》）。その後、優生学協会はその関心を精神薄弱者対策から「優秀な人種」の保護へと移していった（Thomson 1998: 186–7）。精神薄弱者政策は、精神薄弱者の公的管理を原則にしつつ実施され、一九五九年に精神保健法が成立するまで継続したのである。

(2)トレッドゴールドの経歴

ここでは、トレッドゴールドの医師としての活動経過について簡単に述べておきたい。彼は、一八七〇年にダービー（イングランド中部・ダービーシアの都市）にて建設現場監督者のジョゼフ・トレッドゴールドの息子として生誕した。その後、ダラム大学（一八三二年開設のイングランド北東部の公立大学）を卒業し、ロンドン病院（一七四〇年設立の篤志病院）にて研修を受けた。ダラム大学とロンドン病院では優れた学生・研修生だったので奨学金を獲得し、生物学、解剖学、生態学、病理学、医学にて成績優秀者となった。一八九九年に医師としての認定を受けると、ロンドン・カウンティ・カウンシル特別研究員として、精神薄弱者医療を研究した。そして、当該医療を専門にしつつ、障害児リトルトン・ホームなど、さまざまな病院、ホーム（小規模施設）に勤務した（Royal College of Physicians of London 1968: 422）。

一九〇四年から開催された「精神薄弱者のケアと管理に関する王立委員会」はトレッドゴールドを参考人として招致し（Royal Commission 1908a: 395–410）、一九〇五年に彼をサマセットシアの調査責任者に任命した（Royal Commission 1908c: 217–49）。一九〇八年になると、トレッドゴールドは『精神薄弱』を出版し、精神薄弱者医療の専門家としての地位を着実なものとした（Tredgold 1908）。

そしてトレッドゴールドは、一九一九年にダラム大学から医学博士号を授与され、一九二〇年に精神薄弱者ケア中央協会の副理事長に就任し、同年にはユニヴァーシティ・コレッジ病院内に精神薄弱者クリニックを開いた。その後、当病院にて精神薄弱者医療部長にまで昇格した。一九二九年には、以上の功績を認められ、医師としてもっとも名誉ある地位である王立内科医協会特別研究員に着任した。同時期、ロンドン・カウンティ・カウンシルのリサーチ・スカラーにもなった（Royal College of Physicians of London 1968: 423）。また、『ウッド報告書』作成メンバーとブロック委員会委員にも選ばれ、指導力を発揮した。

トレッドゴールドは一九三五年にユニヴァーシティ・コレッジ病院を退職した後、開業医として活動を続け、執筆活動も継続した。『精神薄弱』は七度の改訂を重ねるなど、彼の名声は一九五二年に死去するまで存続したのである（Royal College of Physicians of London 1968: 423）。

(3) トレッドゴールド・優生学・ケアと管理

トレッドゴールドの精神薄弱者対策に関する考えはどのようなものであったのか。それは「精神薄弱者問題」解決への有効な手段を「専門医療にもとづくケア・管理」に求めていたことである。一九〇九年の『優生学批評』のなかでの論稿「精神薄弱者——社会的危険」において、彼は「社会的落伍者」（犯罪者・売春婦・貧困者・ろくでなし）の多くが精神薄弱者から輩出されており、彼らの存在が国家衰退を招いているとの論を展開していた。トレッドゴールドは、精神薄弱者は社会にとって「役に立たない」ばかりか、彼らの扶養には莫大なお金がかかるので、「問題」解決に即座に取り組むべきだと主張していた（Tredgold 1909: 97–103）。このトレッドゴールドの訴えは、「精神薄弱者が社会問題の原因である」とした同時代の社会改良家の発言の流れを汲むものであった。

精神薄弱者の結婚を禁止する条項が精神薄弱法案には盛り込まれていた。自己管理能力の乏しい精神薄弱者は「親としての資質」に欠けるとの見方から、子どもを産む機会を彼らから奪う狙いがあった（House of Commons 1912: 710; Jackson 2000: 213）。一九世紀末から戦間期にかけての代表的な優生学者で統計学者のカール・ピアソンは、精神薄弱者を含む「不適応者」は多産な傾向にあり、社会にとって「不必要な人間を増殖させている」と指摘していた（ケヴルズ 一九九三：三七〜七四）。これに対してトレッドゴールドは、「精神薄弱者のケアと管理に関する王立委員会」の参考人質疑においてつぎのような所見を提示していた。「もちろん、理想は健康体と家族の扶養能力を示すことのできない人物の結婚を禁止することである。だが、そのような考えは現実的ではない。実際、私はこの方向の法律が可能であることに疑いがある」(Royal Commission 1908a: 401)。彼は、結婚禁止の法律施行を「当該病気の蔓延の防止」の一手段であると認識していたが、その効力には懐疑的であった。現に、一九一三年精神薄弱法案には精神薄弱者が子どもを産むべき機会を奪うことを求める条項が含まれたが、議員は条項を削除した。『精神薄弱』一九一四年度版のなかで、トレッドゴールドは議員の態度を「ヒステリックな感情の爆発」であると揶揄しつつも、精神薄弱者の結婚の禁止だけでは精神薄弱者問題の解決にはつながらないとの見通しをもっていた。精神薄弱の症状がまだ現われていないが、当症状の「保菌者」である者は数多く社会に存在し、彼ら全員を探し出して、法の管理下に置くことは現実的には不可能であると、彼は考えていた。トレッドゴールドは、早急なる各家の系統樹データを国家の支援によって集めなければならないと認識していたが、実際のところ、二〇世紀初頭において、情報収集は開始されなかったのである(Tredgold 1914: 458–60)。

そして、精神薄弱者処遇の有効策へのトレッドゴールドが出した答えは、専門施設での彼らのケアと管理の徹底だった。トレッドゴールドは、すでに述べた『優生学批評』の論稿の最後の箇所で、その理由をつぎのように述べていた。「これまで私は事態の暗い側のみを対処してきた。だが、明るい側があることを率直に認めなければならない。これらの人々の多くが的確に訓練されて、能力に適した仕事を与えられ、注意深く監視されたならば、実用的で、ある程度は儲けのある仕事にありつけることが可能なのだ」（Tredgold 1909: 103）。

王立委員会の一九〇八年『報告書』では新たな施設形態としてコロニーが推奨されていた。コロニーとは広大な敷地に農地や工作場を備えた寄宿型施設であり、精神薄弱の児童から大人までが共同で暮らしていた。彼らは、児童期から工作や農業の実技指導を受けて培った技能を生かすことによって敷地内で自給自足の生活を送っていた。コロニーがアサイラムやワークハウスなど旧来型施設と異なる点は、精神薄弱者が建物に押し込められることなく、広大な空間にて手作業にいそしめることであった（Royal Commission 1908d: 94; 大谷 二〇〇八：二二四〜五）。トレッドゴールドも、「コロニー生活は同時に精神薄弱者を社会のある種の区分から保護し、精神薄弱者から社会を保護するであろう」（Tredgold 1909: 104）と、同論稿において述べていた。彼は、コロニーが精神薄弱者同士で暮らせるだけでなく、自給自足の点で彼らの「維持費の削減」と、彼らの「略奪」と「繁殖の危険」を防止することが可能であると主張していた（ibid.: 104）。

このようなトレッドゴールドの「専門医療にもとづくケア・管理」への信頼は、第一次世界大戦期から戦間期にかけて、精神薄弱者政策が当事者の施設収容を中心とする方法から施設収容とコミュニティ・ケアとの併存法へと変容しても揺らぐことはなかった。まず、戦中には精神薄弱者政策への関心が他の重要事項の陰に隠れて、彼らのなかには「市民」として日常生活を営む者もいた。また、当時の精神薄弱者医療の権威のひとりであったジョージ・エドワード・シャトルワース医師(8)は、精神薄弱者の兵士としての適性を主張していた（*The Lancet*, 5 Aug. 1916: 234; Thomson 1999: 153）。シャトルワースは、精神薄弱児の教育の必要性を訴えており、特殊学校の設立に尽力した。また、教育への失望から施設への隔離主義が台頭した世紀転換期において、彼も「その流れ」に身を任せる一方で、訓練と社会生活の可能性を模索し続けた（Shuttleworth 1895）。これに対して、トレッドゴールドは、金銭を勝ち得ることで「欲望」の味を知り、収入不足のときには窃盗など犯罪へと向かわせる、と彼らの「脅威」を訴えて、「ケア・管理」の継続を訴えた（Tredgold 1917: 50; Thomson 1999: 156–7）。

戦間期になると、優生学協会は断種法を施行して、精神薄弱者の将来的「撲滅」を図ろうともくろんでいた。そもそも、二〇世紀初頭において、優生学者のあいだでも不妊手術は精神薄弱者対策のひとつの手段であると考えられたが、その効果を疑問視する声が主流であった。同手術を施しても、社会における精神薄弱者の蔓延を予防することにはつながらないとの見方が大勢であった。同協会の統計学者・生物学者であるロナルド・フィッシャーは、一九二四年発行の『優生学批評』において、不妊手術の結果、三世代後の精神薄弱者の総数を五〇パーセントに削減できると主張し、断種法施行の必要性を説いたが（Fisher 1924）、目立った反響を協会外にもたらすことはなかった。ところが、一九二〇年代、アメリカ合衆国諸州における断種法の施行、さらには、一九二九年の『ウッド報告書』における精神薄弱者数の「増加」の判明に勢いづき、優生学協会は精神薄弱者の不妊手術を実施できる法整備の着手を実施した。施設収容では数多い精神薄弱者を処理しきれないこと、さらには、不妊手術は施設不足の状況を打開する切り札であるとの確信から、同協会はキャンペーン運動を展開したのである（Thomson 1998: 181–6）。

トレッドゴールドは、精神薄弱者の不妊手術に関しては反対の立場をとった。手術を行なっても精神薄弱者を社会に野放しにすれば、彼らは、その「知的欠陥」ゆえに自己管理を怠り、社会にとって「危険な存在」のままである、と彼は考えていた。さらに、全精神薄弱者に、場合によっては、保菌者すべてに手術を実施することは現実的な手段ではないとの見方も有していた。つまり、優生学協会が主張するような精神薄弱者の数を手術によって減らすだけでは「精神薄弱者問題」解決にはならない、との主張であった。そこで、トレッドゴールドは（施設またはコミュニティにおける）精神薄弱者のケアと管理の必要性を訴えて、同協会が求める断種法制定の求めに対して不支持を表明した（Central Association for Mental Welfare 1926）。

なお、トレッドゴールドが要職を務める精神福祉中央協会も同法成立には反対であり、同協会議長のレスリー・スコットも彼に同調し、ケアと管理の有効性を訴えていた（*The Times*, 23 Feb. 1929; Thomson 1998: 193）。優生学協会は政府にロビー活動を展開することで、一九三四年には、断種法の意義について討論するブロック委員会が管理庁によって開催された。だが、同委員会は精神薄弱者の数を減らすための不妊手術の有効性を認めつつも、トレッドゴールドの主張を支持する声明を出したのである（Board of Control 1934）。

すなわち、トレッドゴールドは、精神薄弱という「病」への有効な方策は精神薄弱者のケアと管理であると考えていた。精神薄弱者の生殖機能の削除のみに焦点を合わせるのではなく、彼らの生活面すべてにおける監督教育を行なうことが、精神薄弱者対策において重視される必要があると考えていたのである。彼は、精神薄弱者の「誕生」を未然に防ぐことも重要であるが、まずは、地域に精神薄弱者を放置する結果、社会にただちに襲いかかる「危機」の予防を求めたのである。優生学を基準とした「現実的な対応」が、トレッドゴールドの意見には見受けられる。

それでは、トレッドゴールドの社会階層と精神薄弱者に対する見解はどうであったのか。二〇世紀初頭の王立委員会の参考人質疑では、精神薄弱者がどの階層から主に「誕生」していたのかが争点のひとつであった。トレッドゴールドは、「貧困層と同じほど富裕層にも数多く存在する」(Royal Commission 1908a: 404) と、上流・中流階級の精神薄弱者の存在を指摘した。これに対して、「盲児・聾児・障害児・癲癇児学校主任視学官」アルフレッド・アイヒホルツは、精神薄弱者の多くが都市の貧困層の出身であるとの見解を提出し、彼らの生活環境の改善を求めた (ibid.: 205–6)。

トレッドゴールドは、特定の環境と階層によらない「普遍的な」視野から「問題」の取り組みの必要性を訴えた。なぜなら、彼は、スラム地域における不十分な食事や不潔な外気が児童の脳の発達に悪影響をもたらすことがあっても、それが精神薄弱の主要な原因であるとは考えていなかったからである (Royal Commission 1908a: 396–7)。トレッドゴールドによれば、精神薄弱者が貧困なのは彼らのかかった「病気」に原因があり、非貧困の精神薄弱者が放置されれば必ずや貧困に陥るのであった。トレッドゴールドは、アイヒホルツの主張を「田舎と富裕層において精神薄弱者が存在することは彼の理論にとって致命的である」(ibid.: 404) と批判しており、地方のサマセットシアにて上流・中流階級の精神薄弱者を調査したのである。

王立委員会は一九〇八年『報告書』において、精神薄弱は貧者固有の「疾病」ではないと警告し (Royal Commission 1908d: 53)、アイヒホルツの主張を退けた (ibid.: 182–3)。同委員会は、精神薄弱という「病」にかかれば、階級の区別なく皆が治療を受けなければならないとの認識を示し (ibid.: 94)、上流・中流階級の精神薄弱者も下層階級と同じく注視すべき存在であると主張したトレッドゴールドの見解に、一定の理解を示した。

そして、トレッドゴールドが同時期にもっとも熱意を持ったことは、上流・中流階級の精神薄弱者にも下層階級と同じく「公的機関によって提供された専門医療にもとづくケア・管理」を実施することであった。だが、次節で明らかにするように、同じ治療を当該階級の「患者」に受けさせまいとする抵抗勢力が王立委員会内に存在したのである。

三　トレッドゴールドと上流・中流階級の精神薄弱者

(1)二〇世紀初頭におけるサマセットシア調査

トレッドゴールドは、イングランドにおける精神薄弱者の「実態」を調査するためにサマセットシアに派遣された。サマセットシアはイングランド南西部に位置し、農業が盛んな地域であった。当州の人口は二〇世紀初頭では約一五万人であり、一万人ほどの人口の都市を三つ抱え、ほかは一〇〇〇人ほどの各町が点在した。そして、トレッドゴールドがこのような農村部のサマセットシアにおいてもっとも注目した部類が上流・中流階級の精神薄弱者であった。「精神薄弱者のケアと管理に関する王立委員会」が依頼した八人の医師による九カ所の調査において、当該階級の精神薄弱者を取り上げたのはトレッドゴールドただ一人であった。ほかの調査官は誰ひとりとしてこの件に触れていなかった（Royal Commission 1908c）。このことからも、トレッドゴールドの調査結果の特異性が浮き彫りにされる。

二〇世紀初頭でも上流・中流階級の精神薄弱者の処遇において公的機関はまだ介入しておらず、施設などを使用するにあたっては当事者の家族の「自主性」に任されていた。当該階級向けの私立アサイラム（二人以上の患者を収容する施設）などに家族の一員を預けるか、もしくは自宅にて彼らを「介護」していた。一九〇四年から開かれた王立委員会の参考人質疑では、上流・中流階級の精神薄弱者への「公」による強制的なケア・管理を行なうべしとの意見と、従来どおりの家族の自主性に任せるべしとの見解とが提出されており、両者は対立していた（大谷 二〇〇八：一二二一〜四）。

トレッドゴールドが上流・中流階級の精神薄弱者への公的機関のケア・管理の必要性を感じるもっとも重要な理由は、当該家族が往々にして「精神薄弱者を抱えていることを隠すこと」であった。彼はサマセットシアにおける調査報告書のなかで、つぎのように述べていた。

……その数は多くなくて一一のみであるが、その実体は重大であり、さらなる照会を必要とする。痴愚[9]や障害のある近親者がいる人は、彼らを他人から見えないところに置きたいと願うことは不自然ではない。とくに、その人たちがけっこう裕福であり、守らなければならない社会的地位があるときには、そうである。そこで、たくさんの施設が以上の目的のために存在している。だが、何らかの理由で、彼ら〔富裕層〕のなかには、このような認可された施設を利用するよりも、自ら手配して、土田舎の農家や小屋に彼らの重荷を放出することを好むものもいる。設備が充分であり、必要な保護が確かであるのなら、そのような方法は害をともなわないかもしれない。しかし、それには非常に重大な難点がある。この部類のホームは世に知られていないので、公的な監察をまぬがれており、結果として、患者が的確にケアされているか、または、社会の治安が効果的に守られているかについての保証がない。(Royal Commission 1908c: 220)(引用文内における〔 〕は引用者の補足。以下同様)

右に記したように、上流・中流階級向けの私立施設は当時のイングランドには存在していた。ジョン・ラングドン＝ダウン医師によって設立されたノーマンズフィールド・アサイラム(10)のように、施設のなかには精神薄弱者医療の専門医が運営または勤務しているものもあった。だが、トレッドゴールドの指摘によれば、サマセットシアでは上流・中流階級の精神薄弱者は医師すら常駐していない「農家や小屋」に置かれていた。一九世紀には、患者一人が実家以外の「シングル・ハウス」にて収容されている場合もあり、このような状態に置かれている患者は「シングル狂人」と呼ばれていた(Mackenzie 1992: 99)。この場合、医師は患者の家族との「協力」のもとで当人をシングル・ハウスに移し、そこでは付添人が配置されていた。医師はシングル・ハウスと付添人を手配するうえでの費用を家族から受け取り、依頼人の給与は医師と当人と家族との協定のもとに決められていた。

私立アサイラムへの公的機関による管理監督は一七七四年狂気ハウス法の成立にて開始されはじめていたが(Mackenzie 1992: 9–11)、一八二八年狂気法ではシングル・ハウスへの公的機関(首都委員会。一八四五年に狂気委員会と改名)による管轄の必要性が定められ、当施設の運営を行なうにあたり委員会による認定が求められた。また、シングル・ハウスに狂人を収容した場合、医師は委員会宛にその件の届けを出さねばならなかった。ところが、法律制定後も公的機関によるシングル狂人への管理は進まず、一八五九年においても狂気委員会はどれだけ多くの患者がシングル・ハウスに収容されているのか把握できずにいた（ibid.: 106）。一九世紀半ば以降、「施設内での患者への虐待」が新聞紙上で明らかにされることで、シングル・ハウスへの風当たりが強くなり、やがて火の粉は私立アサイラムへと広がったが（ibid.: 107–14; 高林 二〇一一：六）、引用文から理解されるように世紀転換期でもこの趨勢は継続しており、無認可の施設が存続していたのである。そして特筆すべきは、そのような上流・中流階級の精神薄弱者への処遇が当該家族の「世間体」によって行なわれていたことである。「社会的地位」を守る目的で家族内の「重荷」を他人から見えないところへ隠そうとするためにシングル・ハウスを利用していたのである。

トレッドゴールドは、上流・中流階級の精神薄弱者の状態について一一の実例を提示している。順番に挙げると、①（良家の娘として生まれた二五歳女性）、②（父から遺産の一部を受け継いだ二七歳青年）、③（母から遺産を受け継いだ三三歳女性）、④（陸軍士官の四八歳息子）、⑤（富裕な家庭に生まれた五四歳男性）、⑥（事務弁護士を兄に持つ六〇歳男性）、⑦（二二歳男性）、⑧（富裕な家庭に生まれた三六歳男性）、⑨（富裕な近親者も持つ三五歳男性）、⑩（八七歳女性）、⑪（専門職男性の二五歳娘）の以上であった。④と⑪の二例は、牧師宅と田舎のホームにて「よく世話されている」とのことであり、⑦は叔父の家で、⑧はジェントルマンの邸宅にて問題なく暮らしていた。また、⑤と⑥は、公的な監察を受けていないにせよ、「地域では『アサイラム』として名のしれた農家」にて「適切」な処遇下にあったとされている。⑤は「りんごを集めたり、ナイフと靴を洗ったり、その場で雑役をして時間を過ごしていた」（Royal Commission 1908c: 229–30）。

だが、トレッドゴールドによって適格と判断された以上の六例（④〜⑧、⑪）とは別に、問題と認識されたケースが三例（①〜③）あった。この三例は六例に比べて多くの字数を費やして詳細に説明されており、トレッドゴールドが三例の件をとくに書きとめたかったと推察できる。

①も②も生まれは上流・中流階級であったが、自宅で暮らすことなく、また、アサイラムに入所させられることなく、労働者の「小屋」に預けられていた。トレッドゴールドは明記していないが、この「小屋」とはシングル・ハウスのことであり、その住人は当事者の家族から「介護費」を受け取っていたと思われる。そして、トレッドゴールドが問題視した点は、その不十分なケアと管理であった。①は散らかった不潔な家で生活していて、数人と同じ部屋で寝ており、その一方で、②の身体は不潔なうえに発疹に覆われており、みすぼらしい外見をしていた。②にいたっては、小屋の主は彼の管理を放棄していたらしく、当人は居酒屋兼宿屋に入り浸り、店のオーナーから迷惑がられていた。そのうえ、①の場合、ホスト家族はトレッドゴールドにケアと管理の実情を教えずに隠しており、公にさらすことを拒んでいた（Royal Commission 1908c: 229–30）。この例証を通じて、トレッドゴールドは、シングル・ハウスの施設設備としての不十分な側面を明らかにし、精神薄弱者への「不当な対応」を告発しようとしたのである。

③は自宅にて生活しており、自宅外にて収容されている①と②のケースと少し異なるが、家族が彼女を世間の目から隠すという行為がもっとも悪い面で出ている実例とされていた。つまり、精神薄弱の女性は自宅の二階に監禁されて外出することができずにいた。そして、トレッドゴールドが注目していた点として、ホームドクターがこの家には出入りしているにもかかわらず、長年にわたり彼女に面会して

いないばかりか、その存在を認識していないことであった。家族がその一員を外界の目から見えなくするばかりでなく、医師もまたその存在を見過ごしてしまっている実情が明るみに出されていた（Royal Commission 1908c: 230）。②と③において全国児童愛護協会が精神薄弱者を年齢ゆえに対処しないことについて批判されているが、このホームドクターもしかり、精神薄弱者医療の非専門家は上流・中流階級の問題には対応できないことが報告されていたのである。

王立委員会は一九〇八年『報告書』のなかで、上流・中流階級の精神薄弱者の施設収容について以下のような勧告と要望を提示した。「管理庁は、精神薄弱者が管理されている全施設または〔シングル・〕ハウスの登録、監督、視察を行なう」（Royal Commission 1908d: 329）。「精神薄弱者のケアと管理のためのすべての施設と〔シングル・〕ハウスは……管理庁により唯一ライセンスを付与される」（ibid.: 329）。「私立ホームからの届出は行政機関によって必要とされる。しかし、私費患者を除いて、届出は強制ではない」（ibid.: 115）。一九世紀半ば以降、公的機関による私立施設の管理監督への是非をめぐり狂気委員会や医師のあいだで対立が生じていた（Mackenzie 1992: 195–203; 高林 二〇一一：六～一〇）。一八九〇年に改正された狂気法では私立施設運営への行政介入が強化されるとの趣旨の文言が書きとめられ、同じ内容が精神薄弱者にも適用されるのかが争点であった（大谷 二〇〇八：二二一～四）。右の文言にあるように、私立ホーム（シングル・ハウスを含む）による精神薄弱者の所在を行政機関に届け出ることが義務化され、私立ホームの運営は管理庁の監督下に置かれることになった。

しかしながら、医師が公的な立場から上流・中流階級の家庭に介入することへの抵抗感が、私費患者を相手とする医師側にあった。前途したジョン・ラングドン＝ダウンの息子であり、ノーマンズフィールド・アサイラムの運営を引き継いだレジナルド・L・ラングドン＝ダウン医師は、上流・中流階級の精神薄弱者の場合、当事者の家族が自発的に環境の整ったケアと管理を提供しているので、「不必要な公表」を避けるべきであると主張していた（Royal Commission 1908a: 541）。また、大法官監察官であり、禁治産者と判断された富裕な精神薄弱者の監視を担当していたサー・ジェイムズ・クリクトン＝ブラウン医師[11]は、あらゆるケースを想定したすべての精神薄弱者の届出を出すことは医師に「面倒で不愉快な義務」を負わすことであると述べていた（ibid.: 342）。

　実際、上流・中流階級の精神薄弱者への処遇に従事してきた医師などの意見が盛り込まれるかたちで、一九〇八年『報告書』は、上流・中流階級の精神薄弱者の施設収容を行なううえで家族の自主性を重んじるべきであるとの見解を提出し、全階級への強制的な施設収容を期待した意見書を退けていた（大谷 二〇〇八：二二四～七）。このような情勢のもと、私費患者を相手にする医師は上流・中流階級の家庭への介入を「消極的」なものにとどめ、当該階級の家族に「抜け道」を用意しようとした。そして、上流・中流階級はその家族を隠す傾向にあり、自主的にアサイラムを利用せずに、シングル・ハウスを「秘密裏」に使用する可能性があるとするトレッドゴールドの見解は、『報告書』の内容に反映されなかったのである。

　その一方で、下層階級の精神薄弱者においては、トラブル回避の観点から、彼らを早期に「発見」するために各公立初等学校の学童に対して健康診断を実施することが一九〇七年教育法において法制化されていた（セイン 二〇〇〇：九一～二、大谷 二〇〇四：一三一）。また、王立委員会は一九〇八年『報告書』において、医官の要請があれば児童に医療検査を受けさせることは親の義務であり、その要請に従わない場合には五ポンドを超えない額の罰金刑を当の親に言い渡すべきである、と勧告していた（Royal Commission 1908d: 355）。だが、上流・中流階級の子弟が通学するパブリック・スクールには何ら施策を打ち出せないでいた。当時、全階級の精神薄弱者の強制的施設収容の必要性を訴えていた篤志家のメアリ・デンディ[12]でさえも、当該学校の児童の心身状態の把握に公的機関が介入することは困難であるとの見通しを述べていた（Royal Commission 1908a: 58; 大谷 二〇〇八：二三五）。

王立委員会による上流・中流階級の精神薄弱者への不十分な対策に、トレッドゴールドはただちに反応した。このことは、彼の著作である一九〇八年『精神薄弱』と一九一四年『精神薄弱』第二版における当該階級の精神薄弱者に関する叙述の違いに現われているといえよう。一九〇八年版では、富裕な農家出身の精神薄弱の四五歳の女性（ローズD）が、「自堕落な生活」からワークハウスに出入りするに至ったケースについて描写されていた。トレッドゴールドは、牧師の懸命な努力も彼女を「リスペクタブルな生活」へ導くことはできず、失敗に終わった、と締めくくった。ローズDの説明文は一二行で叙述されていた（Tredgold 1908: 292）。

ところが、一九一四年版では、右の例とは別に、カントリー・ジェントルマンの息子で、精神薄弱の青年（フランクC）についての説明がおよそ二頁にわたり加筆されていた。トレッドゴールドによると、彼は生まれながらにして精神的、身体的遅滞であり、八歳で私立学校に通うも進級できず、一二歳で精神病医の家に預けられ、その後、牧師の家、農家に引き取られ、再度、自宅に戻っていた。二四歳になった彼は自宅がある地所をぶらぶらと過ごしていたが、あるとき、女中のひとり（ファニー）に恋心を抱き、彼女の母と牧師宛に彼女との結婚を承諾してほしい旨の手紙を書いた。そして、その内容に驚いたフランクCの両親が彼をトレッドゴールドに引き合わせたのである（Tredgold 1914: 179–80）。以下、この青年について書かれた箇所の残りの部分を引用する。

両親は、ホームドクターの忠告でその青年を私に引き合わせた。彼は背が低いが、栄養状態がよく、赤ら顔の二四歳の男性であった。身体のバランスと歩行にぎこちなさがあるが、精神薄弱のいかなる様子も見受けられなかった。自由に快活に話をし、記憶と注意と観察力は平均であった。しかし、理性は虚弱であり、アイデアと表現力はきわめて幼稚であった。彼は、牛や馬の世話をしたり、家禽を見張ったり、ジャガイモを掘ったりなど、通常の農作業を行なうことはできるが、農場の管理や仕事の手配をする能力がないことは明白であった。私との会話にて、彼はファニーと結婚することにとくにこだわっているのではなくて、むしろ彼女のことが好きだと言った。いかに彼女を養うのかと尋ねると、彼女の父のような仕事、つまり彼の父の御者をしたいと思うと述べた。その仕事に就けたとしても、妻を持つには時間がかかると私が指摘すると、彼はすぐに同意した。そして、まだ結婚するつもりはないとの内容の手紙を彼女の両親と牧師に出しなさい、という私の提案を受け入れた。私は、カントリー・ジェントルマンとしての社会的地位にまで彼を教育する試みがこれまで取り組まれてきたことを悟った。だが、彼はこれを享受できず、父の地所にて農業労働者として暮らして働くことを好んでいた。私の提案で、彼は医師によって運営されている農場に送られて、そこで、今は幸せに満足して暮らしている。（ibid.: 180–1）

ここで注意すべきはトレッドゴールドの活躍ぶりである。トレッドゴールドはフランクCの生活能力をすぐに判断し、その青年にとっての「良き暮らしのあり方」を提案した。それは、フランクCの両親が求めていたカントリー・ジェントルマンではなく、その青年も望んでいた農業労働者に彼自身を従事させることであった。引用文の最後の箇所にあるように、彼は「医師によって運営されている農場」にて「今は幸せに満足して暮らしている」のであった。一九〇八年版では、牧師がローズDの更生に失敗し、一九一四年版では、精神病医と牧師がフランクCを「フランクにとっての適切な管理下」に置けなかった。そのようななか、当時、国家から「精神薄弱者医療専門家」としてのお墨付きを与えられていたトレッドゴールドが、その青年を「適した生活」へと導いたのであった。

一九一四年版に追加された実例では、上流・中流階級の精神薄弱者への処遇において公的機関の介入は不可欠であることが強調されていた。前記の「農場」とは、管理庁が推奨していたコロニーのことであろう。トレッドゴールドは、一九〇五～六年サマセットシア調査にて上流・中流階級の精神薄弱者ケアと管理における「問題性」を明るみに出したが、一九〇八年王立委員会『報告書』が示した当該階級への対応策は彼にとって不十分なものであった。そこで、委員会が下した結論に反発するかたちで、トレッドゴールドは一九一四年版に上流・中流階級の精神薄弱者の詳細なる描写を加筆したと思われる。

(2)戦間期における上流・中流階級の精神薄弱者

ここでは一九二〇・一九三〇年代における上流・中流階級の精神薄弱者への対策の諸相について言及する。右に記したように、二〇世紀初頭では私立学校での精神薄弱児を「発見」するという手段は実現困難であるとの見方が優勢であったが、この傾向は戦間期でも継続していた。一九二六年の精神福祉中央協会定例会議において、レスター（イングランド中部）教育委員会委員のエミリー・フォーティーは、「何ら訓練設備が整っていない私立学校にとてもたくさんの児童がいると考えることはもっともですが、レスターにおいて、町の私立学校すべてに協力を求め、そのような児童を受け入れてはならないという法律〔精神薄弱法〕の責任を当学校に求めることは困難です。また、両親の側でも精神薄弱とラベル化された学校に子どもを送ることに消極的であり、〔このような実態は〕非常に不本意なことです」と述べていた（Central Association for Mental Welfare 1926: 58）。レスターでは、学校と「世間体を気にする」家族との「共同謀議」によって行政による上流・中流階級の精神薄弱者のケア・管理が進まなかったことを、引用文からうかがい知ることができる。

このような状況はレスターだけではなく、イングランド各地で同時期に散見されていた。管理庁の依頼で一九二五年からイングランドにおける精神薄弱者の境遇を知ろうと試みたルイス医師は、私立学校の調査への非協力的な態度を『ウッド報告書』第四部のなかで述べていた。ルイスによれば、「学校長のなかにはわれわれの立ち入りを拒絶する者や、精神遅滞児の観察または見聞の便宜を与えてくれない者もいる」のであった。彼は、都市部よりも地方部、そして地方部に設立されたとくに規模の小さな私立学校のなかには、発見されるべき生徒がたくさん埋もれていると主張していた（Mental Deficiency Committee 1929, Part iv: 91–2）。

さらに、かりに上流・中流階級の家庭における精神薄弱者の存在が行政機関によって把握されていたとしても、家族がその所在を再度、世間から隠してしまうケースも戦間期には報告されていた。一九三二年の精神福祉中央協会定例会議において、同協会会員のアン・A・アンダーソンが、ミドルセックス（イングランド南東部）の事例のなかで、ある中流階級の家族が一一歳の精神薄弱児をなかば家のなかに閉じ込めている、と告発していた。彼女によれば、「母は若くて知的であるが、少年の状態と欠陥を強く意識しており、世間からその子を隠したがっていた。彼は両親にとって待ちに待った子どもであったが、精神薄弱児であることは両親にとって大変な失望であった。母はとても神経質であり、子どもを外に連れ出すことを決してせず、彼女は祝日にどこかに出かけることもなかった。彼はいつも赤ん坊のように扱われており、すべては彼のためになされていた」（Central Association for Mental Welfare 1932: 48）。アンダーソンは、施設を利用せずに家にて「無為」に暮らしている精神薄弱児が存在するミドルセックスの実情を明らかにしたのであった。実際、トレッドゴールドによると、管理庁がその実態を把握できずにいた未認可のシングル・ハウスは戦間期後半においてもいまだ存在していた（Tredgold 1937: 475）。上流・中流階級の「隠蔽工作」は、一九二〇・一九三〇年代においても継続していたのである。

しかし、上流・中流階級の精神薄弱者への処遇は不十分であるとの「現場」から発せられた議論が、管理庁によって大々的に取り上げられることはなかった。事実、管理庁の『年鑑報告書』（Board of Control 1913–39）のなかで、その件が議論の的になった形跡はほとんどない。また、ルイスの報告内容を基に管理庁によって作成された一九二九年『ウッド報告書』第一～第三部においても、当該階級の「問題行為」についての叙述は見当たらない（Mental Deficiency Committee 1929, Part i, ii, iii）。これにはつぎの理由が推測される。まず、戦間期における不況を背景に、国家が、下層階級の精神薄弱者を「失業問題」の温床であると見なし、上流・中流階級よりもその対策に取り組む必要があると考えたからである。また、一九一三年精神薄弱法の成立によって上流・中流階級への公的管理の制度形成は一段落したとの思いが、国家の側にはあったことも一因であろう（大谷 二〇〇八：一二三六～八）。

このような情勢下で、トレッドゴールドは、上流・中流階級家族の「隠蔽工作」への批判を戦間期においても継続した。だが、その一方で、彼の発言内容には変化も見受けられるようになった。当該階級家族の「啓発」の必要性が主張のなかに盛り込まれたのである。一九二二年『精神薄弱』第四版までは、精神薄弱児は施設に入れるまでは医師の監督下に置くべきであると強く主張されていた。「このような早期訓練は家庭にて必ず行なわれなければならない。環境が許すなら、それは訓練された家庭教師のもとで実施されねばならない。だが、可能でないなら、両親によって実行されねばならない。いずれにせよ、児童の精神のみならず身体の成長と安寧は主治医の監督にゆだねられるべきである」（Tredgold 1914: 408–9; 1920: 437; 1922: 475）。

ところが、一九二九年『精神薄弱』第五版からは、医師の監督下に置くべきであるとの文言の中味を修正するなど大幅な変更を行なっていた。

大多数の場合、早期訓練は家庭にて実施されるに違いない。環境が許すならば、特別に訓練された住み込みの家庭教師のサービスを確保することが望ましい。不可能な場合には、訓練は母親によって行なわれるに違いない……彼が障害児治療の経験を持つ医師の監督下に置かれるならば、精神的、身体的進歩にとって有益である……訓練された健康訪問員やソーシャル・ワーカーのスタッフを有する数多くの地域協会が国中にあり、彼らは早期における障害児の躾において母親に価値ある助言を与えることができる。また、実践方法の小冊子を読むことは母親にとって大いに有効である。ジョン・トムソン医師やマーガレット・マクドウォール著作のものは、この目的にとくにふさわしい。

(Tredgold 1929: 433–4)

一九二二年版では「主治医」と記されていたが、一九二九年版では「障害児治療の経験を持つ医師」と書き換えられているように、一九二九年版では専門医による監督の重要性がより強調されていた。上流・中流階級の精神薄弱者対策における当該医療の必要性を求めるトレッドゴールドの訴えは、戦間期においても収まるものではなかった。だが、注意しなければならない点は、その利用を述べる文言の強さがトーンダウンしたことである。一九二二年版では医師の「監督にゆだねられるべきである」と叙述されていたが、一九二九年版では医師の「監督下に置かれるならば……有効である」と変更されており、彼の主張はいく分、控えめなトーンに置き換えられていた。その一方で、一九二九年版では、ソーシャル・ワーカーの利用や家庭にて精神薄弱児を育てるうえでの「手引書」(Thomson 1923; Macdowall 1919) の活用を勧めるなど、家族の「自発的」な専門的医療の受け入れを促す内容が書き加えられたのである。

戦間期の精神薄弱者政策は、施設開設が当初の見込みどおりに進まなかったこと、さらに、精神薄弱者数の「増加」のために、施設収容を原則としつつ、コミュニティ・ケアの活用を開始した。その結果、政策の実行は精神福祉中央協会所属のソーシャル・ワーカーなどの取り組みに大きく依存せざるをえなくなった（Thomson 1998: 153–6; 大谷 二〇一〇：一五六～九）。同協会は、長年にわたり精神薄弱者対策に従事してきた経験を生かして、精神薄弱者医療についての知識を持つソーシャル・ワーカー、家庭教師などの養成を実施してきた。精神福祉中央協会は、行政機関から財政的支援を受けるかたちで、訓練者を育成し、各地の現場に派遣していたのである（Board of Control 1930: 91–3）。

このような事態のもと、精神福祉中央協会の指導者であったイーヴリン・フォックスは、社会階層の上位の精神薄弱者は家庭にて留まりながら、公的機関による医療サービスを受けるだけでよいのでは、との意見を提出していた（Fox 1930: 65–6）。アンダーソンは右の報告の後半箇所で、一一歳児童への在宅医療サービス実施による成果を知らせていた。彼女によると、「彼の手はまったく無能であり、彼はボタンを留めることも紐を結ぶこともできず、自分で清潔に食事を行なうこともできなかった」が、「彼は二週間にわたり先生から一時間のレッスンを受けた」結果、「ラフィアの鞄を作り、皿洗い布とポットカバーを織り、籐製の買い物バッグを制作できる」までになった。「今では母は息子を隠す代わりに彼の行ないを世間に見せることに誇りすら抱いている」と、アンダーソンは報告していた（Central Association for Mental Welfare 1932: 48）。

コミュニティ・ケアが実施されるなかで、公的機関による上流・中流階級の精神薄弱者対策は家族との「協力関係」なくしては実現できないとの認識が、「現場」レベルの医療従事者のあいだでは共有されていた（大谷 二〇一〇：一五九～六六）。そして、トレッドゴールドは精神福祉中央協会の重要な地位にあった。彼もまた、精神薄弱者医療を上流・中流階級にも拡大するためには、家族の「自発性」を信頼する取り組みへと転向せざるをえなかったのである。以上に示したトレッドゴールドの発言内容の修正は、一九二〇・一九三〇年代の精神薄弱者政策の大転換に連動したものであったといっても過言ではない。

四　公的管理への抵抗

一九〇〇年代のイングランドでは精神薄弱者問題への国家介入が始まり、一九一三年には精神薄弱法が制定された。下層階級の精神薄弱者対策が開始される一方で、上流・中流階級の精神薄弱者の処遇においては従来どおり当事者家族の自主的な対応が尊重された。上流・中流階級はその家族の一員を公的管理から「隠す」傾向にあることがトレッドゴールド医師から報告されたが、二〇世紀初頭の段階では当事者を私的領域から無理に引き出すことは見送られた。このような家族の隠す行動の真意は不明だが、トレッドゴールドに代表されるように、精神薄弱者対策の実践者のなかに「精神薄弱者は社会問題の元凶」であると考えていた者が含まれていたこと、そして、それにともなう精神薄弱者に付随するスティグマに対しての家族側の抵抗感があった、と推察される。精神薄弱者は自らを制御できないために「反社会的行動」を犯す傾向があるとのトレッドゴールドの見解は、精神薄弱者の新たな差別を助長したであろう。社会的地位の高い上流・中流階級であったからこそ、優生学にもとづく公的管理への拒否反応が彼らの隠す行動に出たと思われる。

戦間期においても、上流・中流階級の精神薄弱者は未認可施設に「隠された」ままであった。また、同時代の当該階級への精神薄弱者政策において世紀転換期との大きな違いはみられなかった。トレッドゴールドは、彼らへの対策の必要性を引き続き訴えつつも、その方法を「穏やかなもの」に変更した。彼は、当事者の処遇において家族との「協力関係」を築き、公的機関による医療サービスの利用について家族の自発的な意思にゆだねようとした。トレッドゴールドの発言内容の変化は、戦間期における精神薄弱者政策が、施設収容を中心とする方式から施設収容とコミュニティ・ケアとの併用方式に変更されたことに関連づけられる。

なお、戦間期になると、トレッドゴールドは、上流・中流階級における「軽度の精神薄弱児」は早期訓練しだいではコミュニティにおいて「幸福な生活」を送れるようになると考えていたように、「教育的効果への、ある程度の期待」を述べるようになった（Tredgold 1922: 407）。だが、彼のなかで「精神薄弱者の存在が社会にとって危険である」との認識が失われたのではない。トレッドゴールドは軽度の精神薄弱者でさえも常に家族を含む付添人の監督のもとでの生活を送ることを求めていたように（ibid.: 407）、彼らの地域での自由な暮らしを許したのではない。また、同時期の『精神薄弱』の各版（一九二〇、一九二二、一九二九、一九三七年）のなかで、精神薄弱の社会への「蔓延」を防止する有効な手立てとして、施設収容に代わるものを常に模索していた（Tredgold 1920: 497–501; 1922: 535–40; 1929: 499–512; 1937: 519–27）。さらに、一九四七年『精神薄弱』第七版では、「重度の精神薄弱者」の安楽死を「自発的に容認」するように上流・中流階級の家族に求めていた（Tredgold 1947: 491）。トレッドゴールドは、優生学的管理への信頼を常に抱きつつ、それを社会的上層の精神薄弱者においても適用したいと考え続けていたのであった。

最後に、今日のイギリスにおける精神薄弱者（知的障害者）への対応と本章の議論との関連性について一言ふれたい。通常、一九七一年・一九七五年に白書『精神障害者へのより良きサービス』が公表されることで、知的障害者政策の軸足が大きく変わったと理解されている。すでに戦間期以降、コミュニティ・ケア政策は実施されていたが、一九七〇年代になると、脱施設化の流れは決定事項となった。当事者は在宅で医療サービスを受けることになったのである（Walmsley 2006b: 79–82）。

さらに、一九九〇年に国民保健サービスおよびコミュニティ・ケア法の成立を受けて、知的障害者を「保護」する主体も大きく変わった。一九一三年の精神薄弱法、一九五九年の精神保健法において、常に国ならびに地方の公的機関が政策の中心的役割であった。その一方で、上流・中流階級相手の私費診療部門を含む私的領域は残存していたが、細々としたものにすぎなかった。ところが、一九九〇年法施行後、公的機関の役目は後退したのに対して、民間非営利団体、社会的企業、家族の務めが重要視されはじめた。とくに、サービスを受ける側である当事者と家族は能動的な政策への参加が求められることになった。社会的企業で構成された「擬似市場」が生まれる一方で、家族は「お気に入りの」サービス機関を選択することができるようになったのである（Walmsley 2006b: 84–5）。

「擬似的」であるとはいえ、家族が私費診療機関を主体的に選ぶ今日の知的障害者政策は、従来の上流・中流階級向けの対応策に類似しているといえよう。一九七〇年代以降の政策転換は知的障害者政策への予算カットが背景にあるとの指摘もあるが（Digby 1989: 93; Walmsley 2006a: 39–40）、一九四六年に設立された全国知的障害児親の会を前身とする、メンキャップによる当事者本位の支援を求めた運動の結果であるととらえることも可能であろう（Rolph 2006: 176）。だが、知的障害者への差別と偏見は継続していると感じる家族はいまだいる、との報告もある（ibid.: 185）。これは、たとえ制度的変革は進んだとしても、精神薄弱（知的障害）のスティグマは残存し続けていることの証であろう。二一世紀において知的障害者の家族による「隠蔽工作」が継続しているとの証拠の提示はできないが、家族の「不満」に満ちた感想から推し量るに、彼らを取り巻く心的環境が戦間期に比べて大いに改善したわけではない。現在のイギリスにおいて、知的障害者との「共生」が実現された段階にはいまだ達していないと思われる。

註記

（1）本章では、便宜上、イギリスとはイングランドを意味するものとする。

（2）一九九〇年代後半以降のイギリスでは、知的障害者史（精神薄弱者史）に関する優れた研究が矢継ぎ早に発表された。一九九六年に公表されたデイヴィッド・ライトとアン・ディグビーを編者とする、中世から現代までの諸事項を扱った論文集（Wright and Digby 1996）を皮切りに、二〇世紀前半の精神薄弱者政策の多面性を論じたマシュー・トムソンの単著（Thomson 1998）、世紀転換期に「軽度の精神薄弱者」が医療化されていく経過を考察したマーク・ジャクソンの単著（Jackson 2000）、一九世紀半ば過ぎのまだ優生学が世の中に吹き荒れていない状況下の精神薄弱者の施設収容を検討したデイヴィッド・ライトの単著（Wright 2001）など、研究書・論文は散見される。その他の障害を含む、「イギリスにおける障害の歴史」については本書巻末の文献紹介（イギリスの項）を参照せよ。

（3）二〇世紀初頭のイギリスにおける医療・福祉の文献では階級（階層）の表記が数多く見られる。The Upper Classes（上流階級）、the Aristocratic Classes（貴族階級）、the Middle Classes（中流階級）、the Lower Classes（下層階級）、the Pauper Classes（貧困階級）、などである。また Well-to-do（裕福な）や Gentleman（ジェントルマン）といった語句も散見される。当該文献でのこのような言葉の使用は、戦間期になると減少傾向になるが、存続した。本章では、医療・福祉の文献のなかで階級、とくに上流・中流階級が表記されている箇所に着目し、そこに叙述されている当該階級の精神薄弱者の状況について分析した。なお、本章の対象時期からやや遡るが、一九世紀の社会階層は（村岡 一九八〇：一一九〜一二六）において詳細に分析されている。

（4） 一九世紀半ば頃において、精神病者は「狂人」と呼ばれていた。また、知的障害者は「白痴者」や「痴愚者」と言われていた。なお、一八八六年に白痴者法が成立するまで、知的障害者を処遇する固有の法律は存在しなかった。

（5） ①ストーク・オン・トレント（ウィリアム・A・ポッツ《医学博士・王立外科医協会会員・バーミンガム・アフターケア委員会議長》）、②バーミンガム（ウィリアム・A・ポッツ）、③マンチャスター（チャールズ・H・メランド《医学博士・王立内科医協会会員・アンコーツ病院名誉医師》）、④フル（ジョージ・F・エリオット《医学博士・王立内科医協会特別研究員・フル王立診療所上級内科医》）、⑤ダラム（フィリップ・フランシス・ギルバート《王立外科医協会会員》）、⑥サマセットシア（アルフレッド・F・トレッドゴールド）、⑦ウィルトシア（ジェイムズ・ピアース《医学博士》）、⑧ノッティンガムシア（サミュエル・E・ジル《医学博士・王立内科医協会開業医資格者》）、⑨リンカーンシア（バーナード・ストレイチー《医学士》）。

（6） ワークハウスは精神薄弱者医療の専門的施設ではなかったが、二〇世紀初頭においても、数多くの精神薄弱者が同施設内に収容されていた。貧困者としてワークハウスに収容されていた者が一九世紀末以降、精神薄弱者と見なされるようになったことが、ワークハウス内での数多くの精神薄弱者の「発見」につながったのである（Jackson 2000: chap. 2）。

（7） エドマンド・O・ルイスは、公立のアベリストウィス大学にて自然科学を学び学士号を取得した。教師勤務の後、ケンブリッジ大学にて倫理学の学士号を手に入れた。そして、実験心理学を研究してケンブリッジ大学の実地教育担当教師に任命された。その後、王立外科医協会会員となった。教育心理学での研究成果が認められて、ロンドン・カウンティ・カウンシルの医官助手に採用された。晩年にはCBE勲章を授与された（*The Times*, 18 Aug. 1965）。

（8）ジョージ・エドワード・シャトルワースは、ロンドン大学キングス・コレッジ卒業後、ハイデルベルク大学にて医学博士号を取得した。また、王立外科医協会会員であった（*The Times*, 30 May 1928）。

（9）一九一三年成立の精神薄弱法によれば、精神薄弱者は知能の重い順から「白痴者」、「痴愚者」、「軽度の精神薄弱者」に分類されていた（Great Britain 1913: 1; 大谷 二〇〇八：註記（2）、一三八〜九）。

（10）デボラ・コーエンは、世紀転換期から二〇世紀半ばにかけて、ノーマンズフィールド・アサイラムに入所させられていた富裕層の精神薄弱者について検証している。コーエンは、筆者と同じく、富裕層は家族の一員が精神薄弱であることを世間から隠すために私立施設を利用した、と論じている（Cohen 2013: chap. 3）。また、オコナー・ワードはノーマンズフィールド・アサイラムを開設したジョン・ラングドン＝ダウンの生涯を書き記している（ワード 二〇〇六）。

（11）サー・ジェイムズ・クリクトン＝ブラウンはエディンバラ大学にて医学博士号取得した。その後、王立協会フェローや王立精神医療協会会長に着任した（Legg 1949: 106–7）。

（12）メアリ・デンディはマンチェスターにてサンドルブリッジ寄宿学校兼コロニーを二〇世紀初頭に開設し、精神薄弱の幼児から成人までの終生施設収容を実行した。さらに、精神薄弱法の施行後、管理庁委員に名を連ね、精神薄弱者政策の実施にかかわった（Jackson 2000: chap. 3; Thomson 1998: 83–4）。

引用・参考文献

Board of Control（1913–1939）*Annual Report of the Board of Control*, London: H.M.S.O.

——（1934）*Report of the Departmental Committee on Sterilisation*（*Brock Report*）, Cmnd. 4485, xv.

Central association for Mental Welfare（1926, 1932）*Report of a Conference on Mental Welfare*, London: Central Association for Mental Welfare.

Cohen, Deborah（2013）*Family Secrets: Living with the Shame from the Victorians to the Present Day*, New York: Viking.

Digby, Anne（1989）*British Welfare Policy: Workhouse to Workfare*, London: Faber.

Fisher, Ronald, A. (1924) 'The Elimination of Mental Defect', *Eugenics Review*, 16: 114–16.

Fox, Evelyn (1930) 'Community Schemes for the Social Control of Mental Defectives', *Mental Welfare*, Vol. xi, No. 3: 61–74.

Great Britain (1913) *Mental Deficiency Act*, London: H.M.S.O.

House of Commons (1912) *Parliamentary Debates, 5the series*, London: H.M.S.O.

Jackson, Mark (2000) *The Borderland of Imbecility: Medicines, Society and the Fabrication of the Feeble Mind in Late Victorian and Edwardian England*, Manchester: Manchester University Press.

The Lancet (1916) London.

Larson, Edward J. (1991) 'The Rhetoric of Eugenics: Expert Authority and the Mental Deficiency Bill', *The British Journal for the History of Science*, 24: 45–60.

Legg, L.G. Wickham, ed. (1949) *The Dictionary of National Biography: Founded in 1882 by George Smith, 1931–40*, Oxford: Oxford University Press.

Macdwall, Margaret (1919) *Simple Beginnings in the Training of Mentally Defective Children*, London: Local Government Press Company.

Mackenzie, Charlotte (1992) *Psychiatry for the Rich: a History of Tichehurst Private Asylum*, London: Routledge.

Mental Deficiency Committee (1929) *Report of the Mental Deficiency Committee: Being a Joint Committee of the Board of Education and Board of Control* (Part i, ii, iii, iv《*Wood Report*》), London: H.M.S.O.

Rolph, Sheena (2006) 'The Role and Perspectives of Families', in John Welshman and Jan Walmsley, eds., *Community Care in Perspective: Care, Control and Citizenship*, New York: Palgrave Macmillan, chap. 11.

Royal College of Physicians of London (1968) *Lives of the Fellows of the Royal College of Physicians of London: Continued to 1965* (*Munk's Roll*, Vol. 5), Oxford: IRL Press.

Royal Commission on the Care and Control of the Feeble-Minded (1908a) *Minutes of Evidence (Relating To England and Wales on the Original Reference) Taken Before the Royal Commission on the Care and Control of the Feeble-Minded with*

Appendices and Witnesses Index (Vol. i), London: Printed for H.M.S.O. by Wyman.

—— (1908b) *Minutes of Evidence (Relating To England and Wales on the Original Reference) Taken Before the Royal Commission on the Care and Control of the Feeble–Minded with Appendices and Witnesses Index* (Vol. ii), London: Printed for H.M.S.O. by Wyman.

—— (1908c) *Reports of the Medical Investigators with Memorandum Thereon* (Vol. vi), London: Printed for H.M.S.O. by Wyman.

—— (1908d) *Report of the Royal Commission on the Care and Control of the Feeble-Minded* (Vol. viii), London: Printed for H.M.S.O. by Wyman.

Scull, Andrew T. (1993) *The Most Solitary of Afflictions: Madness and Society in Britain, 1700–1900*, New Heaven, Conn.: Yale University Press.

Shuttleworth, George Edward (1895) *Mentally Deficient Children, their Treatment and Training*, London: H. K. Lewis.

Simmons, Harvey (1978) 'Explaining Social Policy: the English Mental Deficiency Act of 1913', *Journal of Social History*, 11: 387–403.

Suzuki, Akihito (2006) *Madness at Home: the Psychiatrist, the Patient & the Family in England, 1820–1860*, Barkley: University of California Press.

Thomson, John (1923) *Opening Doors: a Little Book for the Mothers of Babies who are Long in Learning to Behave like other Children of their Age*, Edinburgh: Oliver and Boyd.

Thomson, Mathew (1998) *The Problem of Mental Deficiency: Eugenics, Democracy, and Social Policy in Britain c. 1870–1959*, Oxford: Clarendon Press.

—— (1999) 'Status, Manpower and Mental Fitness: Mental Deficiency in the First World War', in R. Cooter, M. Harrison, and S. Sturdy, eds., *War, Medicine and Modernity*, Stroud: Stroud Press, pp. 149–66.

The Times (1928, 1929, 1965) London.

Tredgold, Alfred F.（1908）*Mental Deficiency（Amentia）*, London: Bailliere, Tindall and Cox.

——（1909）'The Feeble-minded - a Social Danger', *Eugenics Review*, 1: 97–104.

——（1914）*Mental Deficiency（Amentia）2th*, London: Bailliere, Tindall and Cox.

——（1917）'Degeneracy', *Quarterly Review*（July）: 50.

——（1920）*Mental Deficiency（Amentia）3th*, London: Bailliere, Tindall and Cox.

——（1922）*Mental Deficiency（Amentia）4th*, London: Bailliere, Tindall and Cox.

——（1929）*Mental Deficiency（Amentia）5th*, London: Bailliere, Tindall and Cox.

——（1937）*A Text-book of Mental Deficiency（Amentia）6th*, London: Bailliere, Tindall and Cox.

——（1947）*A Text-book of Mental Deficiency（Amentia）7th*, London: Bailliere, Tindall and Cox.

——（1952）*A Text-book of Mental Deficiency（Amentia）8th*, London: Bailliere, Tindall and Cox.

Walmsley, John（2006a）'Ideology, Ideas and Care in the Community, 1971–2001', in John Welshman and Jan Walmsley, eds., *Community Care in Perspective: Care, Control and Citizenship*, New York: Palgrave Macmillan, chap. 2.

——（2006b）'Organisations, Structures and Community Care, 1971–2001', in John Welshman and Jan Walmsley, eds., *Community Care in Perspective: Care, Control and Citizenship*, New York: Palgrave Macmillan, chap. 4.

Wright, David（2001）*Mental Disability in Victorian England: the Earlswood Asylum 1847–1914*, Oxford: Clarendon Press.

Wright, David, and Anne Digby, eds.（1996）*From Idiocy to Mental Deficiency: Historical Perspectives on People with Learning Disabilities*, London: Routledge.

大谷　誠（二〇〇三）「世紀転換期イギリスにおけるFeeble-mindedness（精神薄弱）について——一九〇八年王立委員会『報告書』の分析を通じて」『文化史学』五九号：二一七～三八頁。

——（二〇〇四）「戦間期イギリスにおける知的『境界線』——『鈍麻』（Dullness）及び『遅鈍』（Backwardness）概念の『構築』をめぐって」『文化史学』六〇号：一二五～四七頁。

——（二〇〇八）「世紀転換期イギリスにおける『精神薄弱者問題』——上流・中流階級と『公』的管理」川越修・鈴木晃仁編著『分別される生命——二〇世紀の医療戦略』法政大学出版局、第六章。

——（二〇一〇）「戦間期英国におけるコミュニティ・ケアとボランタリー団体——ソーシャル・ワーカー『精神薄弱者』、家族」『文化学年報』五九号：一四九〜七二頁。

ケヴルズ、ダニエル・J／西俣総平訳（一九九三）『優生学の名のもとに——「人類改良」の悪夢の百年』朝日新聞社(Daniel J. Kevles, *In the Name of Eugenics: Genetics and The Use of Human Heredity*, Berkley: University of California Press, 1986)。

セイン、パット／深澤和子・深澤敦監訳（二〇〇〇）『イギリス福祉国家の社会史——経済・社会・政治・文化的背景』ミネルヴァ書房（Pat Thane, *Foundations of the Welfare State 2nd ed.*, London: Longman, 1996)。

高田　実（二〇一二）「ゆりかごから墓場まで——イギリスの福祉社会一八七〇〜一九四二年」高田実・中野智世編著『福祉』ミネルヴァ書房、第二章。

高林陽展（二〇一一）「精神衛生思想の構築——二〇世紀初頭イングランドにおける早期治療言説と専門家利害」『史学雑誌』第一二〇編第四号：一〜三五頁。

村岡健次（一九八〇）『ヴィクトリア時代の政治と社会』ミネルヴァ書房。

ワード、オコナー／安藤忠監訳（二〇〇六）『ダウン症療育のパイオニア——ジョン・ラングドン・ダウンの生涯』あいりん出版（O. Corner Ward, *John Langdon Down, 1828–1896, a Caring Pioneer*, London: Royal Society of Medicine Press, 1998)。

第6章　社会事業と肢体不自由児

近代ドイツにおける「クリュッペル」保護事業

中野　智世

一　「クリュッペル」とは

本章が対象とするのは、一九世紀末から二〇世紀初頭のドイツで展開した肢体不自由児に対する保護救済事業である。肢体不自由者は、現代のドイツ語では Körperbehinderte（身体障害者）であるが、当時は Krüppel＝クリュッペルと呼ばれた。しかしこの「クリュッペル」という言葉は、単に身体上の障害のみを指す中立的な表現ではなかった。当時、「クリュッペル保護運動」に積極的にかかわった人々は、この言葉が内包するイメージについて、つぎのように記している。

「クリュッペル」という言葉で何を想像するかと尋ねたら……、誰もがつぎのように答えるだろう。クリュッペルとは憐れでみすぼらしい存在、施しをねだり、四肢の自由を奪われて通りにうずくまるもの、と。（Stein 1912: 214）

一般の人々が、「クリュッペル」……という言葉から無意識に思い浮かべるのは、つぎのようなぼんやりとしたイメージである。「寄る辺なく通りに座る忌まわしい醜い姿、手回しオルガン、市の見世物」等々。(Biesalski 1908: 13)

ドイツ語の「クリュッペル」とは、その語源を中世にまで遡ることができる民衆の言葉、俗語であり、社会の周縁に位置する「不具・奇形のもの」を漠然と指す言葉であった。(1) 中世キリスト教世界においては、「クリュッペル」はしばしば施しを乞う「乞食」の一員として描かれる。彼らは、受難を負った存在として憐れむべき慈善の対象であり、「乞食」を当然の生業として生きる人々であった。

啓蒙期を過ぎると、ここに見世物として、「娯楽の対象」としてのクリュッペル像が加わる。「宮廷での道化」や「縁日や市の日の見世物」として、自らの身体を、あるいは特別な「芸当」――たとえば、手をもたないものが足で字を書くなど――を披露するといった逸話は、小説にもしばしば登場する(Kirmsse 1909; Stein 1912: 215; Fandrey 1990: 74f.)。

このように「クリュッペル」は、単なる「肢体不自由」者ではなく、「貧しく寄る辺ないもの」、乞食や見世物を生業として生き、憐れみや侮蔑、恐怖、嫌悪、そして好奇を呼び起こす存在を意味する言葉であった。冒頭の引用が示すように、こうした伝統的なクリュッペル像は、二〇世紀初頭においてもなお根強かった。

これら「クリュッペル」は、他の障害者集団と比してながらく顧みられない存在であった。ドイツでは早くから制度化された公的救貧制度において、「精神病者(Geisteskranke)、白痴(Schwachsinnige)、癲癇患者（Epileptische）、盲・聾」に対しては自治体による救済が義務づけられていたが、クリュッペルはそこには含まれていなかった（Schloßmann 1920: 1）。移動や運動能力が制限される彼らは、社会的脅威とは見なされにくく、隔離が必要な感染性の病者でもなかった。また、「盲・聾唖」など他の身体障害に比して「不具奇形」の形態は多様であり、ひとつの包括的カテゴリーとしては認識されにくかったともいえる（Rüttimann 1980: 199）。いずれにせよ、彼らは、その他の「貧民」というカテゴリーのなかに埋没したままであった。

このような「クリュッペル」という存在が、特別な保護の対象として「発見」されるのは一九世紀末のことである。まずはじめに「クリュッペル」の救済に取り組んだのは、プロテスタントの聖職者と彼らの率いる社会事業組織であった。彼らはクリュッペルを社会の底辺で見捨てられた憐れむべき存在と見なし、キリスト教的訓育と自活のための職業訓練の場として「クリュッペルハイム」と称される施設を設立した。二〇世紀に入ると、新たに整形外科医がクリュッペル救済に参入してくる。外科から分離し、独自の専門医学としての地歩を確立しつつあった整形外科学は、「クリュッペル」を新たな患者集団として「発見」し、治療を中心とした保護事業を展開していった。

本章のねらいは、キリスト教慈善と近代医学という異なる世界観に依拠する二つの主体が、「クリュッペル保護（Krüppelfürsorge）」という一種の社会運動にどのように関わっていったのか、その過程とそれぞれの論理を明らかにすることにある。従来の研究においては、「クリュッペル保護事業」の主たる「功績者」は医師であって、聖職者のそれは単なる前史としてのみ扱われてきた。しかし、当時の保護事業を全体としてみてみると、医師の「功績」はその一部にすぎない。治癒可能なクリュッペルが

「整形外科患者」として治療の対象となる一方で、治癒ののぞめない「クリュッペルの子ども」に教育や職業訓練を施し、あるいは終生の施設保護を提供したのは、キリスト教系民間団体であった。本章では、従来看過されがちであったキリスト教慈善・社会事業が果たした役割に着目しながら、ドイツにおけるクリュッペル保護事業を分析する。宗教的世界観と科学的知見が混在する、当時の「クリュッペル保護事業」の性格を明らかにすること、そして、それぞれが前提とする当時の障害観を抽出することがねらいである。

主たる史料として用いるのは、プロテスタント系救済事業の専門誌である『クリュッペル救済年報』(*Jahrbuch der Krüppelfürsorge*, 以下『年報』と略記)と整形外科医のイニシアティブで創刊された『クリュッペル保護雑誌』(*Zeitschrift für Krüppelfürsorge*, 以下『保護雑誌』と略記)のほか、慈善・社会事業、医学関連の専門書や定期刊行物、法令集などである。分析時期は、一九世紀末から第一次世界大戦勃発前までとする。大戦中・後の時期は、大量の戦争障害者が生まれることにより、別の枠組みからの分析が必要となるためである。

肢体不自由児の救済・保護事業は、ドイツ本国においては医学史および教育史の双方から検討されてきたテーマである。なかでも、整形外科医と「クリュッペル保護」事業のかかわりを扱ったトーマンの研究はもっとも包括的であり、本章も多くを負っている(Thomann 1995)。教育史ではメルケンスやヴィルケン、エルガー゠リュットガルトの概観が有用であるが、肢体不自由児に対するいわゆる「特殊教育」が確立するのは本章で扱う時期以降のことなので、ここでは直接かかわらない(Merkens 1981; Wilken 1983; Ellger-Rüttgardt 2008)。また、キリスト教慈善としての側面については、医学史・教育史ともに「前史」として概観するのみで、トーマンの短い解説を除けば（Thomann 1998）、個別の実証研究は見あたらない。邦語文献についてみると、同時代の整形外科医で、日本における肢体不自由児療育事業の先駆者である高木憲次がいち早く紹介しているほか、障害教育史における若干の論考が存在するものの、それらはいずれも簡単な紹介にとどまっている（高木 一九二四、一九三四、一九三五、小川一九七四、障害児教育史 一九七四、柳本 一九七二、一九七五、一九八一、荒川 一九九〇、中村・荒川 二〇〇三）。

本論に入る前に、用語について注釈しておきたい。現代のドイツ語においてクリュッペル＝Krüppelとは、身体障害者、肢体不自由（児）者といった意味と並んで、「不具」、「奇形」、不恰好、さらには「間抜け」といった罵り言葉としても用いられる。前述のように、現在では、こうした蔑称であるKrüppelにかわってKörperbehinderteが用いられている。(2) 日本でも、伝統的には「奇形」、「不具」、「片輪」などの名称が用いられていたが、先述の高木がこれを蔑視的であるとして「肢体不自由」を提唱し、この呼称が現在も一般的に用いられている。本章においては、「クリュッペル」という概念自体が分析の対象となるため、文脈の理解に支障のない限りはそのまま原語のクリュッペルを用いる。また、引用文などにおいても、当時の語感を表わすような「不具児」といった歴史的表現を用いる。そうした言葉が用いられること自体が、当時の障害観を示すものと考えられるからである。

二　国内伝道会によるクリュッペル救済事業

(1)「クリュッペルハイム」のはじまり

「クリュッペルハイム」と称される施設がドイツ全土に広く設立されるようになるのは、一九世紀末から二〇世紀初頭のことである。もっとも、それ以前にも肢体不自由児を対象とした施設は少数ながら存在した。たとえば、一八二三年にはミュンヘンに肢体不自由児のための職業訓練施設が設立され、一八四五年にはシュトゥットガルトで治療施設が設立されている。職業訓練あるいは治療にその目的を特化しているものの、この二つの施設は後の「クリュッペルハイム」の先駆として位置づけられる（柳本一九七二、小川　一九七四、Thomann 1995: 25ff.）。しかし、これらはいずれも個別の試みにとどまった。一八九〇年代、「クリュッペルハイム」という救済モデルを提示し、同種の施設の設立ブームをもたらしたのは、「国内伝道会（Innere Mission）」の聖職者たちであった。

「国内伝道会」とは、一九世紀半ばに成立したプロテスタント系の社会事業組織である。ヨーロッパ中に革命の嵐が吹き荒れた一八四八年、これを「キリスト教的秩序と道徳の崩壊」と見なした牧師ヨハン・ハインリヒ・ヴィッヘルンが、一般信徒に対して社会事業への取り組みを呼びかけたのがそのはじまりであった。なお、国内伝道とは、アジアやアフリカなど非キリスト教圏への伝道である「国外伝道」に対して、キリスト教国内の伝道を意味する（Sachße/Tennstedt 1988: 152f.; Kaiser 2008）。

当初、青少年・児童の保護、教育にはじまった国内伝道会の活動は、その後、救貧、医療、教育・福祉領域全般にわたるさまざまな事業へと広がった（Röper/Jüllig 1998）。国内伝道会は、カトリックのカリタス連盟と並んで、キリスト教慈善・社会事業の最大の担い手となっていく。「クリュッペル救済」事業も、こうした流れのなかではじまった取り組みのひとつである。とはいえ、そのはじまりはなかば偶然であった。

ドイツで最初に「クリュッペルハイム」を設立したのは、ベルリン近郊ポツダムの牧師テオドール・ホッペである。一八八六年、彼が院長を務めるディアコニー施設(3)オバーリンハウス（Oberlinhaus）で、ベルリン市救貧局の委託により一一歳の肢体麻痺の男の子をひきとることになったのが最初のきっかけであった。

貧しい子どもたちのなかに少なからず肢体不自由児がいることは、救貧の現場ではよく知られていた。オバーリンハウスで従事するディアコニッセ（プロテスタントの社会事業で社会奉仕に従事する女性。中野 二〇一二 c参照）たちは、親も貧しさゆえに養育することができず、ほかの施設でも受け入れを断られた子どもたち、すなわち「手で物を持つこともつかむこともできず、立つことも歩くこともできない子」、「麻痺によって両足が曲がった子」、「生まれつき両腕のない子」、「盲で聾唖の子」らを、大都市ベルリンからここオバーリンハウスにつぎつぎと送り込んだ（Schäfer 1902: 9）。

こうした児童の数は、一八九二年末には三五人におよんだため、一八九四年、オバーリンハウス敷地内に新たに専用の建物が建設されることとなった。ブランデンブルク県やポツダム市からの助成、さらに市民からの寄付金、献金によって建てられたのが、「子どものクリュッペルの家（Kinderkrüppelhaus)」、すなわちドイツ最初のクリュッペルハイムであった。

このときホッペがモデルとしたのは、デンマークの牧師ハンス・クヌーゼンによる試みである。クヌーゼンは、一八七二年、医師やコペンハーゲンの市民らとともに「肢体不自由児保護協会」を設立し、治療と教育、職業訓練を組み合わせた療育施設の基礎を築いた人物である。彼の死後も施設は拡大し、一八九八年には学校と外来診療所、職業訓練施設、養護学校を備えた壮大な施設となっていた（Dalhoff 1900; Wilken 1983: 246f; 精神薄弱問題史研究会編 一九八八：九六～七）。ホッペはこのコペンハーゲンの施設を二度にわたって訪問・見学しており、オバーリンハウスのクリュッペルハイムもそれにならって、国民学校レベルの初等教育、就労と自活を目指した職業訓練、そして医師による治療やマッサージ、矯正体操、帯具製造者による包帯や杖、歩行器、補装具の製作提供などを行なうこととした。

このホッペのクリュッペルハイムは、通所施設としてはじまったコペンハーゲンのそれとは異なり、はじめから完全な入所型であった。というのも、先述のように、入所している児童の多くは公的救貧の受給対象となるような貧しい家庭の子どもであって、家庭での治療・教育はもちろん、扶養すら望みえない状況だったからである。一八九九年にオバーリンハウスのクリュッペルハイムに収容されていた九二人の肢体不自由児のうち、六七人はベルリン市の救貧局から送られた子どもで、彼らの入所費用は救貧費によって負担されていた。残りの子どもの場合も、その多くは他の自治体による救貧費、あるいは民間慈善協会や私人からの寄付金によって担われており、私費で入所した子どもはごくわずかであった（Thomann 1995: 51)。このように、その処遇は専門分化しつつも、「クリュッペル」の保護は、あくまで「救貧」の制度的な枠組みを利用しつつ行なわれていた。

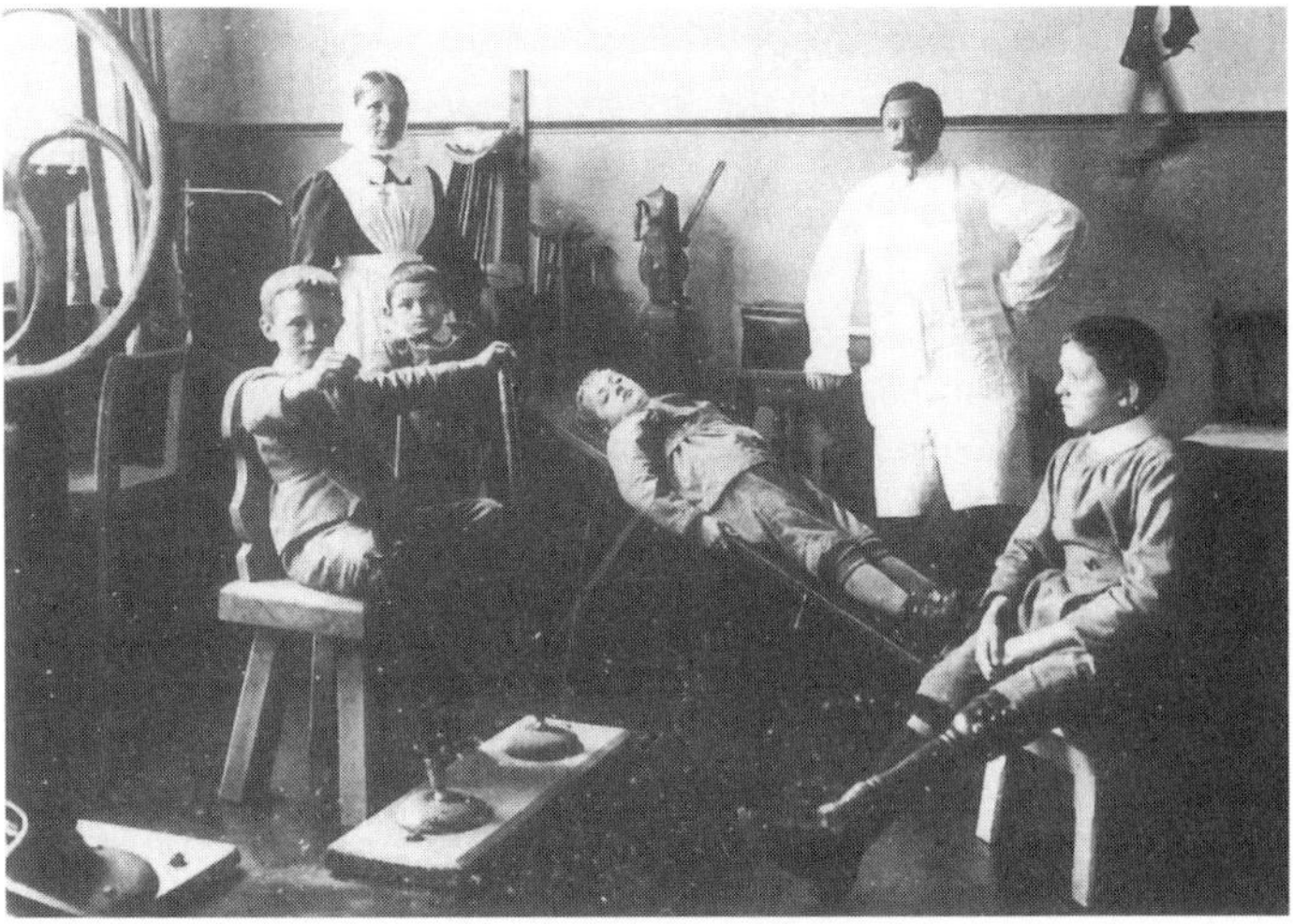

図版1　オバーリンハウスの整形外科治療室（出典：Thomann 1995: 52）

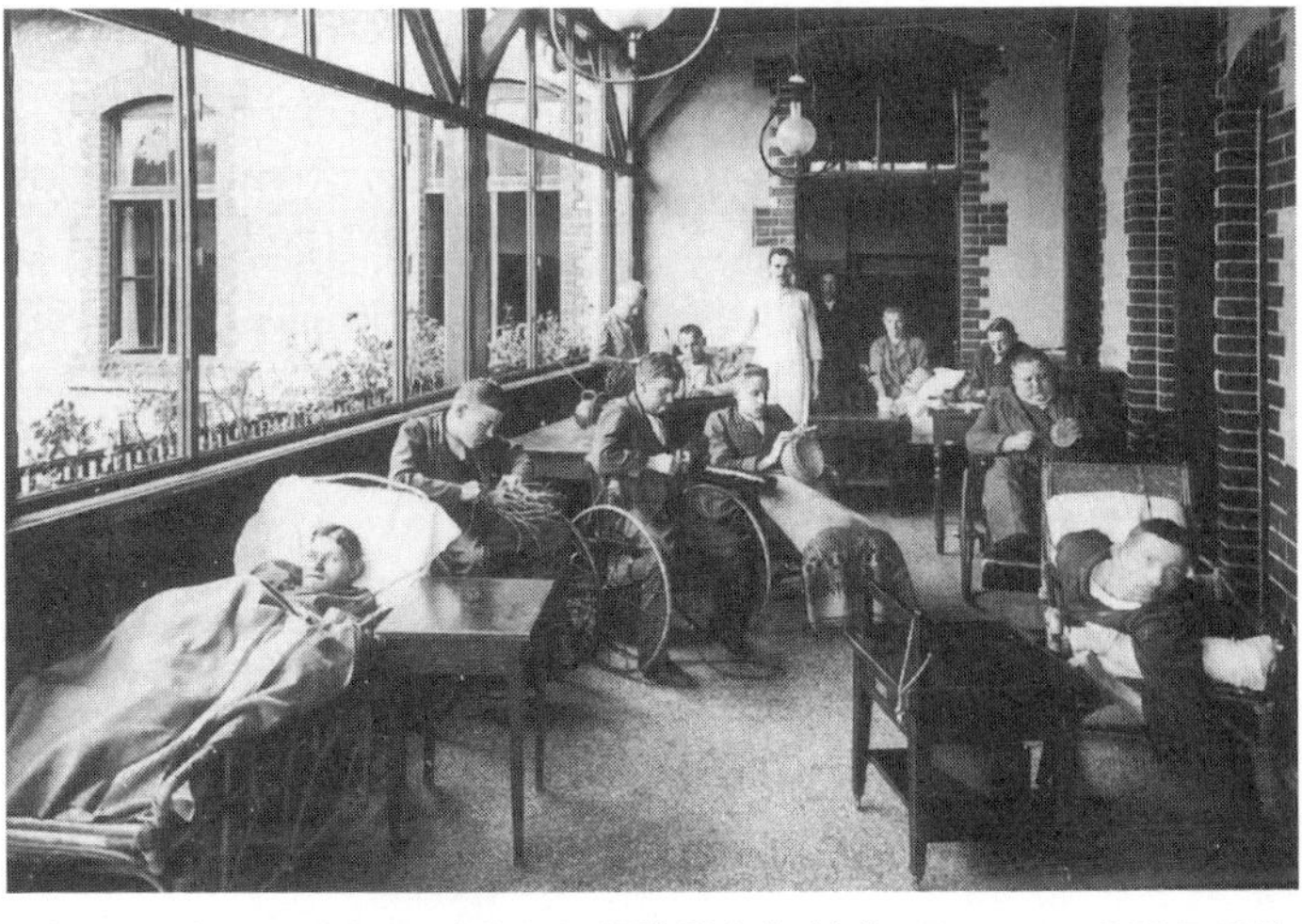

図版2　オバーリンハウスの身体および重複障害者（出典：Thomann 1995: 52）

最初のハイム建設から二年後の一八九六年、ホッペは「ベルリンおよびブランデンブルク県クリュッペル保護協会（Krüppelpflege-Verein für Berlin und die Provinz Brandenburg）」を設立し、以後、オバーリンハウスは協会に集った人々の支援を受けながら施設を拡大していく。最初の子どもを預かってから一〇年後の一九〇六年には、生後六週間から一六歳まで、常時二〇〇人近くの肢体不自由児を抱える規模となり、建物も四棟を数え、手術室のほか器械療法用の専用室、体操用のスペースも用意された。施設に従事する人々も五〇人を超え、多様な職種にわたった。幼い子どもの世話や子どもたちの養育全般を担ったディアコニッセのほか、整形外科的治療やリハビリを担う医師や看護婦、帯具製造者、体操教師、さらには、施設内の工房で職業訓練を担う仕立て職人、靴職人、ブラシ製造職人らである（Statistik 1907: 32f.; 1908: 37）。

このように、ホッペのはじめたクリュッペルハイムは、養育、治療、学科教育、職業訓練を兼ね備えた多機能施設としてしだいにその形を整えていった[4]（図版1、図版2参照）。

(2)クリュッペルの「道徳的救済」

ホッペや彼に賛同した人々は、なぜ、このような「クリュッペル」保護事業に取り組もうとしたのだろうか。先述の「ベルリンおよびブランデンブルク県クリュッペル保護協会」の規約第一条は、協会の設立目的をつぎのようにうたっている。

当協会は、身体的世話やキリスト教的訓育と授業、医療・整形・衛生的治療、適当な就労と職業訓練を提供することで、彼らクリュッペルが物乞いに転落して心身を堕落させないよう、まじめに働いて自活できるようにすること、あるいは、少なくともキリスト教道徳に沿った暮らしを営めるようにすることを、その使命とする(5)。

「クリュッペルが物乞いに転落」せず、「まじめに働き」、良きキリスト者として生きることとあるように、ここには、労働を尊び、物乞いを罪とするプロテスタント的な人間観と勤労の倫理がうかがえる。プロテスタントの世界観によれば、「無為」とは、「あらゆる悪徳のはじまり」であった。ここでの救済とは、「クリュッペル」を、その「強制された無為」という「不道徳」から「救いだす」ことにほかならなかった。たとえば、ハンブルクの牧師ハインリヒ・ヴィルヘルミィはつぎのように述べている。

〔今日の救済とは：引用者注〕ただの慰めではなく教育と性格陶冶、苦しみの緩和ではなく障害の克服、必要を単に満たしてやるのではなく、部分的にあるいは完全に自活できるような指導であるべきである。今日われわれが目指しているのは自立のための援助である。われわれは、施しより労働が好ましいものであり、労働のない慈悲は無慈悲であることを知っている。(Wilhelmi 1901: 18)

このようにして、ながらく社会的に放置されてきたクリュッペルに対しても勤労の倫理が説かれることとなった。しかし、ここで留意しておきたいのは、ここでいう勤労の倫理において経済的価値は二次的な問題であって、それはあくまでクリュッペル本人、あるいは社会の「道徳」のためであったということである。ヴィルヘルミィによれば、クリュッペルが生み出すものと、そのために必要とされた経費が見合うかどうかを考慮する必要はないという。なぜなら、「労働への教育と労働とは、クリュッペルの内面的価値と彼らのこの世での生を高める手段にすぎない」からである。「クリュッペル自身が自らの手で、何らかの役立つことを成し遂げたというただその事実、それだけでクリュッペルの属している国、地域、家族、そして人間社会の内的価値は高められる」のであった（Wilhelmi 1901: 22）。

労働の重視と並んでもうひとつ指摘しておきたい特徴は、「クリュッペル」とされた児童の「精神」に関するとらえ方である。当時の議論では、「クリュッペル」はその障害によって精神までもが「ゆがめられて」おり、身体的な「不具奇形」の克服以上に、精神の「救済」が必要であるとされていた。牧師テオドール・シェーファーは、子どもたちが、彼らの障害ゆえに経験しなければならなかった苦難によって精神がゆがめられてしまうとして、つぎのように述べる。

学校に行った不具の子どもは、初めの頃こそ珍しがられたり憐れみの目で見られるかもしれない。しかし、健康で元気活発、上機嫌で走り回ったり歓声を上げたりする子どもたちが、いつまでも慈悲深く援助の手をさしのべることは期待できない。やがて彼らは忘れ去られ、放っておかれ、しだいに学友たちのばか騒ぎや悪ふざけ、愚行や無思慮な行為に苦しむようになる。子どもたちのなかにあって、現実にも内面においても孤立してしまうのである。彼らが生涯頼らざるをえない憐れみや慈悲、慰め、援助、まさにこうしたものに彼らはあずかることができない。そのため、たいていの場合、早いうちから苦々しいものが心身の奥深くに根をおろしてしまう。

学校時代が終わると、彼らも稼ぎ、自活するために仕事を学ばなければならない。ここでは、それ以前にもまして大きな困難が立ちはだかる。毎日、何かしようとするたびに身体的障害は歴然となる。手間のかかる親切な配慮は、たいていの場合期待できない。職人の仕事場でも、商店でも、工場でも、五体満足の者だけを使っているからだ。(Schäfer 1900: 5)

こうして「愚かで粗野な人々の軽蔑や嘲笑に対していつも身を守らねばならなかったクリュッペルは、とげのある性格を隠そうともしなくなり」、「失望しやすく、神と人間をうらむ」ようになる、とシェーファーは論じる。クリュッペルの子どもは、「弱虫」で「甘やかされ」ており、「ひねくれ者」で、「気まぐれ」であるとされ、それゆえクリュッペルハイムでは、こうした子どもの「曲がった性格」を克服し、「真の敬虔さを植えつけること」、「神の与えた試練に耐える」よう導くことが教育的目標とされていた(Schäfer 1900: 4, 10)[6]。人工的な整形器具や義足がもたらすのは「外面的」な救済にすぎず、それよりもはるかに重要なのは、彼らの「精神的」救済であった。

プロテスタントの救済の論理においては、「道徳的」問題として労働が促され、さらには自らの負った「受難」を「神の試練」として「耐え」ることが求められた。クリュッペルハイムは、こうした世界観、人間観にそって教育と治療、職業訓練が組み合わされる、文字どおりキリスト教的な「救済施設」であったといえよう。

(3) 国内伝道会によるクリュッペル救済事業の組織化

オバーリンハウスのクリュッペルハイムは大きな注目を集め、その後、ドイツ各地の国内伝道会を中心に類似の施設がつぎつぎと設立されることになる。ホッペの施設設立からわずか七年後の一九〇一年には、オバーリンハウスを模範とした肢体不自由児施設は北ドイツを中心に二〇を数えるまでになった。無宗派の世俗的施設はごくわずかしかなく、カトリック系組織がこの分野に参入してくるのは一九〇四年のことなので、この頃のクリュッペル救済事業は国内伝道会の独壇場であった[7]（表6－1参照）。

こうした展開を後押ししたのが、国内伝道会による、クリュッペル問題初の専門誌『クリュッペル救済年報（*JdK*）』の発行と、この雑誌を舞台に展開された宣伝・啓蒙活動である。この『年報』は、ハンブルクの牧師シェーファーのイニシアティブによって創刊されたものであった。シェーファーは、以前から『月刊国内伝道（*Monatsschrift für Innere Mission*）』の編者としてもクリュッペル問題についての世論喚起に努めており、一八九八年には、自らハンブルク近郊のアルトナにクリュッペルハイムを設立して、その施設長となった（Hoffmann 1927: 101–31; Jenett 2001: 148–54）。そして、その翌年である一八九九年、『年報』を創刊し、以後、クリュッペル問題の第一人者として論陣を張ることとなる。

この『年報』は、クリュッペル問題に関する学問的議論の場であり、「クリュッペル救済運動」の広報機関でもあり、そして、実際の施設運営にかかわる実用的な情報が提供・交換される場でもあった。シェーファーをはじめとする牧師たちの論稿のほか、「クリュッペルの苦難」に取り組んだ先駆者の偉人伝、モデルとなる著名施設の紹介、また、「救済施設総覧」として、ドイツ国内の全肢体不自由児施設の規模や活動内容、運営・財政状況などが定期的に紹介された。さらに、ホッペが範としたデンマークをはじめとする諸外国の施設への訪問・調査も行なわれた。一九〇三年には北欧スカンディナヴィア諸国、一九〇五年にはパリ、一九〇八年にはイングランドの肢体不自由児施設や学校への訪問が行なわれ、その内容は、『年報』上で詳細に紹介されている（*JdK* 1904, 1906, 1909）。

後の展開において意義を持ったのは、邦・県レベルで行なわれた地域ごとのクリュッペル調査である。一八九九年のプロイセン邦シュレスヴィヒ＝ホルシュタイン県における調査を皮切りに、ヴュルテンベルク（一九〇〇年）、シュレージエン（一九〇一年）、ライン（一九〇二年）、ザクセン（一九〇三年）、ヴェストファーレン、ブラウンシュヴァイク、バイエルン（プロテスタントのみ、一九〇四年）と、順次ドイツ各地で地域別の調査が行なわれた。これらの調査は公的機関の協力を得て行なわれたもので、「クリュッペル」の種類、原因、治療の有無、就労、生活状況などが、地域、年齢、性別ごとに細かく調査され、その結果は『年報』上で発表された（*JdK* 1900ff.）。

一九〇一年には、施設運営者が集まった初の全国組織である「ドイツ・クリュッペル救済施設会議（Konferenz der deutschen Anstalten für Krüppelpflege）」（以下「施設会議」と略記）が設立された。二年ごとに開かれた総会では、施設運営だけでなく「クリュッペル救済」をめぐるさまざまなテーマについての議論が行なわれた。たとえば、クリュッペルハイムではどのような職業教育を提供すべきか、施設内での罰則はどのようにすべきか、教育上の観点からして望ましいハイムの規模、入所定員はどの程度かといった問題から、クリュッペルを特別な保護の対象とするよう救貧法の改正を求める陳情、民間の施設に対する公的助成を求める提言などもこの場で出されている（*JdK* 1901, 1903, 1905, 1907, 1909）。

国内伝道会は、このように、単に各地でクリュッペルハイムを設立しその運営に努めただけでなく、

州立クリュッペル施設「エリザベスハイム」（ロシュトック）	1899	E2)	治療，学科・技術教育	38
クリュッペルハイム・ディアスポラ（西プロイセン，ビショッフスヴェルダー）	1899	E	治療，学科・技術教育，保護	39
クリュッペルハイム・ベテスダ（マルクリッサ）	1900	E	治療，学科・技術教育，保護	31
ポンメルン・クリュッペルハイム「ベテスダ」（シュテッテイン，ツルヒョウ）	1900	E	治療，学科・技術教育	24
アンナ・ルイーゼ 施 設（シュヴァルツァタール，ブランケンブルク）	1901	E	保護（例外的に治療，補助授業）	23
キンダーハイム・ルイーゼンホーフ（ツェル近郊グレスゲン）	1902	E	治療，学科教育（技術教育，保護）	19
シュレージエン・クリュッペルハイム（ローテンブルク）	1903	E	治療，学科・技術教育	76
クリュッペルハイム（ツヴィッカウ＝マリエンタール）	1904	E	治療，学科・技術教育	102
ヨハンナ・ヘレネン・ハイム（ヴェストファーレン，フォルマルシュタイン）	1904	E	治療，学科・技術教育，保護	80
ヨーゼフ・クリュッペルハイム（ヴェストファーレン，ビッゲ）	1904	K	治療，技術教育	108
マリーエン施設：訓育可能なクリュッペルのための療育・保護施設（アルンシュタット）	1905	E	治療，学科・技術教育，保護	53
ヴィンツェンツ・クリュッペルハイム（アーヘン＝ブルトシャイト）	1905	K	治療，学科教育	58
ベルリン・ブランデンブルク・クリュッペル治療教育院（ベルリン）	1906	無	治療，学科・技術教育，保護	103
マリーエン・クリュッペルハイム（ヴェストファーレン，ビッゲ）	1907	K	治療，技術教育	17
クリュッペルハイム（ブラウンシュヴァイク）	1908	無	治療	10
司教座クリュッペルハイム「ゲオルグ」（オーバーシュレージエン，ボイテン）	1908	K	治療，学科・技術教育，保護	28
クリュッペル徒弟ハイム・アンナ施設・ヴィルヘルム・アウグステ・ヴィクトリア基金（ハノーファー＝クレーフェルト）	1908	E	学科・技術教育，	32

E（プロテスタント），K（カトリック），無（無宗派，世俗の施設）

註：1）保護とは，治療・教育不能な「クリュッペル廃人（Krüppelsieche）」のための保護部門を意味する。

2）1907年の統計では，無宗派とされている。いつ変更されたのかは不明。

出典：‚Statistik der Krüppelfürsorge im Deutschen Reich im November 1908‘, in *Jahrbuch der Krüppelfürsorge*, 9. Jg., 1908, S. 34–49より著者作成。

表6－1　ドイツにおける肢体不自由児のための施設（1908年11月）

施設名（地名）	設立年	宗派	事業内容（1908年時点）	定員
（バイエルン）王立肢体不自由児教育施設（ミュンヘン）	1832	無	治療，学科・技術教育	88
グスタフ・ヴェルナー財団男子教育院（ロイトリンゲン）	1840	E	学科・技術教育	30
A. H. ヴェルナー児童治療院（ルートヴィヒスブルク） マリア・マルタ女子療育院 ヴィルヘルム男子療育院 シャルロッテン療育院	1841 1879 1892 1906	E	治療，学科・技術教育	172
パウリーネ貧民整形外科治療院（シュトゥットガルト）	1845	無	治療，学科教育	84
人工義肢協会（シュトゥットガルト）	1868	無	治療	－
ベテスダ養老施設児童院（ドレスデン近郊ニーダーレスニッツ）	1882	E	治療，学科・技術教育，保護1)	62
クリュッペルハイム・オバーリンハウス（ポツダム近郊ノヴァヴェス）	1886	E	治療，学科・技術教育，保護	204
サマリア協会（シュトゥットガルト）	1886	E	技術教育，保護	110
ヒュッファー財団整形外科治療院（ミュンスター）	1889	K	治療	127
プファイファー財団（クラカウ＝マグデブルク）	1889	E	治療，学科・技術教育，保護	231
精神薄弱・癲癇のためのベタニア院，精神薄弱のクリュッペル分院（シュプレー，フュルステンヴァルト近郊ケッチェンドルフ）	1892	E	学科・技術教育，保護	30
不具者のための西部ドイツ治療・作業場・ホーム「ベテスダ」（クロイツナッハ）	1893	E	治療，学科・技術教育，保護	94
ヘプハタ院，精神薄弱および不具児童の教育・保護施設（カッセル近郊トレイザ）	1893	E	治療，学科・技術教育，保護	60
（ザクセン王立）クリュッペルハイム・王妃カローラ基金（ドレスデン）	1896	E	治療，学科・技術教育，保護	38
クリュッペルハイム（東プロイセン，アンガーブルク）	1897	E	治療，学科・技術教育，保護	350
クリュッペル保護施設「アンナ院」（ハノーファー・クレーフェルト）	1897	E	治療，学科・技術教育，保護	72
クリュッペルハイム「アルテン・アイヒェン」（アルトナ）	1898	E	治療，学科・技術教育，保護	104
男児用クリュッペルハイム（ポンメルン，ルンメルスブルク）	1899	E	治療，学科・技術教育，保護	25

全国的な運動の組織化や調査、提言など、「クリュッペル問題」への取り組みを深化させていくうえで積極的な役割を果たした。

⑷宣伝・啓蒙活動におけるクリュッペル像

国内伝道会の『年報』は、クリュッペル救済事業に関する啓蒙、宣伝の場でもあった。こうした活動は、各ハイムの運営においても必要不可欠なことであった。というのも、たいていのハイムの財政はもっぱら支援団体の集める協会費、寄付金、献金などによっており、自治体救貧局がクリュッペル児童の入所費を負担するケースは例外だったからである。さまざまな救済施設がひしめくなかで、クリュッペルハイムへの献金や寄付金を途絶えさせないためには、クリュッペルそのものに対する関心を高め、世論を絶えず喚起する必要があった。

ここで留意しておきたいのは、こうした宣伝活動のなかで描かれるクリュッペル像である。『年報』では、主に編集発行者であるシェーファーの筆によって、さまざまな「クリュッペルの子どもたち」の逸話が紹介されているが、それらは、「憐れみ」や「怖れ」、「脅威」、「好奇」といった伝統的なクリュッペル・イメージをあえてそのままなぞるものであった。

たとえば、「背骨が折れて下半身の麻痺した九歳の男の子」、「鼻がなく一つ目で生まれてきた一二歳の女の子」、「水頭症で全身マヒの八歳の男の子」といった「憐れなクリュッペルの子どもたち」の悲惨な運命が、涙をそそる口調で語られる一方で、乞食に身を落とし犯罪に手を染めることとなった「悪いクリュッペル」の物語も紹介される。

また、クリュッペルへの支援の成果を示す「サクセス・ストーリー」もお決まりのテーマであった。小児麻痺で口をきくこともできなかった子が、ハイムでの治療や訓練の結果、杖で立ち、車いすで動けるようになり、簡単な作業もできるまでになったという逸話（Schäfer 1900: 6ff.）、そして、「苦難を克服した」「偉大なクリュッペル」の物語もシリーズで連載されている。たとえば、生まれつき両腕のない体で生まれたにもかかわらず、両足で巧みに字や絵を描いた一六世紀の「驚異の人」（Wilhelmi 1902）、麻痺で動かない両手両足のかわりに舌と唇で芸術的な刺繍やレース、アクセサリーを作り上げた「舌の女性芸術家」（Wilhelmi 1906）、あるいはヘレン・ケラーの物語などである（Wilhelmi 1905）。こうして宣伝されたクリュッペル像が、保護事業にかかわる人々、あるいはその支援者のあいだに一定のイメージを植えつけたことは想像に難くない。

そして、実は「クリュッペル」という名称もまた、こうした「宣伝効果」をねらってあえて用いられたものであった。冒頭でも述べたように、「クリュッペル」という言葉は蔑称であり、一般には忌避される言葉であった。たとえば、国内伝道会以前に肢体不自由児の救済を試みた先駆的施設は、「クリュッペル」という言葉は用いずに、「マリア・マルタ院」、「ベテスダ児童院」、「サマリアの家」などの施設名を掲げている。しかし、国内伝道会のシェーファーは、こうした「耳に心地良い」名称には、「多くの人々に訴えかける力、即座の行動を促すような宣伝効果をもつ明確な言葉が欠けている」とする（Schäfer 1901a: 3）。シェーファーは、「クリュッペルハイム」という「誤解の余地のない」名称こそが、「苦難にある人々、そして彼らに手を差し伸べようとする人々」の双方の注意を同時にひきつける「宣伝効果をもつ言葉」であって、中立的なほかの言葉でそれを代替することはできない、とした（Die zweite Konferenz 1903: 24)。『クリュッペル救済年報』という雑誌のタイトルも、こうした確信にもとづいて選ばれたものであった（Schäfer 1901b: 54)。

施設名に「クリュッペル」を掲げるかどうかをめぐっては、当初国内伝道会のなかでも異論があった。しかし、オバーリンハウス以後に設立された施設の多くは、「クリュッペルハイム」と名乗った（前掲、表6－1参照)。以後、「クリュッペルハイム」とは、クリュッペル救済事業およびそのコンセプトを象徴するキーワードとなっていく。

三　整形外科医によるクリュッペル保護事業

(1)整形外科医によるクリュッペルの「発見」

二〇世紀初頭、国内伝道会のクリュッペル救済事業がはじまってから二〇年が過ぎる頃、新たな「救済主体」として登場してきたのが整形外科医である。当時の整形外科医学は、一八九五年のエックス線の発明によって治療や診断技術を飛躍的に向上させ、外科医学から分離した独自の専門領域として確立途上にあった。整形外科学の学会誌に「クリュッペル」という言葉が初めて登場するのは一八九四年、その「救済事業」についてのまとまった紹介は一八九九年のことである。そこでは、ニュルンベルクの整形外科医レオンハルト・ローゼンフェルトが、国内伝道会の「クリュッペルハイム」の事業を紹介しながら、「クリュッペル」が整形外科医にとって新たな課題となりうることを示唆している。しかし、著名な整形外科医であったローゼンフェルトの呼びかけにもかかわらず、当初、こうした提言はほとんど顧みられなかった。実際にクリュッペルハイムでの治療にかかわる医師もいたが、それは全体からみればごくわずかにとどまっていた（Thomann 1995: 105ff.）。

こうした学界全体の風向きに変化が訪れるのは一九〇六年のことである。この年、ドイツ全土を対象とした初の「全国クリュッペル調査」が行なわれた。この調査は、当時はまだ「若く、無名の」整形外科医コンラート・ビエザルスキのイニシアティブによって行なわれたものであった（Osten 2004: 24ff.）。ビエザルスキは、無給の学校医としてベルリンの慈善事業に携わった折に、貧しい肢体不自由児の惨状を知るようになったという。当時の肢体不自由児のなかには、結核や「くる病」による奇形など、栄養状態や居住環境の劣悪さといった社会的要因、すなわち貧困をその背景にもつ子が少なくなかった。そしてもちろん、そうした子どもの多くは治療を受けることもできなかった。ビエザルスキは、こうした貧しい肢体不自由児の問題を、医学が取り組むべき「社会的課題」と見なした。二〇世紀初頭は、乳児死亡や結核、性病撲滅などに多くの医師が取り組んだが、彼もまた、こうした「社会衛生学（Sozialhygiene）」[8]の影響を受けた社会派の医師のひとりであったといえる。

「クリュッペル問題」についての世論を喚起し、そして何より同業者である整形外科医の目をクリュッペルに向けるためにビエザルスキが考案したのが、先述の「全国クリュッペル調査」であった。前節で述べたように、こうした調査はすでに邦国や地域レベルでは何度か行なわれており、シェーファーの『年報』上でも、そのつどその結果が公表されてきた。しかし、ビエザルスキのみるところ、それらはクリュッペルの惨状を広く知らしめる「宣伝」としては不十分であった。なぜなら、彼は、クリュッペル救済は国内伝道会が行なっているような民間事業としてではなく公的施策として、国家レベルで進められるべき問題であると考えていたためである。

すでに述べたように、国内伝道会の「施設会議」においても、公的助成の必要性はすでに説かれていた。しかし、それはあくまで民間の事業を促進・支援するためのものであって、国家や地方自治体がその事業内容に介入したり、公的施設の設立などによって事業そのものに参入することは、民間事業を阻害し委縮させるとして、むしろ警戒されていた（Die dritte Konferenz 1905: 67）。それに対してビエザルスキは、「クリュッペル問題」は国家的課題であって、国家の積極的介入なくしては解決しえないと考えていた（Biesalski 1909: 2）。彼は、公的諸機関、とりわけ帝国政府を動かすためにも、「全国レベル」の数値を提示する必要があると考えたのである。

一九〇三年、ビエザルスキはプロイセン邦文化省医務次官であるエドゥアルト・ディートリヒに働きかけ、「クリュッペル問題」を訴えるとともに、治癒の可能性の高い一五歳以下の肢体不自由児に対する全国調査の必要性を説いた。ビエザルスキの計画はディートリヒを動かし、その後、ディートリヒを介して帝国統計局の高級官僚やベルリンの実業家など影響力をもつ人物が集められた。ビエザルスキは、この調査の企画・実施を一手に担うこととなり、最終的には、一九〇六年一〇月に全国調査が実施された（Osten 2004: 61ff; Thomann 1995: 121ff.）。

(2)身体の「治療」としての保護事業

ビエザルスキは、「クリュッペル問題」を、国内伝道会の聖職者たちとは別の文脈で語った。まず第一に、彼は「クリュッペル」を治療可能な「病人」として位置づけた。なぜなら、整形外科学の進歩によって、「今日では、身体的欠陥を完全に、あるいは部分的に除去する無数の可能性がある」からであった。ビエザルスキは、「クリュッペル」を、「身体の一部が、先天性の奇形、損傷、彎曲、麻痺、筋痙攣によって動きを制限され、四肢を動かすことが長期的に制限される者」と定義し、それが第一義的に身体の障害であることを明示した（Biesalski 1908: 12f.; 1909: 2ff.）。

身体的な「病」としてのクリュッペル定義から必然的に引き出されるのが、クリュッペル救済の主たる担い手は、いまや、医者、すなわち整形外科医であるべきだということである。救済は整形外科的な治療を中心として行なわれるべきであり、ビエザルスキに言わせれば、「こうした可能性を追求しないクリュッペル救済などその名に値しない」（Biesalski 1908: 13）のであった。そこで暗に批判されているのは、国内伝道会のクリュッペルハイムの活動である。むろん、国内伝道会のハイムにおいても医師による「治療」は行なわれていた。しかし、治療は救済事業のメインとは見なされていなかった(9)。すでに述べたように、そこでは、身体そのものの治療よりも、内面的な「救済」の方が重視されていたからである。

それに対しビエザルスキは、医師主導による「治療」を主とした「救済」策に取り組んだ。全国調査が行なわれた一九〇六年末、ビエザルスキは自らが施設長を務める新しい施設を設立した。南ベルリンに位置するこの施設は、わずか八人の児童を収容する小規模なものからスタートしたが、その名称「ベルリン・ブランデンブルク・クリュッペル治療教育院（Krüppel-Heil- und Erziehungsanstalt für Berlin-Brandenburg）」が示しているように、まず何より治療の場であることをうたっている。開設記念講演でビエザルスキはつぎのように述べている。

クリュッペルは病人であり、彼らの病気は……九三パーセントは経済的自立が可能なまでに治癒しうるということを、ここであらためて強調しておきたいと思います。それゆえわれわれは、クリュッペルハイムではなく、クリュッペル治療施設(Krüppelheilanstalt)を設立したのです。(Zitiert bei Thomann 1995: 131)

ビエザルスキは、このように、救済の中心を治療におくことを訴えた。ただし、治療さえすれば事足りるとしていたわけではない。「治療教育院」という施設名が示唆するように、そこでは、しばしば何年にもわたる整形外科治療の間に、あわせて学校教育も提供されることになっていた。

(3)貧困問題としての「クリュッペル」

ビエザルスキは、全国クリュッペル調査によって単に「クリュッペルの子ども」の総数をはじき出すことのみをねらいとしていたわけではなかった。彼がとりわけ重視していたのは、公的支援の必要な貧しい肢体不自由児、すなわち自力では治療費を捻出できず、教育や職業訓練の機会も得られない家庭の子どもを抽出することであった。ビエザルスキが、自らの活動によって「救済」しようとしたのは、まさにそうした子どもであり、治療費を負担できる裕福な家庭の子どもは、一般の整形外科医の患者集団であって、支援は不要であった。それどころか、クリュッペル保護事業がそうした富裕層の家庭の子どもを対象とすることは、整形外科医からその顧客を奪うものとして、臨床医らの反発を買いかねなかった。そのため、この調査においては、公的支援の必要な貧しい肢体不自由児と、そうではない富裕層の子どもを分別し、前者だけが保護事業の対象となることを明示する必要があった。そこで、「恵まれない環境」ゆえに、自前での治療や教育が見込めない肢体不自由児を「ハイム入所が必要な本来のクリュッペル」とし、富裕な家庭の肢体不自由児は、「整形外科患者（Orthopädische Kranke）であってクリュッペルではない」とする二段構えの定義が導入された（Biesalski 1908: 11ff.）。

ビエザルスキは、「ハイム入所が必要な本来のクリュッペル」を、医学的診断と社会環境の二つの指標にもとづいて以下のように定義した。すなわち、「（先天性あるいは後天的な神経、骨、あるいは関節の疾患により）体幹や四肢に障害のある患者で、その損傷の度合い（それ以外の疾病や欠陥を含む）と本人の生活環境とを勘案した場合に、医療と教育を同時に保障される施設に入所することによってのみ、残された身体・精神的能力を最大限の経済的自立に生かしうる者」である（Biesalski 1908: 12）。そのため、純粋に医学的な見地からみた障害の有無だけではなく、家庭の経済状況（ことに救貧や慈善受給の有無）や子どもの就学・就労状況などが事細かに調査されることになっていた。調査票の最後では、医学的にみた障害の種類・程度と本人のおかれた環境の双方を考慮して、最終的に「クリュッペルハイムへの入所が望ましいかどうか」が医師によって記入されることになっていた。ビエザルスキは、つぎのような具体例をあげている。

ある子どもが、無関心からあらゆる治療も行なわれないような劣悪な境遇に生まれ、難聴あるいは白痴だったら、非嫡出子のために義理の父親からも母親からも邪魔者扱いされ、稼ぐために子どもの頃から通りに放り出されていたとしたら、私の考えでは、もしこのような状況下にある子どもの片足が治療されていない「えび足（内反足）」であれば、それだけで、ハイム入所が必要なクリュッペルと見なすのに十分である。この子は、ハイムであればその苦難から解放されうるし、白痴や難聴であっても、無駄に時間を失うことなく一般的な学校教育を受けることができる。これは、もともとの生育環境では決して達成しえないことであろう。（Biesalski 1908: 13f.）

軽い障害であっても「悲惨な境遇」であればハイム入所は「必要」とされたし、逆に、どれほど障害が重くても、親が治療や教育を自前で用意できる富裕な家庭の子のハイム入所は不要であった。たとえば、生まれつきの前腕欠損であっても父親が工場主である場合、親や家族がその子の教育、就労を保障できると見なされるため、ハイム入所は不要とされた。同じく、生まれつき指の欠損があるが学校にも通うことができ、すでに農作業で生計を立てている子どもも、ハイム収容は不要な例としてあげられている（Biesalski 1909: 62f.）。

二〇世紀初頭とはいえ、現代よりも社会的格差が格段に大きく、「貧困」がはっきりと目に見える時代においては、「障害」もまた、貧困と結びついた「問題」として理解されていた。貧民街で目につく肢体不自由児、すなわち、肺結核によって「せむし」となった子ども、栄養不足による「くる病」で足の成長が止まり「びっこ」を引く子どもは、現在よりはるかに多かった。そうしたなかで、まず保護の対象となるのは、あくまで「貧しく」、「悲惨な境遇」にあり、その「障害」を自力では克服できない子どもであった。ビエザルスキの目指していたものは、単なる整形外科治療の普及や向上ではなく、社会問題としての「貧しい肢体不自由児」の救済に取り組むことであった。

また、このような子どものみを「本来のクリュッペル」とし、それ以外は「整形外科患者」として区別した背景には、クリュッペルという言葉の持つマイナスのイメージが作用していたことは想像に難くない。すでに述べたように、クリュッペルとは本来俗語であって医学用語でないのはもちろんのこと、その蔑視的響きから、整形外科医が臨床の現場で用いることはまずなかった（Thomann 1992: 231f.）。たとえば、当時のドイツ皇帝ヴィルヘルム二世も身体障害で知られるが、もちろん「クリュッペル」とは称されない。「クリュッペル」は、他者の援助を必要とする「憐れで、寄る辺のない」「不具・奇形の者」であり、ビエザルスキにとって、「貧しい肢体不自由児」こそが文字どおりの「クリュッペル」にほかならなかった。

医師であるビエザルスキが、彼らを治療を必要とする「患者」と位置づけたにもかかわらず、あえて「クリュッペル」という言葉を保持した理由も、それが「同情や憐憫を呼び起こす」蔑称であったからこそであった（Biesalski 1909: 162）。牧師シェーファーがそうしたように、ビエザルスキも、この言葉のインパクトと宣伝効果をとったといえる。のちにビエザルスキは、この全国調査によって、「宰相官房室から小さな山あいの村役場にいたるまで、全ドイツ帝国のあらゆる官庁・役所」で、「『クリュッペル救済』という言葉を響き渡らせ」ることがねらいであった、とも述べているほどである（Biesalski 1908: 17）。

(4)「施しの受け手を納税者に」——クリュッペル保護事業の「経済的有用性」

すでにみたように、ビエザルスキにとっての「クリュッペル」の救済とは、整形外科的治療によって彼らの就労能力を向上させ、経済的自立へと導くことであった。就労と経済的自立を目指すこと自体は、従来の国内伝道会系のハイムにおいても同じであった。ただし、国内伝道会においては、それはあくまでクリュッペル本人が「無為という悪徳」に陥らないため、あるいは彼らの生きる社会の「道徳性」のためであって、それによる経済的「効果」は二次的問題であった。

しかし、ビエザルスキは、この「経済的有用性」を議論の中心にすえた。それを端的に表現しているのが、「施しの受け手を納税者に」というビエザルスキのキャッチフレーズである（Biesalski 1908: 12）。「クリュッペル」を他人の施しで生きる者から就労による自立が可能な人間とすること、社会の「負担」としての存在から社会的に「有用」な人間とすること、これがビエザルスキの「救済」の目標であった。

この「経済的有用性」は、しばしば誇張された数字とともに、単純化されたかたちで繰り返し訴えられている。公的救貧によって露命をつなぐ「クリュッペル」がどの程度存在し、それによってどれだけの救貧「負担」が生じているか、それに対して、彼らが治療と教育を受けて就労可能となった場合にはどれだけの富が生み出されるか、こうした議論が、ビエザルスキらによって、陳情書や公的な議論の場で繰り返し提示された。「国民経済上の得失」という観点から展開される議論は、クリュッペル問題を「道徳上の問題」から「国民経済」という新たな地平へと引き出した（Biesalski 1909: 5）。

さらにここから、クリュッペル救済は「国民衛生」上の問題、あるいは人口問題としても論じられるようになる。たとえば、ビエザルスキの計画を支持した先述のプロイセン邦文化省医務次官のディートリヒは、「クリュッペル救済と国家」と題した文章のなかで、クリュッペルが就労可能になることによって、労働力と兵役に耐えうる国民が増すこと、そして「健康で頑強な子孫」を残すことができるようになると述べている（Dietrich 1908: 86f.）。

社会問題を「国家」や「国力」に結びつけて論じ、それを梃子に国家による積極的介入を求めるやり方は、乳児死亡や結核、性病撲滅運動などにも共通してみられるものであった（中野 二〇〇八を参照）。そこでは、救済事業は第一義的には当事者個人のためではなく、国家・社会のためであることが強調された。ビエザルスキも、クリュッペル救済は「公共の利益（das Interesse der Allgemeinheit）のために行なわれる個人への奉仕」であるとする。なぜなら、その究極の目標は、「病人個人をそのいわれのない苦難から解放すること以上に、彼らに配慮すべき社会全般の負担を軽くすることにあるからだ」（Biesalski 1908: 11f.）。

このように、ビエザルスキらは、クリュッペル救済事業を「道徳」的問題としてよりも、「国民経済」や「国民衛生」といった政策的課題として論じた。全国クリュッペル調査は、こうした議論に根拠を与える格好の宣伝材料となるものであった。

四　慈善と医学のあいだで

(1)ビエザルスキの「成果」

一九〇六年一〇月一〇日を調査日として行なわれた全国クリュッペル調査の結果は、一九〇九年、ビエザルスキの手による分厚い報告書としてまとめられた。それによると、全ドイツ（バイエルン、バーデン、ヘッセンを除く）には総人口の一・五パーセントにあたる七万五一八三人の肢体不自由児（一五歳以下）が存在するとされた。さらに、これらの肢体不自由児は、医学的診断と家庭・社会環境の二つを主たる指標として、ハイム入所が必要な者（ビエザルスキのいう「本来のクリュッペル」）とそうでないグループとに分類された（表6－2参照）。ハイム入所による救済が必要な者、すなわち、自前での治療や教育が難しく、他者による支援なくしては放置されるほかない者は、うち四万二二四九人とされた。そのうえで、調査が問題としたのは、既存のクリュッペルハイムがもつベッド数は計三一二五にとどまっているということである（Biesalski 1909: 70）。つまり、必要数にはるかに満たないことが強調された（図版3参照）。

ただし、この調査結果については、国内伝道会のハイム関係者や外科医・整形外科医から、肢体不自由児の定義が広範すぎるのではないか、ハイム入所が必要か否かという判断には主観的要素が入り込むのではないか、そもそも調査票の記入にあたったのは医師ばかりでないため、データ自体の正確さが疑

表6－2　全国クリュッペル統計におけるクリュッペル・ケース分類

N: **Nichtheimbedürftig**（ハイム入所不要）		
Nb	No	Nk
（Bresthafte Nichtkrüppel）「病弱な非クリュッペル」心身障害のあるもの，「白痴」，盲，ろうなど	（Orthopädisch kranke, Nichtkrüppel）「整形外科患者，非クリュッペル」軽度の脊柱側彎，股関節脱臼等	（Krüppel, erwerbsfähig, nicht heil- und heimbedürftig）「就労可能，治療やハイム収容の不要なクリュッペル」例：生まれつきの前腕欠損，父親は工場主／指の欠損，しかし農作業で生計を立てている子／15歳以上の子ども
H: Heimbedürftig（要ハイム入所）		
Ht	Hg	Hu
（Therapie- und gewerbunterrichtsbedürftige Krüppel）「治療と職業訓練を必要とするクリュッペル」例：中度の脊柱側彎で「精神薄弱」の孤児／未治療の「くる病」で，一年半前から学校に行き始めた13歳の子	（Gewerbunterrichts-, nicht therapiebedürftige Krüppel）「治療は不要だが職業訓練を必要とするクリュッペル」例：手術後の脳性・脊髄性小児麻痺，骨髄炎・結核による手術不可能な四肢変形，四肢切断	（Unheilbare Krüppel）「治癒不可能なクリュッペル」治療不可能，職業訓練にも耐えられないが，ハイムでの保護を必要とするもの

出典：Biesalski, Konrad, Hrsg., *Umfang und Art des jugendlichen Krüppeltums und der Krüppelfürsorge in Deutschland*, Hamburg/Leipzig 1909, S. 62f. より筆者作成。

われるなどの疑問の声が上がっていた。ビエザルスキ本人も「異論の余地のない数字ではない」ことを認めている。しかし、報告書のはじめに自ら記したように、この調査は「学問的」な議論のためではなく、「実用的な目的」のため、すなわち世論を喚起し、「整形外科学的なクリュッペル保護」を促進するためであった（Biesalski 1909: Vorwort, 128）。そしてその意味では、この調査はその目的を十分に果たすこととなった。「クリュッペル問題」は、これを機に、広く注目を集めるようになっていったのである。

たとえば、全国調査の暫定的な報告結果がプロイセン文化省に提出された一九〇七年には、プロイセン邦議会ではじめてこの問題が取り上げられた。翌一九〇八年には、ザクセン、バーデン、バイエ

図版3 「クリュッペルの苦難と救済。1906年のクリュッペル調査の結果から」（出典：*ZfK*, Jg. 1912: 127）

ルンなどの邦議会でも「クリュッペル保護」が取り上げられ、新たなクリュッペルハイム建設への公的助成などが審議された（Thomann 1995: 152）。数年後には、すでに国内伝道会が訴えていた救貧法の改正――他の障害者と同様にクリュッペルを救済対象に含めること――も、正式な陳情として公の場で議論されるようになった。

こうして、「少し前までひと握りの専門家にしか知られていなかったクリュッペル救済」は、わずか数年のうちに「ますます多くの人々の注目を集めるようになり」（Voss/Biesalski 1908: 1）、いまや公的な課題として議論される対象となった。国内伝道会の二〇年間にわたる地道な活動がなしえなかったことを、ビエザルスキはたった一回の全国調査を通して実現した。ビエザルスキによる全国調査の報告書は、国際的にも高い関心を集め、日本をはじめとする各国に紹介された。無名の整形外科医であったビエザルスキは、瞬く間に「クリュッペル問題の第一人者」となったのである。

(2) 国内伝道会から整形外科医へ――運動のイニシアティブの移動

この「全国クリュッペル調査」を契機として、クリュッペル保護事業のイニシアティブは、国内伝道会の聖職者たちから、ビエザルスキを中心とする医師や社会政策家へと移っていく。一九〇九年頃を境に、医師が主導する、身体的な治療を主眼とした施設がしだいに新設されるようになっていった。これら新しいタイプの施設は、世俗的な運営主体によるものであった。先述の、ビエザルスキが設立した施設もそうである。また、なかには、ごくわずかながら、市や県など公的機関が設置主体となる施設もあらわれた。こうした世俗系施設の割合はしだいに増加していった。たとえば、一九〇二年には、プロテスタント系ハイムは二〇、無宗派の施設は三施設を数えるのみであったのに対し、その一〇年後の一九一二年には、前者は二七に、後者は一挙に二六へと増加した。クリュッペル救済は、もはやプロテスタント社会事業の独占するところではなくなった（表6－3および表6－4参照）。

こうした流れを象徴するのが、一九〇八年、ビエザルスキを編集長とした新しい専門雑誌、『クリュッペル保護雑誌』の創刊である。同誌は、クリュッペル問題にかかわるすべての人々、「医師、聖職者、教師、行政官、救貧委員、社会政策家を一つの組織に結びつける」ための「総合的な専門雑誌」として位置づけられた。そしてその同じ年、これまでクリュッペル救済事業を牽引してきた国内伝道会の『年報』は突如休刊となった。シェーファーの多忙がその理由とされているが、これによって国内伝道会は自らの「声」を届ける広報機関を失った。この後、ビエザルスキを編集主幹とする『保護雑誌』が唯一のクリュッペル問題の専門誌となり、運動を展開するプラットフォームとなった。

さらに一九〇九年には、ビエザルスキと先述のディートリヒ主導により、クリュッペル保護運動を統合する初の全国組織として「ドイツ・クリュッペル保護連盟（Deutsche Vereinigung für Krüppelfür-

表6－3　1908～1912年に新設された肢体不自由児のための施設（1908年11月～1912年4月まで）

施設名（地名）	設立年	宗派	事業内容（1912年4月時点）	定員
パウル・ゲルハルト基金整形外科・クリュッペルハイム（ベルリン）	1908	E	治療，学科教育	24
バーデン・クリュッペル療育院（ハイデルベルク）	1909	無	治療，学科・技術教育	44
クリュッペル救済協会（ドレスデン）	1909	無	治療，工房あり	6
不具児のためのライプツィヒハイム「フマニタス」（ライプツィヒ）	1909	無	治療，学科教育	60
クリュッペルハイム・ヴォルフスハーゲン（ポーゼン・ヴォルフスハーゲン）	1909	E	治療，学科・技術教育	32
メルセブルク県クリュッペル療育協会クリュッペルハイム（メルセブルク）	1910	無	治療，学科・技術教育	50
クリュッペル保護協会キンダーハイム（ヴィースバーデン）	1910	無	治療，学科教育	22
ヘッセン・クリュッペルハイム（ダルムシュタット）	1910	E	治療，学科教育	10
下フランケン・クリュッペルハイム（ヴュルツブルク）	1910	無	治療，技術教育	40
不具児のためのノルデルナイ治療所（ノルデルナイ）	1911	無	治療	12
訓育可能なクリュッペルのための治療相談所（リーグニッツ）	1911	—	治療	6
東プロイセン・クリュッペル療育施設（ケーニヒスベルク）	1912	無	治療	60
西プロイセン・クリュッペル救済協会クリュッペル病棟（ダンツィヒ）	1912	無	治療	6
ポーゼン整形外科施設（パコスラウ・ポーゼン）	1912	—	治療，学科教育	25
バティルドハイム（シュヴァルツブルク・ルードルシュタット）	1912	無	治療，学科・技術教育	60

出典：*Zeitschrift für Krüppelfürsorge*, 5. Jg., H.3, 1912, S. 237ff. より筆者作成。表6－1とは異なり，事業内容における保護部門の有無については，調査項目自体がたてられていない。

表6－4　クリュッペル施設数の推移（1902〜1912年4月）

	1902	1908	1910	1912
ハイム総数	23	39	50	53
うちプロテスタント系	20	27	26	27
カトリック系	0	5	5	3
無宗派	3	7	19	26
ベッド総数	1,622	3,371	4,188	5,239[1)]
うちプロテスタント系	1,409	2,490	2,819	2,843
カトリック系	0	330	425	725
無宗派	213	551	944	1,725

註：1）　内訳と総数は一致しないが，原典どおり。
出典：*Zeitschrift für Krüppelfürsorge*, 5. Jg., H.3, 1912, S. 273より筆者作成。

sorge)」が設立された。この組織は、当初は整形外科医を中心とする医師が主たる会員であったが、数年のうちには救済事業に関心を持つ地方自治体、そして国内伝道会のクリュッペルハイムも徐々に法人会員としてここに名を連ねることとなった（Thomann 1995: 219ff.）。これにより、国内伝道会系の施設関係者の集いであった「施設会議」もまた、その存在意義を失った。

こうして、国内伝道会はクリュッペル救済事業における主導的地位を失い、運動のヘゲモニーはビエザルスキを中心とする医師や官僚、社会政策家に移った。以後、公の場でクリュッペル問題について語る「専門家」は、聖職者ではなく、もっぱら医師となった。

(3) 慈善と医学の補完的関係

もっとも、ビエザルスキら医師や官僚、社会政策家が公の議論を主導することになったからといって、実際の「クリュッペル救済」事業において、国内伝道会がその存在意義を失ったわけではなかった。というのも、整形外科治療は決して万能ではなかったからである。クリュッペルの「九三パーセントが経済的自立を達成しうるまでに治癒可能」とするビエザルスキの主張は意図的な誇張であり、その数値は実のところ、「自立歩行が可能な」軽度の肢体不自由児のみを対象とするミュンヘンの肢体不自由児施設のデータにもとづくものであった（Schäfer 1909: 6）。そもそも、整形外科医らの想定する保護すべき「クリュッペル」とは、整形外科的治療によって治癒が可能な者、たとえば股関節炎や脊柱側彎、内反足など、主に四肢や体幹に関する軽度の障害をもつ子どもであった。治療が不可能な重度の障害を抱える「クリュッペル」は、はじめから対象外だったのである（Biesalski 1926: 62ff.）。

一方、国内伝道会のハイムには、オバーリンハウスのはじまりからもうかがえるように、どの施設にも受け入れを拒まれたような、「両手両足のない子ども」、「小人症」、あるいは「水頭症」といった多様な「クリュッペルの子どもたち」がいた。長年クリュッペル救済の現場に携わってきた国内伝道会の施設関係者らは、整形外科的治療によって「健常者並みに日々のパンを稼ぐことができる」子どもはせいぜい全体の三分の一であって、さらに三分の一は若干の改善により「ごくわずかながら働ける」ようになる程度、最後の三分の一は、ときおり「何かちょっとしたこと」はできるにせよ、基本的には「治療も改善も不可能」な重度の障害であるとしている（Schäfer 1907: 84）。

こうした「クリュッペルの子ども」すべてを考慮すれば、医師の「貢献」は保護事業全体の一部にすぎなかった。たいていの子どもは、治療の後に、あるいは治療と並行して、教育や職業訓練、保護やケアを必要とした。たとえば牧師シェーファーは、つぎのように述べている。足や股関節の障害のために歩けなかった子どもが、整形外科手術によって「よろよろと」でも歩けるようになれば、それは医学的には「治癒」である。しかし、その子どもが健常者のなかで生活していくには、さらにさまざまな援助が必要となる。そのために必要となるもの、すなわち健常な子どもたちと同様に学校教育を受けられること、あるいは「よく訓練された良心的なケアの人材……、体操用スペースや器械療法室などの適切な部屋や器具」、「腕の良い帯具製造者」、そしてさまざまな手工業親方が従事する施設内工房などが、もっともよく整備されているのは伝統あるクリュッペルハイムである、と。治療はクリュッペルハイムにおいて「たいへん重要な位置を占めるが、それがすべてではな」かった（Schäfer 1908: 9ff.）。

また、国内伝道会のハイムはその多くが、当時「クリュッペル廃人（Krüppelsieche）」と称された、「治癒の見込みがなく、教育や職業訓練による自立もまったく不可能なクリュッペル」の保護部門をもっていた。この「クリュッペル廃人」への対処は、国内伝道会系のハイムにおいてさえ一枚岩ではなく、入所要件に、「教育可能なクリュッペルの子ども」という項目を掲げ、はじめから受け入れないハイムも多かった。しかし、そうした肢体不自由者の終生の保護を家族から依頼された場合、あるいは実際に他に行き場のない子の場合、それを拒否することは「あまりに残酷」であるというのが一般的見解であった（Schäfer 1908: 16）。

シェーファーは、施設の保護部門は、「まったく何も学ぶことができないか、ごくわずかしか学べない者、外の世界では落ちぶれてしまうか、容赦のない競争のなかですぐにでも落伍してしまうであろう者」の家であるとする。ここで彼らは「内面的には平穏な、しかし外面的にも何らかの有用な存在として」生きることができる、と（Schäfer 1900: 12）。シェーファーによれば、「完全なるクリュッペルハイム」とは、診療所、学校、職業訓練のための工房と並んで、こうした「クリュッペル廃人」のための保護部門を含むものとされた（Schäfer 1908: 15f.）。それゆえ、かつて国内伝道会が行なっていた全国の肢体不自由児関連施設調査では、「クリュッペル廃人」用「保護部門」の有無が必ず調査項目として問われていた。しかし、一九〇九年以降、ビエザルスキらが引き継いだ同様の調査では、「保護」部門といった項目がそもそもたてられていない（前掲、表6－1および表6－3参照）。ビエザルスキらは、保護部門の有無を尋ねる必要を認めなかった。というより、治癒不能者の終生収容を暗示する保護部門の存在は、「治療」を掲げる施設にとってはむしろマイナスだったろう。

結局のところ、その後のクリュッペル保護事業においても、従来の宗教的クリュッペルハイムが、世俗の医療系施設によって淘汰される事態にはならなかった。いわゆる医師による「治療院」は小規模なものが多く、入所定員を示すベッド数をみても、国内伝道会系ハイムのそれにははるかに及ばない（前掲、表6－3および表6－4参照）。また、国内伝道会のハイムが全体の三分の二以上を占める多種多様な職業訓練部門は、医療系施設の追随を許さなかった（Ulbrich 1912: 165）。

こうした状況は、単に国内伝道会の施設が先発で有利であったから、というだけではない。そこには、施設運営の経営上の問題が横たわっていた。すでに述べたように、当時のクリュッペルハイムは、支援団体の集める協会費や募金、寄付、そして、救貧費あるいは入所者の負担する入所費によって運営されていた。ことに、新たに施設を設立する際の土地や建物については、巨額の寄付が不可欠であった。こうしたものを調達するうえで、地域社会に信仰共同体のネットワークをもち、すでにさまざまな社会事業を展開している国内伝道会が有利であったことは想像に難くない。

また、国内伝道会のハイムにおいては、こうした施設でもっとも必要とされるケアの人材に事欠くことはなかった。国内伝道会は、先述のディアコニッセや看護婦などの養成機関をもつことでも知られるが、こうした女性たちは、寮母、保母、看護婦あるいは教師として「無償」で従事した。オバーリンハウスにおいても、ディアコニー施設内で教育を受けたディアコニッセは、そのまま、敷地内のクリュッペルハイムに配属されたのである（中野 二〇一二c）。

それに対し、世俗系の施設運営はコストのかかるものであった。充実した医療設備はもちろん、看護婦から教師にいたるまで、すべての従事者は、当然のことながら通常の労働契約による有償労働で賄われた。そのため、医療系の施設はしばしば病院の一部門としてスタートするものも多かったが、それが、教育・職業訓練施設も備えたクリュッペルハイムとなるのは容易ではなかった。ビエザルスキは、その政治力によって多額の寄付を集め、さらには公的資金を得て、施設を急速に拡大することに成功した（Osten 2004: 195ff.）。しかし、逆からみれば、世俗系の施設の運営は、自治体や国からの補助金なくしては困難であったともいえる。

当初は「すべてのクリュッペルハイムを医師の指導のもとに」と訴えたビエザルスキも、伝統ある国内伝道会のハイムを排除することは不可能であるばかりか、得策でもないと認識していたようだ。すでに一九〇八年には、自身が編集長である『保護雑誌』において、「クリュッペル問題にかかわるすべての人々の大同団結」を説いている（Voss/Biesalski 1908: 2）。

この後も、ビエザルスキら整形外科医と国内伝道会とは、それぞれのやり方で事業を展開していく。すでにみたように、ビエザルスキは、クリュッペル保護事業を国家戦略としてすすめること、公的に制度化することを目指した。こうした運動は、最終的には第一次世界大戦後の一九二〇年、「プロイセン州公的クリュッペル保護法」に結実し、障害者福祉法の先駆的事例として日本をはじめとする諸外国に大きな影響を与えることになった（Schloßmann 1920; プロイセン州『公的肢体不自由者福祉法』二〇〇

七、趙 二〇〇八)。他方、クリュッペルハイムを中核とする施設保護事業は、国内伝道会のほか、一九二〇年代に大きく発展するカトリック系施設を加えつつ、さらに規模を拡大していくこととなる。

(4) ケアとキュアのあいだで

本章が検討してきた肢体不自由児をめぐる歴史は、「クリュッペル」という観念的な被差別集団が、「肢体不自由者」として医学的に定義され、保護を要する集団として社会的に認知されていくプロセスとしてみることもできる。実際、こうした歴史的過程は、ながらく「慈善から医学へ」という発展史観の一齣として説明されてきた。しかし、同時代の文脈にたって検証してみると、それは「慈善から医学へ」の移行というよりは、慈善と医学の、言葉を変えればケア(世話)とキュア(治療)が補完的に並存する世界であったことがわかる。

整形外科医は、治療によって経済的自立がのぞめる軽度の「クリュッペル」を救済の対象とし、彼らの「経済的有用性」を説くことで、世論を動かすことに成功した。他方で、国内伝道会の聖職者たちは、伝統的なクリュッペル像を前提として、すなわち「受難」を負い、多かれ少なかれ不自由を抱えながら生きていく存在として、パターナルな論理で彼らを包摂しようとした。医師の主導で作られたクリュッペルハイムは、身体的治癒を目指す病院、あるいは経済的自立を目標とした職業訓練所など、あくまで世俗的な施設であったが、聖職者にとってのクリュッペルハイムとは、宗教的な「施設の精神(Hausgeist)」の横溢する場、クリュッペルの子どもたちが「自らの苦難と折り合いをつけ、生きていくための力を得る」「故郷」であった(Schäfer 1908: 7ff.; Die fünfte Konferenz 1909: 39)。

このうち、二〇世紀に進展する公的福祉の論理的基盤となったのは前者である。先述の「クリュッペル保護法」は、治癒可能性や経済的な自立可能性を保護の条件とし、一九二〇年代には不十分ながらも公的予算が組まれ、各自治体レベルでの「クリュッペル」の統計的把握や相談指導なども行なわれるようになっていく。また、「施しの受け手を納税者に」とするビエザルスキのスローガンは、同じくこの頃に産声をあげる身体障害者の当事者運動にも受け継がれ、「経済的有用性」は、パターナルな保護を拒否し、権利を求める当事者運動のモチーフともなった。

しかし、現実に多様な――「経済的有用性」など望むべくもない――「クリュッペル」集団を包摂する場としての宗派系施設は、その後も淘汰・放棄されることなく存続する。ここには、世俗的な福祉の論理とは異なる、宗教的な包摂の論理がうかがえよう。たちいった検討は次稿の課題となるが、現実に「見捨てられ」、「行き場のない」クリュッペルを拒否することの「残酷」さ、彼らを放置する社会の倫理・「道徳性」がそこでは問題となった。恩恵から権利へ、保護から自立への援助へといったパラダイムシフトが進む二〇世紀の福祉国家においても、クリュッペルハイムに象徴されるパターナルな慈善事業が放棄されなかったことの意味が、ここでは問われているのである[10]。

＊　本稿執筆においては、梅原秀元氏より詳細なコメントを得た。記して感謝したい。なお、本研究は、文部科学省科学研究費基盤研究（C）（課題番号：二一五二〇七六一）、同基盤研究（B）（課題番号：二三三二〇一二六および二一三二〇一四二）の助成を受けた。

註記

（1）以下、クリュッペルの語源や言葉の持つイメージについては、Stein (1912); Kirmsse (1911); Perl (1926); Thomann (1992: 225ff.); Wilken (1983: 224ff.); Schmuhl (2010: 11–27)。クリュッペルにまつわる迷信については、Bächtold-Stäubli (1932/1933)、クリュッペルを含めた障害者像全般の変遷についての概観は、Fandrey (1990)、バーンズほか（二〇〇四）。

（2）もっとも、一九七〇年代末には、「クリュッペル」をあえてキーワードに掲げた当事者運動が登場する。一見中立的な「身体障害」という言葉よりも、「クリュッペル」という蔑称の方が、「障害当事者と非障害者とのあいだの距離をより明確に示す」というのがその理由であった (Mürner/Sierck 2009: 17)。この「クリュッペル運動」については、市野川・立岩（一九九八：二七〇以下）も参照。

（3）プロテスタント社会事業の拠点となる多機能複合施設。ディアコニッセと呼ばれる奉仕の女性たちの養成機関であると同時に、救貧院、病院、養老院、乳児院などを併設する。

（4）治療と教育が慈善病院で行なわれたアメリカの例については、中村（一九九〇）を参照。

（5）Hoppe, Theodor, *Die ersten 25 Jahre. Geschichte der Diakonissenanstalt „Oberlinhaus" zu Nowawes vom 30. November 1874 bis 30. November 1899*, Nowawes 1899, zitiert bei: Thomann (1995), S. 53.

（6）シェーファーが創設したアルトナのクリュッペルハイムの入所要件より。*JdK*, 1900, S. 41. こうした「クリュッペルの精神（Krüppelseele）」をめぐる議論は、その後「クリュッペル精神学（Krüppelseelenkunde）」となり、一九二〇年代には心理学を動員したいわゆる「特殊教育学」のひとつのルーツとなっていった。Fuchs (2001): 52ff. を参照。

（7）プロテスタント系の施設であっても、たいていの場合は、カトリックやユダヤ教など宗派の異なる児童を受け入れていた。ただし、提供される宗教の授業はプロテスタントのみであった。

（8）「社会衛生学」については、川越（二〇〇四）を参照。

（9）たとえば、シェーファーが施設長を務めるクリュッペルハイムの年次報告では、治療に関しては、入所児の診断名とそれが治癒したか否かが簡単に記される程度であった。

（10）パターナルな介入原理は、ケアと正義をめぐる議論にもつながる。田中（二〇〇九）、ヌスバウム（二〇一二）を参照。なお、福祉国家と宗教的慈善の関係については、中野（二〇一二ａｂ）を参照。

引用・参考文献

Bächtold-Stäubli, H［anns］（1932/1933）‚Krüppel‘, in *Handwörterbuch des Deutschen Aberglaubens*, Bd. 5, Berlin/Leipzig: Walter de Gruyter, S. 636–37.

Biesalski, ［Konrad］（1908）‚Was ist ein Krüppel‘, in *Zeitschrift für Krüppelfürsorge*（『クリュッペル保護雑誌』：*ZfK*）, Bd. 1, H. 1, S. 11–17.

――, Hrsg.（1909）*Umfang und Art des jugendlichen Krüppeltums und der Krüppelfürsorge in Deutschland*, Hamburg/Leipzig: Voss.

――（1926）*Grundriß der Krüppelfürsorge*, Leipzig: Voss.

Dalhoff, N.（1900）‚Pastor Hans Knudsen, der Begründer der Krüppelfürsorge in Kopenhagen‘, in *Jahrbuch der Krüppelfürsorge*（『クリュッペル救済年報』：*JdK*）, 1. Jg., S. 14–27.

Dietrich, ［Eduard］（1908）‚Krüppelfürsorge und Staat‘, in *ZfK*, Bd. 1, H. 2, S. 79–87.

‚Die dritte Konferenz der deutschen Anstalten für Krüppelpflege zu Cracau bei Magdeburg‘（1905）, in *JdK*, 6. Jg., S. 59–67.

Ellger-Rüttgardt, Sieglind Luise（2008）*Geschichte der Sonderpädagogik*, München/Basel: Ernst Reinhard.

Fandrey, Walter（1990）*Krüppel, Idioten, Irre. Zur Sozialgeschichte behinderter Menschen in Deutschland*, Stuttgart: Silberburg.

Fuchs, Petra（2001）*»Körperbehinderte« zwischen Selbstaufgabe und Emanzipation. Selbsthilfe - Integration - Aussonderung*, Neuwied/Kriftel/Berlin: Luchterhand.

‚Die fünfte Konferenz der deutschen Anstalten für Krüppelfürsorge im Annastift zu Hannover=Kleefeld‘（1909）, in *JdK*, 10. Jg., S. 10–43.

Hoffmann, J. (1927) *Die ev.=luth. Diakonissenanstalt für Schleswig=Holstein in Altona 1867–1927*, Altona: Selbstverlag der Diakonissenanstalt.

Jenett, Ulrike (2001) *Nüchterne Liebe. Theodor Schäfer, ein lutherischer Diakoniker im Deutschen Kaiserreich*, Hannover: Lutherisches Verlagshaus.

Kaiser, Jochen-Christoph (2008) *Evangelische Kirche und sozialer Staat. Diakonie im 19. und 20. Jahrhundert*, Stuttgart: Kohlhammner.

Kirmsse, M. (1909) ‚Der Krüppel in der Belletristik', in *ZfK*, Bd. 2, H. 2, S. 144–213.

—— (1911) ‚Zur Geschichte der frühesten Krüppelfürsorge', in *ZfK*, Bd. 4, H. 1, S. 3–17.

Merkens, Luise (1981) *Fürsorge und Erziehung bei Körperbehinderten. Eine historische Grundlegung zur Körperbehindertenpädagogik bis 1920*, Berlin: Carl Marhold Verlagsbuchhandlung.

Mürner, Christian/Sierck, Udo (2009) *Krüppelzeitung. Brisanz der Behindertenbewegung*, Neu-Ulm: AG Spak Bücher.

Osten, Philipp (2004) *Die Modellanstalt. Über den Aufbau einer „modernen Krüppelfürsorge" 1905–1933*, Frankfurt a. M.: Mabuse.

Perl, Otto (1926) *Krüppeltum und Gesellschaft im Wandel der Zeit*, Gotha: Klotz.

Röper, Ursula/Jüllig, Calora, Hrsg. (1998) *Die Macht der Nächstenliebe. Einhundertfünfzig Jahre Innere Mission und Diakonie 1848–1998*, Stuttgart: Kohlhammer.

Rüttimann, Beat (1980) ‚Zur Geschichte der Krüppelfürsorge', in *Gesnerus*, Jg. 37, H. 1/2, S. 199–214.

Sachße, Christoph/Tennstedt, Florian (1988) *Geschichte der Armenfürsorge in Deutschland. Bd. 2, Fürsorge und Wohlfahrtspflege 1871 bis 1929*, Stuttgart/Berlin/Köln/Mainz: Kohlhammer.

Schäfer, Theodor (1900) ‚Krüppelfürsorge', in *JdK*, 1. Jg., S. 3–13.

—— (1901a) ‚Die Krüppelfürsorge in Württemberg', in *JdK*, 2. Jg., S. 3–16.

—— (1901b) ‚Der Name unserer Anstalten', in *JdK*, 2. Jg., S. 53–55.

—— (1902) ‚Pastor Theodor Hoppe‘, in *JdK*, 3. Jg., S. 6–11.
—— (1907) ‚Wieviel Krüppeln kann man helfen?‘ in *JdK*, 8. Jg., S. 84.
—— (1908) ‚Das vollständige Krüppelheim‘, in *JdK*, 9. Jg., S. 7–18.
—— (1909) ‚Optimistische und nüchterne Betrachtung der Erfolge im Krüppelheim‘, in *JdK*, 10. Jg., S. 5–7.
Schloßmann, Arthur (1920) *Die Öffentliche Krüppelfürsorge*, Berlin: Carl Heymanns.
Schmuhl, Hans-Walter (2010) *Exklusion und Inklusion durch Sprache–Zur Geschichte des Begriffs Behinderung*, Berlin: Institut Mensch, Ethik und Wissenschaft, Selbstveralg.
‚Statistik der Krüppelfürsorge im Deutschen Reich im Januar 1907‘ (1907), in *JdK*, 8, Jg., S. 28–59
‚Statistik der Krüppelfürsorge im Deutschen Reich im November 1908‘ (1908), in *JdK*, 9, Jg., S. 34–49.
Stein, Albert (1912), Die Bezeichnung „Krüppel“ ‘, in *ZfK*, Bd. 5, H. 3, S. 212–21.
Thomann, Klaus-Dieter (1992) ‚Der „Krüppel“: Entstehen und Verschwinden eines Kampfbegriffs‘, in *Medizinhistorisches Journal. Internationale Vierteljahresschrift für Wissenschaftsgeschichte*, Bd. 27, H. 3/4, S. 221–71.
—— (1995) *Das behinderte Kind. „Krüppelfürsorge“ und Orthopädie in Deutschland 1886–1920*, Stuttgart/Jena/New York: Gustav Fischer.
—— (1998) ‚Die konfessionelle Körperbehindertenfürsorge‘, in Ursula Röper/Calora Jüllig, Hrsg., *Die Macht der Nächstenliebe. Einhundertfünfzig Jahre Innere Mission und Diakonie 1848–1998*, 2. Aufl., Stuttgart: Kohlhammer, S. 162–73.
Ulbrich (1912) ‚Die Berufswahl der Krüppel‘, in *ZfK*, Bd. 5, H. 3, S. 159–67.
Voss, Leopold/Biesalski, Konrad (1908) ‚Zur Einführung‘, in *ZfK*, Bd. 1, H. 1, S. 1–3.
Wilhelmi, Heinrich (1901) ‚Was mag eines Krüppels Leben wert sein?‘ in *JdK*, 2, Jg., S. 17–28.
—— (1902) ‚Thomas Schweicker, der Wundermann von Schwäbisch=Hall‘, in *JdK*, 3, Jg., S. 16–20.
—— (1905) ‚Helen Keller‘, in *JdK*, 6, Jg., S. 12–25.
—— (1906) ‚Selma Kunze, die Zungenkünstlerin‘, in *JdK*, 7. Jg., S. 23–29.

——（1908）‚Wer hilft den Krüppeln?' in *JdK*, 9, Jg., S. 19–26.

Wilken, Udo（1983）‚Körperbehindertenpädagogik', in Světluše Solarová, Hrsg., *Geschichte der Sonderpädagogik*, Stuttgart/Berlin/Köln/Mainz: Kohlhammer, S. 212–59.

‚Die zweite Konferenz der deutschen Anstalten für Krüppelpflege zu Niederlößnitz'（1903）, in *JdK*, 4. Jg., S. 22–32.

荒川　智（一九九〇）「わが国におけるドイツ障害児教育史研究」『特殊教育学研究』第二八巻三号：六七～七二頁。

市野川容孝・立岩真也（一九九八）「障害者運動から見えてくるもの」『現代思想』第二六巻二号：二五八～八五頁。

小川克正（一九七四）「療育事業の先駆」『岐阜大学研究報告（人文科学）』第二二号：九九～一〇七頁。

川越　修（二〇〇四）『社会国家の生成——二〇世紀社会とナチズム』岩波書店。

『障害児教育史（世界教育史大系　三三）』（一九七四）講談社。

精神薄弱問題史研究会編『人物でつづる障害者教育史』（一九八八）日本文化科学社。

高木憲次（一九二四）「クリュッペルハイムに就て」『国家医学雑誌』第四四九号：一九二～九八頁。

——（一九三四）「整形外科学ノ進歩ト『クリュッペルハイム』」『第九回日本医学会会誌』二七～七三頁。

——（一九三五）「肢体不自由児治療二十年の験得より」『社会事業』一二月号：二五～三四頁。

田中耕一郎（二〇〇九）「連帯の規範と〈重度知的障害者〉——正義の射程から放逐された人々」『社会福祉学』第五〇巻一号：八二～九四頁。

趙没名（二〇〇八）「戦前の高木憲次の療育論の形成における『公的肢体不自由者福祉法』の影響」『社会福祉学』第四九巻二号：三〇～四三頁。

中野智世（二〇〇八）「乳児死亡というリスク——第一次世界大戦前ドイツの乳児保護事業」川越修・友部謙一編著『生命というリスク——二〇世紀社会の再生産戦略』法政大学出版局、六一～九九頁。

——（二〇一二a）「西欧福祉国家と宗教——歴史研究における新たな分析視角をめぐって」『ゲシヒテ』第五号：五三～六六頁。

――（二〇一二b）「福祉国家を支える民間ボランタリズム――二〇世紀初頭ドイツを例として」高田実・中野智世編著『福祉（近代ヨーロッパの探究⑮）』ミネルヴァ書房、一九七～二三六頁。

――（二〇一二c）「修道女とディアコニッセ――ケアの職業のルーツを探る」同前書、二三七～三八頁。

中村満紀男（一九九〇）「肢体不自由児病院における教育の展開――二〇世紀初頭のニューヨーク州立児童整形外科病院を中心に」『秋田大学教育学部研究紀要（教育科学部門）』四一号：一～三一頁。

中村満紀男・荒川智（二〇〇三）『障害児教育の歴史』明石書店。

バーンズ、コリン、ジェフ・マーサー、トム・シェイクスピア（二〇〇四）杉野昭博ほか訳『ディスアビリティ・スタディーズ――イギリス障害学概論』（Colin Barnes/Geof Mercer/Tom Shakespeare, *Exploring Disability: A Sociological Introduction*, Cambridge: Polity Press, 1999）。

「プロイセン州『公的肢体不自由者福祉法』、同法施行令（一九二〇年）」（二〇〇七）趙没名・峰島厚訳、『立命館産業社会論集』第四三巻二号：二二七～四五頁。

ヌスバウム、マーサ（二〇一二）神島裕子訳『正義のフロンティア――障碍者・外国人・動物という境界を越えて』法政大学出版局（Martha C. Nussbaum, *Frontiers of Justice: Disability, Nationality, Species Membership*, Cambridge, Mass.: Harvard University Press, 2006）。

柳本雄次（一九七二）「ドイツ肢体不自由教育史（一）」『運動・知能障害研究（東京教育大学教育学部肢体不自由研究室）』第三巻：四三～五三頁。

――（一九七五）「プロイセン肢体不自由教育史――救貧制度との関連において」『肢体不自由教育』第一〇号：一〇～一五頁。

――（一九八一）「ドイツ肢体不自由教育史（二）」『心身障害学研究（筑波大学心身障害学系）』第五巻二号：五三～五九頁。

エッセイ③

部落史で読み解く――もののけ姫に見る賤民・病者・障害者

灘本　昌久

私は一九五六年生まれで、もう五〇代なかば過ぎである。高校一年生の終わり頃、つまり一九七二年から部落問題・部落解放運動に関わりだしてかれこれ四〇年以上になるが、部落差別と障害者差別が非常に近い関係であることを理論的に実感したのは、一九九〇年を過ぎた頃であったように思う。

第二次世界大戦後、戦前の皇国史観を批判して登場してきたのが、「戦後歴史学」と総称されるマルクス主義的歴史学である。その代表的論客である井上清は、部落解放運動と深く関わり、戦後の部落解放理論をつくりあげた（師岡 一九八〇）。そして、部落問題、部落史研究に携わった多くの研究者は、階級支配・階級社会の産物として、近世初頭から江戸時代の初めに部落差別・賤民身分がつくられたという説を踏襲していく（これを部落差別の「近世政治起源説」という）。こういう理論からは、部落差別というものは、支配者階級によってつくられ、差別意識も支配者階級がつくって人民に押しつけたという発想になりがちである（一方で、障害者差別はその障害のゆえに、自然発生的にできたと見なされる）。

また、一九六〇年代から一九七〇年代にかけて、部落解放理論として正統派の地位を得ていたものに、「朝田理論」と呼ばれていた理論がある。これは、一九六七年から一九七五年にかけて部落解放同盟の委員長であった朝田善之助によって定式化されたもので、「三つの命題」と「部落差別に関する命題」からなっている。

命題の第一は、部落民は就職の機会均等が行政的に不完全にしか保障されておらず、主要な生産関係から排除されているのが「部落差別の本質」であるとする。命題の第二は、部落民を低賃金・低生活におしとどめることにより、支配階級は、一般労働者から搾取し、分裂支配を可能にすることができる。このことが、「部落差別の社会的存在意義」であるとする。命題の第三は、差別観念は支配階級だけでなく、空気を吸うように一般大衆にも存在しており、これが「社会意識としての差別観念」であるというものだ。

この三つに、「日常、部落に生起する問題で、部落にとって、部落民にとって不利益な問題はいっさい差別である」という「差別に関する命題」が付け加わる。これは一見、なんでも部落差別といいかねない無茶な考えに聞こえるが、部落民の多くが老朽家屋に住み、衛生状態の悪い環境にあり、貧困に苦しみ、こうしたさまざまな不利益が、偶然部落に集中しているのではなく、もとはといえば部落差別に起因しているものであるという考え方を確立し、自己責任論に陥りがちな当時の部落大衆を励ます役割を担った。また、差別意識は、部落の低位な生活実態の結果生み出されるものであるとして、環境改善やさまざまな行政施策を要求していく運動を推し進めていった。

一九六九年から始まった国レベルでの同和事業は年々増加を続け、ピーク時の一九九〇年には、国と地方自治体あわせて年間八〇〇〇億円にのぼった。これを運動的観点から評価すれば、搾取に対する戦闘的な大衆運動が成功裏に実践されたということになるだろう。

こうした同和事業が推進され、目立ってくるようになると、「同和取りすぎ論」が一般市民の口にのぼるようになる。貧乏な人は同和地区の中ばかりではないのに、どうして同和地区にばかり税金が投入されるのか、と。この議論の是非はともかく、部落解放運動の側からは、これへの反批判として、部落の貧乏は一般の貧乏とは違う、あるいは、他の被差別グループと部落問題は優先順位が違うという論が立てられるようになってくる。

そのひとつとして、私の記憶にあるのは、大阪あたりで一時はやった「部落差別と一般差別」という論法である。日本にはさまざまな差別問題があるが、その根っこに部落差別がある、日本でいろいろな差別があるのは、人権意識、民主主義が阻害される土壌があり、その根本は部落差別である。その根本である部落差別を集中的に解決することにより、他の差別はおのずと解決していく、というような話だったと思う。さすがに、これは高校生の私にも大いに疑問に思えたものだが、結構広く信じられていた「理論」であった。

当然、障害者差別などは、部落差別に比べて深刻さが一等劣る、優先順位が低いという意識があったとしても不思議ではない。現に部落出身の作家で、部落解放同盟の機関紙『解放新聞』編集長も長く務めた土方鉄が書いた文の一説に、つぎのような下りがある。「ところで、さきに引用した、悪口の分類のなかにおける、身体・精神障害者への悪口、すなわち差別語と、部落に対する差別語との間に、大きな相違のあることにきづいたであろうか。もちろん、体の不自由さの、その不自由さを嘲笑し、悪しざまにいうのは、差別である。しかし、部落差別における、穢多よばわり、非人よばわりは、非人間性において質が違うのである」(土方 一九七五：三三)。土方の名誉のために付言すれば、この文章全体の文意は、当時みられた、マスコミによる過剰な言葉の言い換えを戒めるものであり、単語を言い換えればよいというものではないということを、氏は言いたいのである。しかし、前述の部分は、やはり当時の、部落差別が一番厳しいという運動家の思い込みが垣間見られると言われてもしかたがないところであろう。この文に対しては、『解放新聞』一九七六年一月二六日号に障害者からの批判的投書が寄せられている。

ところで、一九七〇年代後半から一九九〇年代にかけて、江戸幕府の法令など中央レベルの史料だけでなく、村レベルでの史料を使った実証的な部落史研究がすすむにつれ、従来の、近世政治起源説は徐々に否定されるにいたった。一五〇〇年代終わりから一六〇〇年代初めにかけて成立したとされる被差別身分・賤民集団は、実際にははるかに早い段階で形成されていたことがわかった。中世中期の一三〇〇年代はおろか、九〇〇年代の古代にまでさかのぼって考えられるようになった。そして、賤民の形成が古代にまでさかのぼることもさることながら、政治権力によって上からつくられたとする考え方が後退し、差別の起源を民衆側に見る村起源説ともいうべき考え方にかわってきた。そして、差別意識、卑賤観の根底に、「ケガレ（穢れ）」を重視する見解が台頭してきた。穢れとは、動物や人の死・死体、お産、女性の生理などから湧き出てくると考えられていたもので、天災や病気や不幸などさまざまな災いをもたらすと考えられていた。そして、その処理にあたった賤民集団も穢れた存在であると見なされるようになったというものである。また、穢れた存在は、賤民ばかりでなく、障害者や病者、女性など、さまざまな人々に共通した被差別の要因と見られるようにもなった（もちろん、何もかも穢れで説明しようとするのも問題であるが、その議論はここでは置いておく）。

こうした部落史研究の転換の背景には、一九八九年より始まった東欧革命による社会主義の崩壊がある。なんといっても、戦後歴史学の屋台骨は、社会主義の存在に支えられていた。それが、完全に崩壊し、しかも社会主義国内部でのさまざまな人権抑圧が明るみに出ると、従来のマルクス主義的な階級闘争史観は色あせていかざるをえなかった。そして、社会主義崩壊の影響は部落解放運動にも及んできて、部落解放同盟は、一九九七年五月の五四回大会で綱領を改定し、階級闘争主義・階級闘争史観を放棄するにいたった（灘本二〇〇三）。このことにより、部落差別意識は支配階級がつくって人民に押しつけたという以外の考え方が許されていなかった状況が大いに改善され、さまざまな差別意識の根拠が自由に論じられるようになった。今は、賤民・病者・障害者やその他のいろいろな不遇をかこった人々を切り分けて序列を付けるような考えは影を潜め、むしろ共通の土俵で分析されるようになった。

そうした折も折、一九九七年七月に公開された宮崎駿監督のアニメ「もののけ姫」は、古い部落史が見直され、新しく書き換えられていく時代を象徴する作品であった。封切り間もなく、映画館で「もののけ姫」を観た私は、まったく度肝を抜かれた。出てくるわ、出てくるわ、当時差別問題の歴史研究で扱われているいろいろな人のオンパレードである。主人公のアシタカはアイヌの青年、石火矢衆は犬神人《いぬじにん》と呼ばれる祇園社（八坂神社）の清掃や警護にあたった中世賤民、ジコ坊は傀儡《くぐつ》を生業とする中世賤民の唱門師がモデル。タタラ場の奥でひっそりとかくまわれている病者たちは、中世の絵巻物に出てくる癩者（ハンセン病者）そのもの。ほかに、タタラ（製鉄）の職人、狩人、牛飼いや人身売買で売られていた女たち。エボシ御前と呼ばれるタタラ場のリーダーは、奈良時代に「悲田院」「施薬院」をつくり、癩病者の膿を口で吸い出して救済にあたったとされる光明皇后の伝説を思わせる。

偶然というにはあまりにできすぎた、中世被差別民（非農業民）の総出演を見せつけられて、ただただ驚いたのだが、のちに、この映画の制作過程二年間を追ったドキュメンタリー『「もののけ姫」はこうして生まれた」を見て、疑問は氷解した。宮崎監督の仕事部屋がアップになるシーンがあるのだが、そこには、当時の中世被差別民研究の専門書などがずらりと並んでいた。やはり、宮崎監督は意識的に当時の歴史研究を取り入れて、物語を構成したのだった。映画が公開されてから一〇年以上がたつが、その間、江戸時代以前に村という一般社会から排除されたさまざまな人々の研究は格段に進んだ。本当は、隣り合うぐらいに近い関係だった賤民と障害者は、歴史研究上でやっと出会うことができた。やや遅きに失したともいえるが、この出会いは差別の歴史研究に大きな成果を生むことだろう。

参考文献
師岡佑行（一九八〇）『戦後部落解放論争史』第一巻、柘植書房。

土方　鉄（一九七五）『差別と表現』解放出版社。本稿の引用は、一九七七年の改装版による。

灘本昌久（二〇〇三）「部落解放に反天皇制は無用」「京都部落問題研究資料センター通信 Memento」No.12、二〇〇三年四月二五日（http://suishinkyoukai.jp/shiryo/memento/m_pdf/m12.pdf）。

解放新聞社（一九八一）『解放新聞縮刷版』第九巻、解放新聞社。

スタジオジブリ（一九九七）「『もののけ姫』はこうして生まれた」（ＤＶＤ）ブエナビスタホームエンターテイメント。

エッセイ④

障害者の近世・近代

小林　丈広

見世物の登場

明治維新以前（前近代）の障害者の実態については、盲人に関する史料だけが群を抜いて多い。これは、盲人が当道座という仲間組織を持ち、関連する記録を残していたからである。前近代の盲人については加藤康昭氏による研究があるが、それによれば、琵琶法師集団にはじまる当道座は、京都に職屋敷を持つ惣検校を頂点に、平曲などの芸能や鍼治・按摩などの稼業に従事した（加藤　一九七四）。したがって、座に組織された盲人は身分的特権を有し、特定の職能を独占したり、官金を元手に金融を行なったり、施しを受けたりした。しかし、盲人全体のなかで座に組織されている者の比率や、座に組織されていない者の生活実態は、あまりよくわからない。乞食や見世物のなかにも盲人は存在し、一八世紀には、座頭相撲や座頭と女による相撲が行なわれたという（ここでいう座頭は、当道座に属する者を指すのではなく、盲人の代名詞と考えられる）。横田則子氏は、「見世物が人々の生活の中に入りこんだ結果、見世物小屋の中の障害者に対する論理が、町や村に生きる障害者への視線にも何らかの影響を及ぼした」のではないかと述べる（横田　一九九四：五五三）。

横田氏は「障害者見世物」は一七世紀前半に成立するというが、「障害者見世物」の登場は、これまで農業や手工業生産など家業の手伝いに従事しながら生きてきた障害者が、村や家をはみ出しても生き延びるようになったことのあらわれであった。いわば、社会の都市化・近代化の産物である。加藤氏も、大衆芸能のなかに名を残した盲人芸能者について、「当道とは関係をもたず、伝統的芸能の羈絆からも解放された彼らには、もっぱら自己修行によってみがきあげたその芸を庶民に問い、庶民の共感とその零細な木戸銭のみにささえられて自立していく展望がひらけていた」（加藤 一九七四：三六〇）と評価する。ただそれが、「町や村に生きる障害者への視線にも何らかの影響を及ぼした」（横田 一九九四：五五三）とすれば皮肉なことであるが、現在のところ、推測の域を出ない。

「障害者見世物」を差別と見るか自立と見るかについては、その存在の仕方を史料にもとづいて丁寧に検証する必要があろう。また、見世物が成立するためにはそれを楽しむ空間が必要であるが、その有り様はどのようなものだったのであろうか。観客は、「障害者見世物」を楽しんでいたのであろうか、畏れていたのであろうか、憐れんだり蔑んだりしていたのであろうか。検証すべき論点は多い。

寺子屋の中の障害者

見世物は社寺門前や市場などに展開するので、都市化の進展、すなわち共同体の解体と無関係ではない。逆にいえば、大多数の障害者は村や家の中にいたのであり、その姿を史料上にあらわすことは少ない。したがって、その時代のあり方を目立つことによって生きていた人々によって代表させることは問題であろう。

生瀬克己氏の編集による『近世障害者関係史料集成』（一九九六）は、障害者の多様な姿を史料にもとづいて明らかにしようとした試みである。圧巻なのは、和泉国南王子村の難渋人書上帳で、眼病による盲人が数多く記載されている。また、信濃国上五明村の課業相勤兼候者御書上帳は「片輪者」、河内国更池村の持高名前帳は「ツンホノ太右衛門」の存在をとらえるが、この史料集成によっても、盲人以外の事例は数少ない。

都市化の進展が障害者の社会的進出に一定の役割を果たしたことは、寺子屋における就学機会の増加というかたちでもあらわれた。乙竹岩造氏によれば、近世末期の寺子屋のなかには視覚や聴覚に障害がある者や肢体不自由の者を受け入れているところが少なくなかった。地域によっては、盲人が算術を教えていた事例もあった。乙竹氏は、これらの事例を篤志ある寺子屋師匠の先駆的な教育実践と評価するだけでなく、活発な経済活動を背景に各地の都市に庶民教育の場が広がったことが背景にあったことを指摘する(乙竹 一九二九：下巻)。

乙竹氏がいうように、寺子屋で学ぶ障害者の登場も、社会の近代化を裏づける出来事である。ただし、見世物は生業であるが、寺子屋で学ぶためには資産が必要であった。家を基盤とする障害者は、都市社会で生きる力を身につける可能性が芽生えつつあった。学者の塙保己一や谷三山、文字を修得して日記を残した葛原勾当などは、その例といえよう。

町人社会と近代教育の成立

明治維新は、身分制を解体し、新制度導入の大きな契機となる。国民皆学を目指して創設が促された学校制度もそのひとつで、日本における「国民」の形成に大きな役割を果たすが、それは同時に、社会内部の差異を顕在化させ、差異を埋めようとする個々人の努力を促した。日本で最初の障害児教育の実践として知られる上京第十九区小学校(待賢校)の瘖唖教場が、地域に学校制度が初めて網羅的に展開した京都で生まれたのは、その点からいえば当然のことであった。

瘖啞教場の創設については不明な点が多いが、岡本稲丸氏らの研究によって、教員古河太四郎、学区有力者熊谷伝兵衛、関係した父兄や児童らさまざまな立場の人々の努力が重なり合ったものであることがわかってきた（創設時期は一八七三年から一八七五年頃、盲聾教育開学百周年記念事業実行委員会編集部会編一九七八、岡本　一九九七など）。

これまで障害者教育史においては、福沢諭吉の著作、山尾庸三の建白などが強調されてきた。これは、明治維新を契機とする文明開化政策の一環のなかに障害者教育を位置づけようとする試みといえ、瘖啞教場もともすれば同様の文脈でとらえられる。しかし、岡本氏らの研究は、瘖啞教場創設の中心となった古河太四郎らが、あくまでも自らの発想で盲児や聾児の就学に取り組み、多くの人々の協力によって実現したことを明らかにする。それでは、古河はなぜ盲児や聾児の就学に取り組むようになったのであろうか。岡本氏らは、古河の幕末維新期における政治活動や投獄、あるいは近隣に設置された窮民授産所での見聞など、いくつかの可能性を指摘する。

しかし、古河の履歴のなかでより注目すべきなのは、古河が私塾白景堂を開いていた古河直次郎の子であったということであろう。古河は、白景堂の経営者の家に生まれ、吉田秀穀や上田元冲ら何人かの町人学者に学んだ後、待賢校の教師となる。これは、学校創設期の京都の教員の経歴として、決して珍しいものではなかった。多くの教員は、市内で庶民教育に関わっており、維新後は、その経験を生かす場所を学校の中に求めたのである。乙竹岩造氏の研究は、そうした庶民教育の場に障害者教育の経験が蓄積されていたことを指摘しており、古河の場合にも、その影響をまず考慮すべきであろう。

幕末江戸の学齢児童の八割六分強が寺子屋に就学していたという推定もあったという乙竹氏の報告は、近世の町人社会が内発的に国民皆学への道をたどりつつあったことを示唆している（乙竹 一九二九：中巻）。京都の瘖唖教場も、文明開化の一環として上から与えられたものというよりも、庶民教育の経験から内発的に培われていったものと考えることができるのではないだろうか。これは、一八七七年に古河がまとめた「京都府下大黒町待賢校瘖唖生教授手順概略」が、瘖唖教場における実践を漢学の素養によってまとめた、きわめて独創的なものであることからもうかがえる。文部省は、これを『教育雑誌』に掲載し、全国の範とする。

「瘖唖」から「聾」へ

古河太四郎らは、その後京都府を動かし、一八七八年の仮盲唖院（京都府盲唖院）を開業、公立の障害者教育施設の開設にこぎつける。しかし、一八八三年頃から府の補助が削減され、運営方針が見直されると、古河も辞職を余儀なくされる。一八八九年、盲唖院は市の施設となるが、財政的基盤を強化するために一八九三年に京都盲唖院慈善会を組織した。この時期にはまだ、盲唖院は町人の寄付に頼らざるをえない不安定な存在であった。

一九二三年、盲学校及聾唖学校令が公布されたのを機に、一九二五年に盲唖院は盲学校と聾唖学校に分離され、両校は障害者教育施設として制度化される（一九三一年にはともにふたたび府に移管され、現在に至る）。ちなみに、前身の瘖唖教場の「瘖」も「唖」も話すことができない者を指す語であったが、一九三二年には聾唖学校から「唖」の字が取り除かれ、聾学校に改称された。岡本氏によれば、明治時代には「聾」は話せるが聞こえない者（中途失聴者や難聴者など）を、「瘖」「唖」は聞こえず話せない者を指していたというが、「瘖唖」から「聾唖」を経て「聾」に統合されていく学校名の変遷も、障害に対する認識の変化をあらわしているのである。

参考文献

加藤康昭（一九七四）『日本盲人社会史研究』未來社。

横田則子（一九九四）「近世都市社会と障害者」塚田孝・吉田伸之・脇田修編『身分的周縁』部落問題研究所出版部。

生瀬克己編（一九九六）『近世障害者関係史料集成』明石書店。

乙竹岩造（一九二九）『日本庶民教育史』全三巻、目黒書店。

盲聾教育開学百周年記念事業実行委員会編集部会編（一九七八）『京都府盲聾教育百年史』同朋舎。

岡本稲丸（一九九七）『近代盲聾教育の成立と発展』日本放送出版協会。

第7章　戦争と障害者の家族

傷痍軍人の妻の視点からの戦後史

藤原　哲也

一　傷痍軍人とその妻たち

傷痍軍人は、従軍した結果、戦傷を負い、国家補償の対象となっている点で、障害者のなかでも特異な存在であった。一八七五（明治八）年「陸軍扶助概則（陸軍武官傷痍扶助及ヒ死亡ノ者祭粢並ニ其家族扶助概則）」が施行されて以来、傷痍軍人対策の充実が図られた。とくに、日中戦争以降、傷痍軍人対策は軍事援護の重要なひとつと位置づけられた。傷痍軍人はこの恩恵に浴し、国民も彼らへ敬意を払うことが求められた。しかし、敗戦後、「民主化」と「非軍事化」を掲げた占領軍は傷痍軍人が受けた軍事援護を廃止したため、彼らは生活苦に直面した。さらに、戦傷が戦中の軍国主義と結びつき否定的にとらえられ、傷痍軍人に対する国民の同情的感情は薄れ、彼らは社会から疎外された存在となった。占領期終了後の一九五二（昭和二七）年に日本傷痍軍人会を結成した傷痍軍人は、戦前・戦中に受けた恩給等の特権の復活と名誉の回復を目指した。

本章では、傷痍軍人の妻の視点から傷痍軍人と家族の戦後史を考察する。大多数の傷痍軍人が受傷前後の婚期の違いこそあれ結婚し、家庭生活を送った。戦時中、国は傷痍軍人の結婚問題も軍事援護の重要課題のひとつと認識し、未婚女性に傷痍軍人との結婚を推奨した。彼らと結婚した女性たちは、介護などの世話なく日常生活を送ることが困難な彼らを支え、時に一家の稼ぎ手となり家庭を守った。妻たちの役割は、夫たちの介護だけでなく、「日本傷痍軍人会妻の会」を通じて社会活動の参加にまで及んだ。一九六一（昭和三六）年に設立された妻の会会員たちは、夫たちの会を全面的に支援し、さまざまな活動にかかわった。

本章は、社会福祉史、障害者史、女性史、ジェンダー研究の先行研究に立脚して構成されている。植野真澄が日本における傷痍軍人に関する研究動向を網羅的に整理しているので（植野 二〇〇七：六四〜七〇）、ここでは、本章と関連のある先行研究に絞って概観し、探究点を指摘する。

社会福祉史や障害者史は、戦後の社会福祉政策（とくに障害者政策）のなかでいかに傷痍軍人が扱われてきたのかに焦点を当てている。村上貴美子は、対日占領期の社会福祉政策における戦前・戦中の傷痍軍人対策が解体され、身体障害者政策の一部に組み込まれた過程を論証した（村上 一九八七：一五四〜二一〇）。山田明は、戦争傷痍者対策を日本政府にとって戦後初期の身体障害者に関する最大の問題と捉え、傷痍軍人たちも国立病院の患者自治会の活動を通じて要求運動を展開したことを明らかにした（山田 一九七九：一九九〜二二六、一九八七：一〇一〜一一三）。杉本も、傷痍軍人を中心とした患者運動が戦後の障害者運動の原点であることを論じた（杉本 二〇〇八：三五〜四七）。

これらの先行研究は、占領期に限定して身体障害者政策における傷痍軍人の存在が及ぼした影響を考察しているが、社会福祉史における占領期以降の傷痍軍人の位置づけが明確にされていない。さらに、障害者史は身体障害者対策を含む社会福祉政策に分析の重点を置いているために、傷痍軍人とその家族がどのように戦後の生活を過ごしたのか、傷痍軍人に対する政策がいかにその後の彼らの生活に影響したか、といった当事者の問題は分析されていない。

女性たちの傷痍軍人との結婚には、その妻たちの証言から戦時下の彼女たちに期待された性役割や規範が強く反映されたと考えられる。戦時下における女性の性役割や規範に関する研究は、ジェンダー研究や女性史のなかでも比較的多くの成果が残されている領域である。たとえば、加納実紀代は、女性が〈銃後の女〉として課せられた務めには、兵士たちの戦意高揚、少なくとも厭戦、反戦意識の顕在化の抑制があったと指摘した。そのなかには、傷病兵や戦死者の遺族を「母や姉妹同様の心を以て」世話することが期待された一方で、女性解放の一面があったことも言及した（加納 一九八七：四九〜八四）。

また、若桑みどりは、非戦闘員としての戦中の女性に求められた役割には、「母性」と「劣等（補助）労働者」という被害者や犠牲者の側面と、「チアリーダー」として献身的に戦争へ加担した加害者の側面があることを指摘した。さらに、戦時下のマスメディアが流通した女性動員のイメージの分析から、総力戦体制においても男女の役割分担が維持されたことを結論づけた（若桑 二〇〇〇：一一一〜一一六）。このように、加納と若桑は、戦時中の女性の役割を分析対象としたが、傷痍軍人の妻たちを含む個別の女性たちについては述べられていない。さらに、この分析がどのように戦後の女性の性役割や規範に影響を及ぼしたのかに関する考察は提示されていない。

傷痍軍人の結婚に関する先行研究では、戦時中の国家介入による結婚斡旋と妻に期待された性役割を論じている。生瀬克己は、戦前・戦中の傷痍軍人の結婚斡旋運動における一般障害者と傷痍軍人の違いを起点に、この運動が傷痍軍人に付与した社会的・歴史的意義の解明を試みた。「悪性の遺伝」と障害者との相関を根拠に施行された一九四〇（昭和一五）年国民優生法は、国民のあいだに障害者を社会から排除する動きを助長させた。政府は、戦闘により発生した多数の傷痍軍人と一般障害者との区別を戦争遂行のための国家的課題としてとらえた。生瀬は、傷痍軍人の処遇問題のひとつとして彼らの結婚斡旋が推進された実態を明らかにした（生瀬 一九九七：三二五〜四二、同 二〇〇三：一九七〜二一八）。

また、高安桃子は、生瀬の研究を踏まえながら、戦時下の傷痍軍人結婚保護対策の目的と妻が求められた性役割や規範を示している。高安は、「傷痍軍人結婚保護対策の目的は傷痍軍人の『再起奉公』を達成させ、労働力を確保し、傷痍軍人に名誉を与えることであった」と説明した。そのうえ、妻には夫の介護者と家計負担者としての役割が期待され、とくに職業的能力を有する家計負担者としての妻は、当時のジェンダー規範が逆転した現象であり、傷痍軍人の妻に求められた特有の役割であった、という見解を示した（高安 二〇〇九：五一〜六五）。

生瀬が戦中期の傷痍軍人の結婚問題を取り上げたことは意義深いが、生瀬自身も述べているとおり、戦後社会におけるこの問題の継続性についての分析までいたっていない。高安も、国家の見地から戦時下の女性の役割についての考察を深めたが、この役割を女性たちがどのように受けとめたのかという当事者側の視点が論じられていないため、当時の妻たちの実像を把握できていない。

本章では前述の未検討の諸点を念頭に入れながら、傷痍軍人の妻の視点から傷痍軍人と家族の戦後史について検証する。傷痍軍人とその妻たちは、日本傷痍軍人会の機関紙『日傷月刊』や、各都道府県や市町村の傷痍軍人会から発行された出版物を通して自らの戦争・戦後体験を綴った。彼女たちは、その手記のなかで傷痍軍人の配偶者、障害者の介護者、労働者としての複数の立場から、夫との結婚から夫の受傷の様子や障害、戦後の家庭生活、当時の社会状況まで多岐にわたり証言している。そこで、第二節は、妻たちが語った傷痍軍人との結婚に至った経緯をたどる。第三節は、妻たちと傷痍軍人との生活を観察する。第四節は、「日本傷痍軍人妻の会」が成立した背景やその活動内容をたどる。第五節は、傷痍軍人と妻の戦後史について小括する。

二　傷痍軍人と女性の結婚

多くの女性たちが傷痍軍人と結婚し、家庭生活を送った事実は興味深い。妻たちの証言から、彼女たちが実に多様な事情や理由から傷痍軍人との結婚に至ったことがわかる。戦前・戦中に夫の負傷前に結婚した妻たちの多くは、予期しなかった夫の受傷に戸惑った。また、戦中・戦後に傷痍軍人と結婚した女性たちの多くは、傷痍軍人対策や彼らに対する世論の影響を多大に受け、彼らとの結婚を決めた。一方、受傷後に結婚した女性のなかには、周囲の勧めや彼らに対する同情心から結婚を決意した者もいた。

本文中では、傷痍軍人とその妻の結婚生活を検討するうえで、軍事援護のひとつとして傷痍軍人対策が存在した太平洋戦争勃発以前の時期を「戦前」(～一九四一年)、傷痍軍人に対する軍事援護が強化された太平洋戦争戦間期の時期を「戦中」(一九四一～四五年)、傷痍軍人に対する軍事援護が廃止された終戦から日本傷痍軍人会および妻の会の活動が活発化する昭和三〇年代後半までを「戦後」(一九四五～六五年)と、三期に区分する。

(1)戦前の傷痍軍人との結婚――受傷前と受傷後の結婚

戦前、傷痍軍人との結婚理由は、受傷前か受傷後によって大きく異なった。受傷前に結婚した女性の大半は、夫が傷痍軍人になることを想定しておらず、受傷して帰還した夫の姿に戸惑いながら、夫の障害をしだいに受け入れた。一方、受傷後に結婚した女性の多くは、戦時下の傷痍軍人対策の影響や銃後の女性の役割から傷痍軍人と結婚したが、周囲からの反対に直面した。

受傷前に結婚した鳥取県のM子は、受傷した夫についての気持ちの変化を綴っている。一九三一(昭和六)年四月、M子夫妻は結婚し、翌年一月、満州に出征した夫が腹部に重傷を負った。昭和一〇年、腰椎損傷により下半身麻痺となり退院した。夫が「こんな体で新しい人生、茨の道を生きてゆかなければならないが、どんなにつらくても面倒を見てくれるか」と手を握り涙ながらに哀願したとき、M子は、「私は、戦死された人も多くあるのに、帰って来られただけでも感謝しなければならない、子供のためにもみんなが力を合わせて、一層強く生きてゆかなければならないと心に誓ったのを今も忘れずに思い出します」と、夫の受傷に当初困惑していた気持ちが戦死者との比較によって和らいだことを告白した(『日傷月刊』一四二号:三)。

長嶺チヨ子の傷痍軍人との夫、好正との結婚話は、女性にとって家庭を築くことが戦前の社会規範のひとつであったことを示すものであった。長嶺は、戦前、幼いときに父親と死別し、母親と五人姉妹という男性のいない家族で育ったため、負い目を感じながら過ごした。一九四〇（昭和一五）年一〇月、彼女は両眼を失明した傷痍軍人との結婚話を持ちかけられたとき、まだ会ったことのない相手に当惑した。しかし、「戦陣で負傷し、両目を失明された傷痍軍人という言葉がなぜか頭の奥深くこびりつき、これは、だれかがみてあげなければ、さぞ不自由されるだろうという同情心にかりたてられました」と、長嶺はそのときの気持ちを回想している。しかし、彼女が、母と姉に結婚の決意を伝えたところ、「これから十八歳になろうという若さと、なにも知らない、なにも出来ない者が、一時の感情でそんなことをいっても一生は長い。かえって相手のかたを不幸にするだけだ」と猛反対に遭った。その後、家族を説得した結果、どうにか結婚が許された（日本傷痍軍人会 二〇〇〇b：四三三～四）。長嶺は、家族の反対からも予想された傷痍軍人の夫との困難な結婚生活と引き換えに、所帯を構える一人前の女性として認知されることを選んだと考えられる。

(2)戦中期における傷痍軍人の妻としての資質

戦中、政府が傷痍軍人対策の一環として傷痍軍人との結婚を推進した結果、傷痍軍人との結婚に一定の理解が国民のあいだに広まっていた。では、傷痍軍人の妻に求められた資質とは何であったのだろうか。一九四二（昭和一七）年、渡邊亦男が発表した「傷痍軍人の結婚問題」と題する文章のなかで、妻の資質について言及されている。このなかで傷痍軍人対策の目標として、「これらの傷痍勇士が戦場に於いて体験把握した高邁なる国民精神を銃後の社会生活に生かし、銃後国民のあひだにあつて、秀れたる中枢的人物として再起奉公を果たしつゝ、聖戦完遂に向つて銃後の推進力たらしめる点」を踏まえたうえで、女性たちは、あくまで妻として「再起奉公」を目指す模範的国民である傷痍軍人を支援する補助的役割を期待されていたことがわかる。

「傷痍軍人の結婚問題」は、同時に国民と未婚女性に向けて注意を喚起した。「国民的自覚と正しい認識と強い情熱と深い敬愛とをもつ国民の強力なる協力支援の実践が伴わなければ、如何にしても達成は期し難いのである」と説き、国民の傷痍軍人への理解が不可欠であることが強調された。とくに、未婚女性に向けて「女性的感情や一時の感激や同情であるもの、あるひは自らの婚期が遅れたため漫然たる諦めや（認識も感激もなくたゞ）自らの生活目的だけの手段として申し出るものであるとしたら、これは断然拒避されなければならない」と、傷痍軍人との結婚に慎重な心構えがいることも説かれた（渡邊一九四二：二四二〜三、二五八）。

(3)戦中の結婚――女性が選択した場合

戦中、傷痍軍人への厚遇措置を背景に、多くの女性たちが傷痍軍人との結婚を決断した。しかし同時に、家族や周囲からの反対に直面した者も少なくなかった。国民のあいだに傷痍軍人との結婚について多様な見方があったことが、証言からも映し出されている。これは、戦時中とはいえ結婚という個人の決定事項に国家の介入が難しいことを物語っていた。

佐藤リサは、戦中の傷痍軍人に対する肯定的な見方から妻として献身的な役割を引き受けた典型的な女性であった。佐藤は、開戦後「祖国日本繁栄の為、戦争で傷ついた兵隊さんの、目となり手足となろう」と決意を固めていた。相談に来た白衣に松葉杖の姿の傷痍軍人を偶然見たとき、「同情進んで此の身を捧げようと飛び込んだ」と瞬時に結婚を決めた。そして、傷痍軍人との結婚が決まったとき、「憧れの傷痍軍人の妻となった」と念願がかなった心境を語った（青森県傷痍軍人会 一九八二：二二〇）。

しかし、傷痍軍人との結婚を進んで希望した女性たちの多くは、家族や周囲から反対に遭いながら結婚を決意したことが、彼女たちの体験談からうかがい知ることができる。一九四五（昭和二〇）年四月、夫、武男と結婚した新谷道は、軍病院で看護補助として傷痍軍人の傷の手当てを目撃した体験から、「私の脳裏に閃いたことは、銃後の婚期にある女性として、重傷の勇士の方のよき伴侶となることを決心した」と当時の思いを語り、周囲の反対にも決心を変えなかった（日本傷痍軍人会 二〇〇〇b：三〇〇～一）。新谷も、佐藤の場合と同じく、結婚相手の条件として傷痍軍人であることを重視した。女性たちにとって傷痍軍人と世帯を持つことは、自己犠牲がともないながらも、当時の女性の性役割を全うする点からも意義深いという認識があったと考えられる。

実際、周囲の反対を押し切って結婚した女性のなかには結婚生活に不安を感じていた者も存在した。一九四二（昭和一七）年七月、傷痍軍人と結婚した川満正子の両親は、「不具者の妻になって生活に困りはしないか」「仕事も充分に出来ない者と結婚して苦労するであろう」と結婚に反対したが、川満は、「その時は大東亜戦争の真っ最中でしたので、国のために傷ついた傷痍軍人の妻になるのは名誉なことと思いながら、また一方では不安もありました」と結婚時の胸中を振り返った（沖縄県傷痍軍人会宜野湾市支部 二〇〇五：二九七～八）。川満は、傷痍軍人の妻としての名誉と不安が交錯する複雑な心境を吐露している。

傷痍軍人を結婚相手に決めていた女性たちがいた一方、結果として傷痍軍人と結婚した女性たちもいた。小山内とよは、家庭の事情と傷痍軍人への同情の狭間で結婚を躊躇した。小山内の勤務先は、従業員に病院への見舞いを義務づけていた。一九四二（昭和一七）年、赤十字病院に入院中のある傷痍軍人を訪ねたところ、何度かの見舞いの後、彼から結婚の申し出を示唆する手紙が届いた。しかし、彼の実家が自分の実家から離れていたため申し出を受諾できなかった。その後、昭和一八年正月、小山内が病院を訪ねたとき、左大腿部を切断で失くした彼は、「もう足が無くなったので、結婚してくれなくともよい」と伝えた。彼女は「その時、迷っていたわたしは切断した個所も知らず生活のことも考えず、この人と結婚しようと決意した」と気持ちを綴っている（傷痍の記録編集委員会編 二〇〇六：一五〜八）。彼の足を失くした悲しみは、即座に彼女を結婚へと突き動かした。

草野美代子の場合は、人柄に魅かれて傷痍軍人との結婚を果たした。一九四四（昭和一九）年九月、左下腿切断をした清隆が美代子の勤めていた小学校に教師として赴任してきた。美代子は彼の働く姿を「終戦前の一番厳しい時期、男の先生方の少ない田舎の小学校で児童教育の為、一生を捧げようと決心し、脚の痛むのも意に介せず必死に働いた」と評し、清隆に対する尊敬の念と愛情がしだいに増し、終戦後の昭和二〇年末に結婚した（日本傷痍軍人会 二〇〇〇b：二六六〜七）。美代子は、傷痍軍人という身分よりも恋愛感情から結婚を決意した。

(4)戦中の結婚——周囲からの勧めによる場合

傷痍軍人への敬意が求められた戦時中、未婚女性のなかには家族や周囲から傷痍軍人との結婚を勧められた者が多く認められる。女性たちの証言は、当人の意志に関係なく、周囲の判断から傷痍軍人と未婚女性の組み合わせが決められたことをうかがわせる。結婚の意志を語る余地もないままにほとんど強制的に傷痍軍人との縁談を受け入れた三浦ウラは、当時の女性の置かれた状況をつぎのように述べた。

特に結婚年齢に達した女性は早く将来を築く人を見つけて、それぞれの家業を継がなければならないと、誰彼となく将来を語る言葉が身に滲みるようになり本当にいやな思いをしたことが……その頃の女性は誰でもそのような体験をしたことが多々あったと存じます。

近所からの縁談を押しつけられた三浦は、「いよいよ結婚式も近くなり、その相手の人と成りや容貌等知る由もなくただ当日を待つ昔のままの結婚式を致しました。……それが傷痍軍人の妻の始まりです」と語り、結婚式で初めて相手が傷痍軍人と知った（日本傷痍軍人会 二〇〇〇a：一九～二〇）。三浦の結婚話は、周囲からの決定に従うしかなかった当時の未婚女性の弱い立場を伝えている。

竹中九十枝と森本敏子は、結婚相手が傷痍軍人であることを事前に知らされて結婚を受け入れた。一九四四（昭和一九）年、傷痍軍人の夫と結婚した竹中は、「親は、お国のために負傷された方の処に行って、尽くしなさいと言われ、親の奨めで、結婚しました」と述懐した（垂井町傷痍軍人会編 一九八六：一九三～四）。三浦の場合と同様に、竹中には結婚相手を選ぶ余地はなく、親の意向に従い結婚を受けとめるしかなかった。

森本敏子の場合は、周囲からの勧めによる傷痍軍人との結婚とはいえ、その過程で説得を受けたという点で本人の意思が尊重された。一九四一（昭和一六）年九月、右大腿部を切断した森本三朗は帰郷した。当時、敏子の勤務先の農協組合長や三朗の実家が、彼女に三朗との結婚を強く勧めた。「隻脚と言っても名誉の負傷、国の為に戦った英雄だから何も愧じることなどない筈」と連日連夜、説得された敏子は、昭和一七年一〇月に結婚を受諾した（日本傷痍軍人会 二〇〇〇b：一八〇～一）。敏子への説得は、戦時中の「名誉の負傷」をした者と一般障害者との区別が人々のあいだに存在し、国策として掲げられた傷痍軍人との結婚は肯定できるという当時の障害者観を反映していたことが理解できる。

(5)戦後の結婚――見合いの場合

傷痍軍人の結婚においても戦後は重要な分岐点となった。戦後、傷痍軍人に対する軍事保護の廃止とともに国民のあいだから傷痍軍人に対する同情が薄れ、それは彼らの結婚にも消極的に作用した。この状況のもと、個人的事情から見合いで傷痍軍人を夫として選んだ女性が多く認められる。戦中・戦前の結婚と比較すれば、女性の結婚についての選択の機会が増えたことが、体験談からも知ることができる。戦後に傷痍軍人と見合い結婚した松谷クミ、斎藤フサ、斎藤みちの場合、個人的理由が結婚の決断に影響したことを語っている。

松谷クミは、戦後の傷痍軍人の置かれた立場を理解したうえで見合い結婚をした女性であった。一九五二（昭和二七）年四月、知人の勧めで見合いを受けた松谷は、相手が身障者であることは事前に知らされていた。彼女は、見合いの話のなかで、戦争で障害を負ったことがわかり、「自分自身の叔父二人が戦死しているので、それは名誉なことだ」と相手に同情を示した。また、彼女は、終戦後、戦死者の遺族や戦傷者が世間から疎まれていることを承知していたが、「お国のために不自由になられたのだから少しでも力になってあげたいと考え、早速承諾の返事をして結婚することにしました」と、結婚を決めた理由を述べた（宮日カルチャセンター編 二〇〇〇：二六八～七〇）。松谷の場合、戦後の否定的な傷痍軍人に対する見方とは反対に、傷痍軍人に対する同情的な見方が結婚を決定づけた。

斎藤フサは、家庭の事情から傷痍軍人との結婚に踏み切った。当時、長女の斎藤は、病弱な父が経営していた肥料店を手伝い、家計を支えていた。適齢期の斎藤のもとにいくつかの見合いの話が持ち込まれるなか、彼女は祖母が勧めた資産を有する相手との縁談話を受けた。見合いの席で相手が左目を失明した傷痍軍人であることがわかったとき、戦時中、日本赤十字社の看護師であった斎藤は「今更、傷痍軍人だなんて、今は軍人でねべさ」と語り、一九五二（昭和二七）年春、見合い相手と結婚した（傷痍の記録編集委員会編 一九八二：二二八）。斎藤は、相手の傷痍軍人という身分が否定的にとらえられていたことを了解したうえで、相手の経済状況が結婚を決める要因となっているとみられる。

斎藤みちは、相手が傷痍軍人であることを消極的に受けとめながら、一九四六（昭和二一）年に見合い結婚をした。斎藤は独身であることが家族の負担になることを憂慮して、周囲の勧めから見合い話を受けた。しかし、斎藤は相手が傷痍軍人であることを事前に知らされず、見合いで当人に初めて対面したとき、「手がないって生まれながらの不具でなし、戦争で負傷したのだもの……私は、アア、手のない人、目の前が一瞬グラッとした。背中に冷水をかけられた思いでした」と落胆の気持ちを表わした（傷痍の記録編集委員会編 一九八二：二一三）。斎藤の言葉は、家族の事情がありながらも、戦傷者は一般障害者と比較し結婚にふさわしい障害者という戦中の見方が、戦後にも維持されていたことを示唆するものであった。

(6)戦後の結婚――女性が選択した場合

戦後、女性に結婚の選択肢が増えるなか、傷痍軍人との結婚を自ら選択した女性たちもいた。

藤谷民男との結婚を決めていた芳江は、父親の説得に多くの時間を費やした。戦後まもない頃、芳江が勤めていた学校に赴任してきた民男に出会った。職員の会合で、戦場での受傷の様子を熱く語った民男を見た芳江は、「そのとき、私は心の中に、決心を固めた。私の命は十九歳で終わり！これから別の人生が始まる。お国の為に左腕を捧げた人の左腕になろう……と」と即座に結婚を決意した。芳江が父親に民男と結婚したいことを伝えたが、父は承諾しなかった。「思い通りにしたのなら親子の縁を切るがどうするか」と詰問した父に、芳江はつぎのように返答した。「許して貰えないなら仕方がありません。縁を切られても家を出ます。立派な式をして貰わなくてもいいから、娘は死んだと思ってください」。その一週間後、父親が「お前が好きなように……」と結婚の許可を下したとき、民江は「私にはこの人しかいないのだ！」と許された途端に涙が止まらなかったことを綴った（日本傷痍軍人会 二〇〇〇b：四〇六～八）。

民江の父親が反対した理由は、娘が障害者を配偶者とする困難だけでなく、敗戦による傷痍軍人に対する否定的見方によって、娘の結婚生活にさらなる負担がかかることを懸念していたと考えられる。

(7)戦後の結婚――周囲からの反応

戦後、傷痍軍人との結婚には周囲から種々の憶測が飛び交ったことが、妻たちの証言から知ることができる。一九五六（昭和三一）年一二月、山東信子は、精神的に立派な人柄に魅了されて、戦中マラリアに罹り左半身不随であった夫、秀眞と結婚した。信子が望んだ結婚であったが、当時周囲から言われたことを記憶している。

結婚した頃は、「体が不自由のない先生がどうしてあんな不自由な傷痍軍人さんと結婚をされたのか分かりません」とか、「傷痍軍人の恩給がもらえるから、少々身体が不自由でもお金の為に我慢をしておられるのでしょう」などと陰口を色々いわれました。(日本傷痍軍人会 二〇〇〇b：四三一〜二)

また、一九四八(昭和二三)年、両眼失明、左前膊切断の夫と結婚した川嶋シズエは、「私はよく他人からご主人の負傷前から結婚ですか、負傷されてからの結婚ですかと聞かれる。負傷後の結婚ですと答えると黙って仕舞われる」と述べている(日本傷痍軍人会 二〇〇〇b：四五八)。山東の結婚についての中傷は、特別な理由がない限り、健常者の女性が傷痍軍人と結婚することは考えられないこと、という世間の見方を代弁していたものと思われる。さらに、川嶋への返答に対する質問者の沈黙は、予想に反し、彼女が傷痍軍人と進んで結婚した事実に対する驚きや困惑が含まれていたからであろう。これらの結婚が示すように、戦前・戦中とは異なり、戦後における傷痍軍人との結婚は、第三者にとって理解しがたい事実として受けとめられていたことが読み取れる。

三　戦後における傷痍軍人と妻の生活

傷痍軍人とともに歩んだ妻の戦後の生活は、家計を支える「生活」と夫のケアの「生活」を両立させせた。夫の障害は多くの女性たちに就業を余儀なくさせ、彼女たちは、さまざまな場面で配偶者が傷痍軍人あるいは障害者であることを実感した。また、日々の夫のケアや介護に接するなかから、戦争が戦後の彼らの生活にも影を落としていることを痛感することも少なくなかった。彼女たちは、この二つの「生活」を同時に体験するなかで夫が傷痍軍人であることの思いを新たにし、傷痍軍人の妻としての意識を深めた。

(1)夫の障害の受容と夫婦の支え合い

傷痍軍人を配偶者とした女性たちは、結婚当初に抱いていた障害に対する抵抗感からそれを受容する気持ちの変化を描写した。戦後、聴力障害をもつ傷痍軍人である土橋正美と結婚したとき、君江は父親の勧めもあり、夫に尽くす決心をした。だが、難聴の夫との現実の結婚生活は、そんな彼女の決意を挫折させそうになり、君江はやりきれない思いをつぎのように綴った。

若い日に知られたくない、差別を受けたくない、耳になってあげようなんて、美しい乙女心の決心もゆらぎそうになる。帰りたい心がよぎる、でも夫のことを思うと、どんなにかつらいだろうと黙ってついて行こう。私に与えられた人生なんだと思い返し、出来るだけ明るく振る舞うようにしました。（日本傷痍軍人会 二〇〇〇b：四一九～二〇）

戦後、傷痍軍人と結婚した野上みつも、夫の障害を受容する過程を描写した。一九五〇（昭和二五）年に結婚した夫、行三について、「自分がまだ若かった頃は、揃って外出する時にどうしても人の目を引く姿に、やはり抵抗を感じなかったと言ったら嘘になります」と結婚当初の気持ちを告白した。しかし、夫との結婚生活のなかで「だんだん年齢を重ねるうちに不思議なもので、背が低いとか肥満だとかのように、その異常な体型はあまり特別なものに感じなくなりました」と、夫の障害を自然なものとして受けとめるようになった。また、みつが夫の障害を受容できた理由として、行三は健常者と同じような生活を送り、障害者であることの苦労を思わなかったことと、夫が受傷したとき、彼女は何も知らない学生だったために戦傷病者が語るような一般的な苦労話がなかったことをあげた（日本傷痍軍人会 二〇〇〇b：一〇三～四）。

土橋と野上の証言からも理解できるように、健常者の配偶者としての見方が彼女たちの結婚生活の起点となっている。土橋は、傷痍軍人の夫と結婚した自分の人生を運命と受けとめることで、夫の障害を受け入れようとした。一方、野上は、夫が傷痍軍人あるいは障害者であることについて否定的な経験がなかったために、夫の障害を特別視することもなかった。

傷痍軍人の夫婦のなかには生活を共にしながら、二人で一体となり困難を乗り越えようとする様子を書き残した者もいた。妻たちは、励ましを心の拠り所として、互いに支え合う夫婦のかたちを模索した。﨑野冨恵の夫、保己は、戦後ソ連に抑留後、一九四八（昭和二三）年一二月、結核を患い復員した。しかし、保己はソ連の抑留経験から思想的理由のため不採用が続き、ようやく就業しても労働に耐えらず転職を繰り返した。冨恵は、「健常者ならこんな苦しみは無いんだろうと幾度も思い悩んだ」と苦しい気持ちを吐露した。だが、「日本の国の為に戦争で病気になった身だから、どんなことにも耐えて助けて行くように」という自分の父の言葉を支えに、冨恵は思いなおし、二人で耐えて生きていこうと決心した（日本傷痍軍人会 二〇〇〇b：三九八〜九）。

戦争で失明した三島トシの夫は漁業に従事する一方、トシも内職をしながら夫に仕え、二人で励まし合いながら困難な生活を過ごした。トシは、仕事に早朝出かける夫とのある日の会話を再現した。

「とうちゃん、早くこんな夜に魚とりなんかいかなくてもよいようになりたいね。」「ああ生甲斐があった、幸福になれた、という時まで頑張ろう」と幾度励ましあったことでしょう。苦境になればこそ一層よりよき半身にならなければと心に誓う私でした。（『日傷月刊』一六号：三）

﨑野と三島は、夫の障害にともなう困難に立ち向かうとき、自分たちを鼓舞させてくれる契機として父親や夫からの励ましがあったことを語った。それらの激励と同じく、障害を持ちながら家族のために懸命に働く夫の姿に発奮させられた、という妻の声も多い。

夫婦共働きであった金田ちゑは、夫、厚志の「何もなくても二人で仲よく頑張って行けば飯は食える」の言葉を支えとした。一九四五（昭和二〇）年七月、中国湖北省で受傷し、足が不自由だった厚志は、農業に従事しながら鋼管会社の臨時社員として働いた。農作業を手伝っていたちゑは、作業の大変さに途方に暮れることがあったが、夫の働く姿に鼓舞されたことを述懐した。「疲れて腰や手が抜けるように疼み苦しんだものでしたが、傷を受けてきた夫が黙々と働く姿を見ると、これしきのことと自分を叱りつけながら働きました」（豊栄市傷痍軍人会・豊栄市傷痍軍人妻の会編 一九八三：七六〜九）。戦傷の身体を酷使しながら働く夫の姿は、妻たちにとって何よりも胸を打つものがあったのであろう。大森は傷痍軍人の妻であるという意識を新たにし、金田は身障者の夫との対比から健常者として何ができるのかを考えさせられた。また、彼女たちは、夫たちの戦争体験が彼らの障害と不可分なものであることを、彼らとのやり取りのなかから感じ取った。

⑵ 夫のケアの「生活」

傷痍軍人の妻たちにとって、夫のケアは日常生活の重要な役割のひとつであった。妻たちは、夫の障害に向き合いながら傷痍軍人の妻としての自覚が高まる一方で、健常者である自分と障害を持つ夫の比較から夫の体に刻まれた戦争の傷跡の深さを否応なく知らされた。夫の義足の装着を手伝うことが朝の日課となっていた草刈はな子は、その様子を回顧した。

大東亜戦争で左足を大腿部から失った夫の出勤に習慣のようになっている靴の紐結び出勤時間が来ても知らずに台所などにいますと「ぼつぼつ出かけますよ。」と声がかかる。私が一緒にでるので

はないのです。義足に靴下を履かせ、ズボンをそろえる出勤準備始の掛け声です。（『日傷月刊』一〇七号：四）

一九五〇（昭和二五）年、傷痍軍人と結婚した大畑あや子は、初めて夫の右足の義肢を見て驚き、夫の足となり支えていくと堅い決心と誓いを立てた。あや子は、夫が働き過ぎのため義肢の装着部位の皮膚が爛れたとき、絆創膏を買いに出かけた思い出を振り返り、夫とのやり取りを再現した。「義肢に血のにじみついているところを眺め入っている姿を見ると、私は痛々しくてたまりませんでした。でも主人は『これが義肢に血が通うことだよ。』と私を慰め安心させてくれました」（鈴木編 一九八七：九七〜八）。

岩原信子は、夫への介護経験から戦争はまだ終わっていないと感じた。信子は、夫が左太腿を負傷して以来、毎日包帯を洗い、消毒し、日に何度も交換しなければならなかった。岩原は、夫の受傷と戦争についてつぎのよう語った。「患部から出るその膿は、何とも人様に申し上げられぬ程の臭気を伴い、私は本当に主人が可哀想にと思いながらやっております。私の家には戦後は終わらぬと思います」（鈴木編 一九八七：九八）。岩原が述べたように、夫の戦傷は、一般の人々のあいだで戦争の記憶が褪せていく一方、彼女に戦争への思いをいっそう強く焼きつけた。

妻たちは、障害を持つ夫の世話や介護について苦労を経験しながらも、夫たちに強い自負を持って接していた。静岡県傷痍軍人会妻の会の座談会にて、妻たちの夫を支える気持ちについての意見が交わされた。岩原信子は、伴侶としての誇りと愛情を打ち明けた。

主人がわがまま言えるのは私だけでしょう。私には不自由な足をもつ夫であっても、かけがえのない主人です。万が一のことがあったらどうしようかと、主人の気持ちを思い、妻としてのやりきれなさを感じ、病む夫に見せられぬ涙を流したこともありました。（鈴木編 一九八七：一〇〇）

鈴木不二子も同様に、誰よりも夫の介護に献身的に尽くしてきたことを述べた。「毎日の看護で、時には私が倒れたら誰か他の人を頼んでもらいたいと思ったりしましたが、やはり何と言っても長年連れ添ってきた私が一番だと、口には出さないけどね」（鈴木編 一九八七：一〇〇〜一）。宇佐美さち江は、岩原と鈴木の意見に同意しながら、「妻に、我儘を言えるから夫の今日があるものと信じていますの」と断言した。妻たちの座談会では、彼女たちが夫たちの世話や介護の役割だけでなく、精神的な支えとしての役割を果たしてきたことを確認した。さらに、妻たちが夫たちにケアを通じて愛情を示したことは興味深い。こうした彼女たちの献身的な愛情を夫たちも感じていたことを、妻たちは確信していた。

(3) 家計を支える「生活」

妻たちのなかには、家計を支える主婦としての役割を果たしながら、時に女性の性役割や規範から逸脱する経験をした者もいた。戦後の妻の体験談は夫の就業状態にかかわらず、多くの女性が家計を支えたことを伝えた。労働を通じて、彼女たちは、ほかの家庭に比べ、自分たちが抱える負担の重さを認識した。

働いて家計を支えた妻たちは、世帯における夫の役割がいかに労働と結びついているのかを実感した。

一九四五（昭和二〇）年冬に結婚した猪熊美弥は、夫が洋服屋を始めたとき、初めて夫が傷痍軍人で針仕事ができないことがわかった。猪熊は、家庭と仕事の両立を余儀なくされたときの心情を、「私にしてみれば主人を頼りにしていたのに、反対に頼られる立場になってしまったので、さあ大変という思いが一杯でした」と告白した（柳田ほか著 一九八九：三〇七〜八）。猪熊は家庭を守る役割を担うつもりでいたため、一家を支えるという本来夫が果たすべき役割を引き受けなければならないことに追い詰められた気持ちになった。

妻たちは、戦後の日本社会において女性の労働がどのように受け入れられているのかを知る場面に直面した。吉野恵子は、肺結核を患う夫を扶養家族として申請したところ、会社から嫌味を言われ、渋々許可してもらったことを、「男社会の中で、結婚した女性が、夫に代わって、外で働くことは、今では珍しくありませんが、当時は考えられない、とてもつらい事でした」と当時の心境を語った（日本傷痍軍人会 二〇〇〇a：七三〜四）。

両眼視力障害を持つ武久と結婚した鈴木ツヤは、夫に代わって自分名義の石材業を経営していたが、あるとき税務署から呼び出された。担当者から「わざと恩給支給額をつけていない。女名義の方が税金が安いと思ってそうしておる」と厳しい指摘を受けたとき、彼女は、「初めてこんな場所に来たので、心の中はびくびくしていました」と心情を述べた（日本傷痍軍人会 二〇〇〇b：四四九〜五〇）。彼女たちは、女性が男性並みに働くことが必ずしも社会から受容されていないことを思い知ると同時に、戦前・戦中期とは対照的に、戦後期には夫たちの傷痍軍人という身分がほとんど配慮されなかったことを痛感した。

戦後、夫に代わり仕事のために自動車免許を取得した妻たちのなかには、場違いな思いをしたことを綴った者もいた。畑中キヌエは、右目失明の夫の代わりに、農業に従事するために免許を取ることを夫から勧められた。一九五五（昭和三〇）年代後半、女性の免許保持者がまだ少なかったため、キヌエは「私に車の運転なんか出来るかしら」と戸惑った。免許取得後、夫を乗せたとき、彼が喜んだことを記した（大阪府傷痍軍人会編 一九九五：一一七〜八）。一九四七（昭和二二）年、視覚障害を持つ夫と見合い結婚した鈴木美代子は、家業の酒類販売業を営んだ。美代子は当時の配達について「同業者は車で配達しているのに、私達は主人が酒十本、ビール二本、私がビール一箱を自転車の荷台に乗せ田舎の砂利の坂道を配達する苦労を重ねました」と述べ、夫の代わりに自動車免許の取得を決意した。免許取得後、美代子は、夫を同乗させて配達したときのことをつぎのように振り返った。

> 行く先行く先、二人で毎日ドライブが出来て羨ましいと言われました。いちいち主人の眼が悪いものですからと説明することも出来ず、羨ましかったらやってみなさい、と言いながら、ほおかむりをして何十年も働いて過ごして来たことでしょうか。（日本傷痍軍人会 二〇〇〇a：七三〜四）

畑中の自動車免許の取得に対する躊躇や鈴木の「ほおかむり」は、彼女たちにとって必要があったとはいえ、自動車の運転が当時の男性の性役割を象徴するもののひとつであったことを示している。

(4)傷痍軍人の夫たちの戦後

傷痍軍人の夫たちは、日常生活のなかで自分たちの威厳を喪失する場面に遭遇した。身体能力の欠損は、彼らの男性あるいは一家の世帯主としてふさわしい務めを果たす機会も奪った。また、これらの経験は、男性としての夫たちの意識を問い直すことになった。

受傷前に結婚した妻たちのなかには、受傷後の夫の顕著な変化に困惑したことを証言した者もいた。一九四五（昭和二〇）年五月、中国湖南省新化県の戦闘で右眼を負傷した小野ナリの夫は、除隊後、失明のために職業の選択が限られ、闇市から日雇い労務者まで職を転々とした。小野は、受傷後の夫の変貌をつぎのように描写した。「戦傷者になってからの夫はまるで人が変わったようにひがみっぽくなり、仕事場でもよく喧嘩をし、家庭においても子供らや私にもあたりちらし、本当にこまらせたものです」（傷痍の記録編集委員会編　一九八二：二一五〜六）。

宇良久美子も受傷後の夫の変化に悩まされた妻のひとりであった。一九四五（昭和二〇）年五月、沖縄県中部の戦闘で両耳が難聴になった宇良の夫は、復員後、補聴器なしで日常生活を送ることが困難であった。彼は、聞こえるふりをして話し相手に合わせて談笑し、その場を取り繕うとしたが、不適切な返答をして笑われ、「バカにされた」と自尊心を傷つけられたこともあった。夫はやりきれない思いを家族に当たり散らし、久美子は情けなく気の毒に思った（沖縄県傷痍軍人会　二〇〇五：二九〇〜一）。

これらの傷痍軍人たちの変化は、障害のために期待される夫、あるいは家長として役割が果たせないことへの苛立ちを表わしていた。家長としての彼らは、健常者の夫たちと常に周囲から比較される立場にあると同時に、彼ら自身が世間からどのように映っているのかを絶えず意識せざるをえなくなっていた。

戦後、彼らは傷痍軍人としての誇りを維持しようとしたが、一般市民とのあいだに意識のずれがあったことも否めなかった。その象徴が恩給であった。戦傷の代償としての恩給は、日本傷痍軍人会が恩給復活を運動の目標のひとつに定めたように、傷痍軍人たちにとって生活を守るだけでなく、自分たちの存在意義を示すうえでも重要な意味があった。

傷痍軍人たちの恩給についての認識とは別に、周囲の人々から恩給を誤解され悔しい思いをした妻たちもいた。下半身麻痺の夫を介護した中原洋子は、取引がある商人が夫の恩給について「中原さんはよかな、寝ていても天からお金が降ってくる。おどま貧乏らしゅう働かな食っていけん」と羨ましがったところ、「あなたにお金を上げるから一週間でいい、寝たまま洗面、食事をし両便をとって貰いベッドの上だけの生活をしてごらん」、と洋子が即座に言い返した。商人は申し訳なさそうに帰ったが、夫の気持ちを思い涙が止まらなかったことを記した（日本傷痍軍人会 二〇〇〇a：三八四〜五）。

斎藤フサにとって傷痍軍人の夫との結婚生活のなかでもっとも辛い体験は、夫の戦死した兄と比較されたことであった。兄の戦死による遺族年金が政府から両親に支払われたが、傷病恩給は斎藤の夫本人に支給されるために、義父は「チャッコ（兄）は親孝行だ。史郎（斎藤の夫）は馬鹿だ。親不孝だ」と不満を口にした。これに対して、斎藤は「誰の子だろう。私だってすきこのんでこの家に嫁入りしたのではないのにケチ」と心の中で反論した。さらに、彼女は、夫の実家からの過酷な扱いを思い出しながら、つぎのように述懐している。

「主人はみ国のために命を捧げて自分の体に負傷までして帰ってきたのに恩給を親にやらないから親不孝といえるのか」と言えばよかったと思う反面、そんな事をしていたら今頃は最愛の旦那様と離別させられたかなと思ったりの近頃です。（傷痍の記録編集委員会編　一九八二：二二九）

中原や斎藤にとって、夫たちが体を犠牲にして受けている恩給は自分たちの生活を守るうえで必要不可欠であったため、世間からの恩給についての誤解は耐え難いものであった。同時に、彼女たちは、恩給についてこのように理解されていることに彼らの苦しみや悲しみを慮った。

白衣募金者の存在は、恩給問題と同じく、傷痍軍人の名誉を保持する点から妻たちにとっても見過ごせなかった。戦後、白衣を着た傷痍軍人の募金活動が社会問題となった。彼女たちは白衣募金者と夫たちを比較しながら、彼らの存在を憤った。一九四六（昭和二一）年、右大腿部を失くした夫と結婚した大坂庸は、生命保険の営業員として懸命に働く夫に献身的に尽くした。彼女は街頭で白衣の「傷痍軍人」の姿を目撃するたびに、「どうして夫のように自らの手足で働こうとしないのか」と疑問に感じた。負けず嫌いの夫も、そのような昔の仲間の姿を嘆き、「同じ傷痍軍人として情けない」と彼女に告げた（傷痍の記録編集委員会編　一九八二：二一一～二）。

山中アキ子は傷痍軍人と遭遇したときの複雑な気持ちを告白した。戦後、山中アキ子は、夫の國造と一緒に戦前の仕事であった紙文具卸商を再開させ、そのとき偶然目にした白衣の傷痍軍人のことをつぎのように綴っている。

当時人通りの多い町の道すがらや神社仏閣の参道等に、白衣の傷痍軍人が人の情を乞う痛ましい姿を見るたびに胸を抉られる思いがいたしました。戦時中は戦死者や戦傷者は御国の為にと称え励ましたものですが、敗戦後は夫のような傷痍軍人など汚い物を見るような目で見られ、残念で仕方ありませんでした。（日本傷痍軍人会 二〇〇〇b：二八三）

大坂と山中が示した白衣募金者への落胆は、夫たちが障害を克服しようとする努力を妨げ、彼らの威厳を損ねるという意識が働いたからであろう。また、世間では白衣募金者と傷痍軍人を同一視する風潮が強く、彼らがこの偏見に絶えず晒されてきたという戦後の日本社会の一面を投影していた。

四 「傷痍軍人妻の会」の設立と活動

(1)「傷痍軍人妻の会」の誕生

戦後の傷痍軍人の妻たちの共通体験は、妻たちの相互扶助を目的とする団体設立として結実した。一九五四（昭和二九）年九月二四日、広島県庄原市にて全国最初の「傷痍軍人妻の会」が意外な展開から誕生した。庄原市傷痍軍人会は、日頃の献身的努力に感謝の気持ちを伝えるために、約八〇名の妻たちを招待して慰安会を開いた。当時の庄原市傷痍軍人会会長・田中大造は、この会を開催した理由をつぎのように説明した。

「妻の会」発会の動機は「愛妻」の念から出発したものである。……彼女たちは、傷ついた傷兵に嫁ぐことが、女性にだけ出来る最高の愛国心であるという国策に乗ぜられて、傷痍軍人の妻となり、戦後の茨の道を今日まで歩んできた。その妻たちをこよなく愛して慰めてやろうではないかという感謝と愛妻への一念から支部の家族全部を招待して慰安会を催した。(『日傷月刊』六三号：三)

この慰安会に感激した妻たちは、夫たちの傷痍軍人会を継続的に支援するために「妻の会」の結成をただちに決め、その場で結成総会が開会された。「庄原市傷痍軍人妻の会」の会則にはつぎの目的が明記された。「本会は会員相互の修養と親睦を図り傷痍軍人の妻たるの自覚をもつて常に夫を助け、その福祉更生に努力し、どんな苦境にあつても明るく幸福な家庭をつくり、傷痍軍人会の発展に協力することを目的と致します」(『日傷月刊』一六号：三)。

庄原市傷痍軍人妻の会結成が契機となり、全国各地で妻の会が設立された。女性たちは、妻の会において自分たちの立場を語る機会を得た。一九五九(昭和三四)年三月、京都市傷痍軍人会妻の会の結成式での「私たちの願い」と題された宣言文は、彼女たちの思いを代弁するものであった。

私達傷痍軍人を夫に持つ妻は、戦争中軍国の妻だ、傷痍の天使だとおだてられ生涯傷ついた人への奉仕と献身的看護を押しつけられました。しかし戦後は私達妻に何をもって報いてくれたでしょう。私達は泣いても泣き足りない気持ちで「何もいらないから夫をもとの身体に返して下さい」と叫び続けて参りました。(『日傷月刊』六五号：四)

この声明では、傷痍軍人との結婚は女性たちに強制された自己犠牲から成り立つことを前面に訴えた。実際は多様な理由から彼女たちは傷痍軍人と結婚したが、ここでは少なくとも、戦傷者である夫の立場と同じく「犠牲者」としての妻の立場を対外的に主張する必要性が、妻の会の存立理由とも深く関わっていることがわかる。

全国的な妻の会の結成の機運が高まる一方で、日本傷痍軍人会は妻の会に同会を支援する役割を期待した。一九五九（昭和三四）年八月、第九回日本傷痍軍人会全国大会に先立って開かれた同会の理事会・評議員会合同会議は、妻の会の結成促進を確認したうえで、「本会と一体となって、傷痍軍人とその妻或いは子供に迄福祉国家にふさわしい補償制度を確立したい」と、妻の会に寄せる抱負が述べられた（『日傷月刊』七〇号：四）。さらに、日本傷痍軍人会会長の蒲穆は、夫たちだけでは同会が掲げる目標達成が困難であることを指摘し、「妻の会」との団結を訴えた（『日傷月刊』七八号：二）。このように同会は、傷痍軍人だけではなく、その家族を含む包括的な傷痍軍人対策の充実を図ることで、妻の会会員を取り込み、運動の拡大を目指した。

地方や県単位の妻の会設立の動きや日本傷痍軍人会の後押しは、妻の会の全国組織設立への原動力となった。一九六〇（昭和三五）年一〇月一三日、二〇府県六〇名の妻たちが招集され、「傷痍軍人妻の会全国代表者会議」が開かれた。『日傷月刊』は、「赤い気焔といった生易しいものではなく、夫と共に、また夫の会以上に妻がしっかり手をつながなければという、真剣なものばかりであった」と会議の様子を伝え、妻の会が夫の会と緊密に協調しながら、対応すべき議題について活発な意見交換が行なわれた。最終的に妻の会の運動方針として、「国鉄無賃法の妻の利用、夫の職業問題の解決、日本傷痍軍人会の要望事項への協力」の三つの目標が確認された（日本傷痍軍人会編 一九六七：二二四〜五）。

一九六一（昭和三六）年一〇月一六日、全国から約一五〇〇名の妻たちが参加し、「日本傷痍軍人妻の会」の全国結成大会が東京日本青年館にて開催された。結成大会に際し、同会設立の目的がその宣言のなかで示された。

私達は、お互いに共通した理解の下に、お互に扶けあい、励ましあって、祖国の為に傷痍をうけた傷痍軍人の妻としての誇を胸に「傷痍軍人妻の会」を結成し、傷痍の夫たちが運営している傷痍軍人会と渾然一体となって幾多山積する諸問題解決のために協力する決心で御座います。何卒お互いの福祉増進と明るい平和な日本建設のため、家族総ぐるみの態勢と熱意とを以って団結して参りましょう。（『日傷月刊』九六号：一）

また、妻の会の綱領として三点を掲げ、傷痍軍人の妻としての自覚を会員に促した。

一、傷痍軍人の妻であるという名誉と誇りを持ちましょう。
一、傷痍の夫を扶け立派な家庭をつくりましょう。
一、傷痍軍人と表裏一体となり福祉増進を計り国家社会の向上と世界平和の確立に協力しましょう。
（『日傷月刊』九六号：一）

この大会では、夫の会の懸案を妻の会の議題として反映させ、政治的団結が図られた。当時、日本傷痍軍人会国会対策副委員長の松村黄次郎は、「『妻の会』の代表に加わって頂き、統一された方針のもとに緊密な連携を保ちつつ運動を進めて行くことができれば、今後の国会運動にも大きな飛躍が期待させるのではあるまいか」と述べ、彼女たちに、妻の立場から恩給是正の家族加給や国鉄無賃乗車法の改正問題といった喫緊の課題への取り組みを希望した（『日傷月刊』九七号：二）。

結成大会には、日本傷痍軍人会の代表だけでなく、同会とも政治的結びつきが深い自由民主党の政治家たちも来賓として参加し、妻の会設立を祝福した。来賓代表のひとりであった池田満枝（池田勇人内閣総理大臣夫人）が、妻たちの献身的な姿に感謝の気持ちを伝えた。「御不自由な御主人方を助け、そうして家庭を守り、お子様を立派に育てて今日までいらっしゃいましたことは重ねて私は心からなる尊敬を申し上げ、また国民の一人と致しまして皆様方に深くお礼を申し上げたいのでございます」（『日傷月刊』九六号：二）。

『日傷月刊』は、「内から妻たちすすり泣きの声がもれるほど感動的なものであった」と、池田の挨拶に対する反応を報道した。この大会の成功は、家族だけでなく夫の会を支援する点からも、妻たちの主導的役割を内外に印象づけた。妻の会の設立は、結果的に傷痍軍人とその家族の福祉向上を目指す日本傷痍軍人会の運動を展開するうえで強力な基盤となった。

(2)「傷痍軍人妻の会」の社会活動

傷痍軍人妻の会に参加した女性たちは、夫たちの傷痍軍人会を全面的に支持しながら、社会貢献活動から平和活動まで多岐にわたる社会活動に参加した。妻の会の活動は、夫の会の立場から期待された女性としての役割が投影された一方で、彼女たちに情報・意見交換の機会を含む社会参加を促した。鹿児島県大浦村傷痍軍人会妻の会の宇留島とみ子は、妻の会について語った。「今までは同じ村に住みながらお互いに知らなかった私たちが、数ヶ月に一回の妻の会を持つことによって温かい心を通じ合い、ともに考える時間を持てるようになったことも意義のある事だと思います」（『日傷月刊』七四号：三）。宇留島の証言からうかがえるように、日々の生活のなかで孤立しがちな傷痍軍人の妻たちは、同じ境遇の女性たちと体験を語り合い、傷痍軍人の妻としての意識を共有しながら、妻の会の活動を介して、自分たちの存在を示そうとした。

妻の会は、夫たちが社会から受けた恩恵に感謝を表わす手段として、社会貢献の重要性を位置づけた。一九五九（昭和三四）年九月、伊勢湾台風が東海地方に壊滅的被害を与えたとき、京都市傷痍軍人妻の会下京支部の役員七名が京都駅にて被災者救済の募金活動を行なった。同妻の会は、この募金活動で集められた約八〇〇〇円に見舞状を添えて、三重県傷痍軍人会妻の会に送った。『日傷月刊』は、「傷痍軍人の妻たちが自ら会員の救済に率先起ち上がったのは、これが初めてであり被災された傷痍軍人の妻たちの感激は又格別と察せられる」と、彼女たちの活動を伝えた（『日傷月刊』七二号：四）。また、会員たちは一般市民を支援する募金活動にも積極的に取り組んだ。一九六一（昭和三六）年一二月三日、京都府傷痍軍人会妻の会は、会長を含む役員有志が街頭に立ち、歳末助け合い募金に協力した。この募金活動で集められた五八八二円を京都府社会福祉協議会に寄付した（『日傷月刊』九八号：四）。これらの妻の会の活動は、社会活動へ高い意識を持つ妻の会の存在意義を伝える機会となった。

女性たちは、傷痍軍人の夫たちと一緒に相互扶助の精神を発揮して、人々に障害を克服できることを誇示した。一九六二（昭和三七）年一二月一七日、北海道傷痍軍人会札幌支部と同妻の会の会員二〇名が、北海道立身体障害者職業訓練所を訪問し、障害を克服した自らの経験談を語った。生徒一〇〇名が見守るなか、傷痍軍人たちが、「私たちも不自由だが、やる気になれば、このとおり」と掛け声も勇ましく、妻の捏ね取りに導かれて、餅つきを披露した（『日傷月刊』九八号：四）。餅つきでの夫婦の役割分担は、日常生活でいかに夫たちが妻たちに支えられているのかを生徒たちに強く印象づけた。

社会奉仕活動と並んで、妻の会は病院や療養所への慰問活動にも精力的に取り組んだ。一九五九（昭和三四）年一二月一八日、広島県福山市傷痍軍人妻の会会員二二名は、陸上自衛隊福山地区病院の入院患者を慰問した。病院長は、妻たちに「この病院が出来て以来、初めての慰問を感謝すると共に傷痍軍人妻の会のこの尊い心に深甚の敬意を表して余りある」と感謝の意を表した。これを受けて、妻の会は毎月定期的な慰問訪問を決定した。『日傷月刊』は、彼女たちの病院慰問をつぎのように報じた。

慰問する妻たちの心中にも、かつてはわが夫もこうした他人の愛情に見守られた日があったのだと深く感銘の様子（体）であった。また、一方で見舞われる人も初めてのことと大変な喜び方で慰める人と慰められる人の間に暖かい人間愛の真髄に触れ、有意義な半日を送った。（『日傷月刊』七五号：三）

国立療養所への女性たちの慰問に際し、傷痍軍人である入院患者たちは妻たちについて本心を語った。

一九六四（昭和三九）年一〇月六日、兵庫県傷痍軍人妻の会の幹部四名が、同会で募った見舞金三万三〇〇〇円を携えて、国立箱根療養所を訪問した。参加した女性たちは、療養所に夫たちと一緒に入所している女性たちのなかには負傷した後に結婚した献身的な姿に感銘を受け、ある訪問者は「一般の夫婦と異った細やかな精神的な御夫婦の繫りが私にはじーんと感じられました」と感想を述べた。また、彼女たちの訪問に感激した入院中のある傷痍軍人は、妻への感謝の気持ちを伝えた。「平生わがままばかり云うのでこんな時一寸云わせて貰いますけど、こう云う奇特な婦人が居て呉れたお陰で、こうして何から何まで世話になって、生きていけます」（『日傷月刊』一三三号：三）。慰問訪問に参加した会員たちは、入院患者の慰問という目的を達成しただけでなく、彼らの反応から妻の会会員として自覚を高めた。

(3)傷痍軍人の妻としての誇り

会員の女性たちは、社会貢献活動に参加するなかでその存在感を示す一方、自分たちと夫たちの名誉を守るために種々の活動に加わった。妻の会の活動のなかには、従軍した夫たちの姿を想起させるようなものもあった。一九五九（昭和三四）年九月七日、京都市傷痍軍人会妻の会下京支部の会員約七〇名が宇治市にある自衛隊大久保駐屯地を見学した。そこで自衛隊員の姿を目の当たりにした会員のひとりは、受傷前の夫の輝かしい日々を懐かしむ様子でつぎのように語った。「姿、形は変わっていますが往年の夫達を偲びつつ感一しおのものがあり、今の不遇の夫をより一層助け励まさなければならないと誓ったのでありました」（『日傷月刊』七四号：四）。

千葉県傷痍軍人会印旛地区妻の会も、夫たちの過去の栄光を想起させる催しを企画した。一九六二（昭和三七）年六月二三日、同妻の会の結成式が千葉港に寄港した海上自衛艦上にて盛大に執り行なわれた。『日傷月刊』は、「傷痍軍人には限りない懐旧と奮起の念を喚起させ、妻はまた夫の外征時の感懐を誘い、子女は将来の為に大いに得るところがあった」と結成式を描写した（『日傷月刊』一〇六号：四）。これらの催し物は、戦後、傷痍軍人と家族が冷遇されるなかで、傷痍軍人としての誇りをかみしめるものであった。

妻の会の活動のなかには、戦時中の彼女たちを思い起こさせるものもあった。一九六〇（昭和三五）年一月五日、徳島市傷痍軍人会妻の会の結成時、結成式に妻の会の役員が白いエプロン姿で登場したことを、『日傷月刊』はつぎのように描写した。

> 発足会には各会の諸名士が列席し、森山会長も祝詞と激励を贈ったが傷痍軍人の妻たちは普段着に真白いエプロン姿で出席し、きらびやかな装で妍を競う婦人団体の集いとは違い、傷痍軍人らしい質素ながら清楚な雰囲気を醸し出す集いであった。（『日傷月刊』七五号：三）

傷痍軍人たちは、妻たちが着用した白いエプロンを戦中の婦人たちの象徴だった白いカッポウ着と重ね、好意的にとらえた。また、妻たち自身の名誉や誇りを守るという動機が妻の会の原動力になっていることが、白いエプロンに込められていることも示唆していた。

夫や自分たちの過去を肯定すると同時に、妻たちは、妻の会結成大会で宣誓したように、機会があるたびに世界平和を強く求めた。たとえば、一九六一（昭和三六）年九月一四日、兵庫県傷痍軍人妻の会はソヴィエトが核実験を行なった直後に実験停止決議を発表した。

日本人として、また身をもって戦争の災禍を経験し不具となったわが夫、我が子をもつ妻として母として、ただひたすらに世界の平和を祈願してまいりました。私達兵庫県傷痍軍人妻の会一同は全人類の滅亡を招き最も悲惨なる戦争に直接繋がると考えられる核実験には絶対反対をするものであり、即刻実験を停止し人類のため平和な世界、共存共栄の世界の創設に協力されるよう熱望いたします。（『日傷月刊』九五号：三）

妻たちは、傷痍軍人の夫たちが捧げた戦中の国家への忠誠を称えながら、彼らとの日々の生活から戦争の悲惨さをもっとも間近に知る者として、一貫して核兵器の廃絶と平和の重要性を訴えた。

五　傷痍軍人と妻の戦後史

戦前・戦中から戦後にかけての劇的な変化を、傷痍軍人と家族も経験した。戦中期において国策としての傷痍軍人との結婚の推進、それに付随した国民の彼らに対する好意的な見方が、多くの縁組を成立させた背景としてあったものと考えられる。しかし、本人の意志だけなく周囲からの強い勧めが傷痍軍人との結婚を後押しした一方、女性たちは彼らとの結婚に際して周囲から多くの反対に直面したのも事実であった。これは、戦中期とはいえ、国家が結婚という個人の選択へ介入することの難しさを物語っていた。終戦とともに、女性たちは傷痍軍人との結婚という国家的介入から解放され、結婚相手を選択する権利を得た。だが、なかには種々の理由から傷痍軍人との結婚を決めた者もいた。戦死による結婚適齢期の男性数の激減が傷痍軍人との結婚を促した理由のひとつにあげられようが、同時に妻たちの証言から、傷痍軍人は結婚にふさわしい障害者であるという認識が、戦中から戦後にかけて存在したことも明記されるべきであろう。いいかえれば、これは（その多くが健常者と考えられる）女性たちが結婚を指標として障害者を差異化していたと言えよう。さらに、女性たちの傷痍軍人との結婚に社会的圧力が強く働いたことも考慮されなければならない。傷痍軍人との結婚が認められた背景には、結婚して家庭を持つことが社会の規範として女性たちに重くのしかかっていたことも指摘できよう。

戦前・戦中に傷痍軍人が受けた軍事援護の廃止が、戦後の彼らと家族の生活に多様なかたちで影響を及ぼした。とくに恩給の廃止は、妻たちの社会参加を促した点で見過ごすことはできない。戦中下の恩給をはじめとする傷痍軍人に対する軍事援護は、妻たちの主な役割であった夫の世話を可能にした。これは傷痍軍人に期待された再起奉公という目的にも合致した。しかし、戦後期における恩給を含む傷痍軍人対策の廃止は、夫の障害の程度にかかわらず、多くの妻たちに就業を余儀なくさせ、家庭での負担を増加させた。家庭と仕事という二重の責務を負った女性たちは、当時男性の性役割や規範と考えられた領域にも登場し、戦後の傷痍軍人の妻としての意識を高めた。

妻たちは、障害者としての傷痍軍人の特殊性を妻の会の活動を通じて体験した。傷痍軍人との暮らしのなかで、彼女たちは夫たちがどのように社会から認識されているのかという視点に常に直面した。こうした日頃の経験に加え、戦争による受傷に対する国家補償が傷痍軍人の名誉回復と直結した運動は、一般障害者との差異化を彼女たちにも促した。日本傷痍軍人会の掲げた目標を支援するために設立された妻の会は、彼女たちに社会参加の機会を与えた。人々が戦争を過去のものとしてとらえる風潮とは反対に、妻たちの家庭外でのこれらの活動は、「理由ある障害者」として傷痍軍人の立場や正当性を明確にするとともに、彼女たちに傷痍軍人の配偶者として戦争とその影響についての社会的意識を先鋭化させた。

本章では、妻の視点から傷痍軍人と家族の戦後史の一端を明らかにすることを試みたが、同時に戦後の傷痍軍人に関していくつかの新たな探求課題を提示した。まず、本章で検討した妻の視点に加え、夫の視点から傷痍軍人の家族の戦後史を重層的に検証することにより、詳細な彼らの戦後史を観察できると思われる。また、妻の視点から傷痍軍人の戦後の生活に焦点を当てた本章は、いいかえれば、障害者の家族あるいは介護者の歴史の一面もあわせ持つ。この点からも、他の障害者の家族史との比較により、障害者の配偶者としての傷痍軍人の妻の歴史的特質が明示されよう。これらの点について、新たな研究が待たれると同時に、筆者も稿を改めて論じてみたい。

引用・参考文献

池田敬正（一九八六）『日本社会福祉史』法律文化社。
池谷好治（二〇〇四）「『戦争犠牲者』像の諸相――団体機関紙にみる自己像・他者像」『歴史評論』第六四九号：七

四〜九一頁。

一ノ瀬俊也（二〇〇五）『銃後の社会史』吉川弘文館。

上野千鶴子（一九九八）『ナショナリズムとジェンダー』岩波書店。

植野真澄（二〇〇三）「白衣募金者一掃運動にみる傷痍軍人の戦後」『日本学報』第二二号：九五〜一一六頁。

——（二〇〇五）「白衣募金者とは誰か——厚生省全国実態調査にみる傷痍軍人の戦後」『待兼山論叢』第三九号：三一〜六〇頁。

——（二〇〇六）「傷痍軍人・戦争未亡人・戦災孤児」倉沢愛子、杉原達、成田龍一、テッサ・モーリス‐スズキ、油井大三郎、吉田裕編『岩波講座6アジア・太平洋戦争　日常生活の中の総力戦』岩波書店、一八一〜二〇八頁。

——（二〇〇六）「戦後日本の傷痍軍人問題——占領期の傷痍軍人援護」『民衆史研究』七一巻：三〜一二頁。

——（二〇〇七）「『傷痍軍人』をめぐる研究状況と現在」『戦争責任研究』五五号：六四〜七〇頁。

大阪府傷痍軍人会編（一九九五）『戦後五〇周年記念誌　傷痍軍人・その妻が歩んだ道』同会。

岡野幸江・北田幸恵・長谷川啓・渡邊澄子共編（二〇〇四）『女たちの戦争責任』東京堂出版。

荻野憲祐編（一九四三）『傷痍軍人結婚物語』大日本傷痍軍人会本部。

沖縄県傷痍軍人会宜野湾市支部（二〇〇五）『創立五十周年記念誌』同支部。

加藤千香子・細谷実（二〇〇九）『暴力と戦争』明石書店。

加納実紀代（一九八七）『女たちの〈銃後〉』筑摩書房。

垂井町傷痍軍人会編（一九八六）『傷痍の記——傷痍軍人とその妻の文集』岐阜県傷痍軍人会不破支部垂井分会。

厚生省五十年史編集委員会編（一九八八）『厚生省五十年史　記述篇』厚生問題研究会・中央法規出版。

高知市傷痍軍人会（一九九三）『嗚呼！我傷つけり』。

傷痍の記録編集委員会編（一九八二）『傷痍の記録』青森県傷痍軍人会。

——（二〇〇六）『戦争体験記——終戦六十年記念』青森県傷痍軍人会。

杉本　章（二〇〇八）『障害者はどう生きてきたか　戦前・前後障害者運動史』現代書館。

鈴木角蔵編（一九八七）『県傷三十五年史』静岡県傷痍軍人会。

大門正克・安田常雄・天野正子編（二〇〇三）『戦後経験を生きる』吉川弘文館。

高安桃子（二〇〇九）「戦時下における傷痍軍人結婚保護対策――傷痍軍人とその妻に求められていたもの」『ジェンダー史学』第五号：五一～六五頁。

豊栄市傷痍軍人会・豊栄市傷痍軍人妻の会編（一九八三）『戦争の傷あと今も深く――戦傷病者の記録集』同会。

長野県傷痍軍人会（一九七六）『結成三十周年記念誌』。

生瀬克己（一九九七）「一五年戦争期における《傷痍軍人の結婚》」『桃山学院大学人間科学』第一二号：三三五～四二頁。

――（二〇〇三）「日中戦争期の障害者観と傷痍軍人の処遇をめぐって」『桃山学院大学人間科学』第二四号：一九七～二一八頁。

奈良県傷痍軍人会・奈良県傷痍軍人妻の会編（二〇〇三）『奈良県傷痍軍人会五十年の歩み』同会。

成田龍一（二〇〇六）「『証言』の時代の歴史学」冨山一郎編『記憶が語りはじめる』（ひろたまさき、キャロル・グラック監修、歴史の描き方3）東京大学出版会、三～三二頁。

――（二〇〇九）「女性と総力戦――大日本帝国の女性たち」加藤千香子・細谷実編著『暴力と戦争』（ジェンダー史叢書5）明石書店、二四六～六五頁。

――（二〇一〇）『「戦争経験」の戦後史』岩波書店。

『日傷月刊』（各月版）日本傷痍軍人会事務局。

日本傷痍軍人会（二〇〇〇a）『戦傷病者等労苦調査事業報告書』同会。

――（二〇〇〇b）『戦傷病克服体験記録』同会。

――編（一九六七）『日本傷痍軍人会拾五年史』同会。

野際初恵（一九八三）『こんどは戦争のない世に生まれてネ――ある傷痍軍人の妻の愛の記録』叢文社。

早川紀代編（二〇〇四）『軍国の女たち』吉川弘文館。

福間良明（二〇〇九）『「戦争体験」の戦後史』中央公論新社。

藤井忠俊（一九八五）『国防婦人会』岩波書店。

三田市傷痍軍人会編纂（一九九五）『戦後五〇年の思い出記念誌』同事務局。

宮日カルチャセンター編（二〇〇〇）『傷痍軍人の戦記・妻の手記』宮崎県傷痍軍人会。

村上貴美子（一九八七）『占領期の福祉政策』勁草書房。

柳田勝一ほか著／安中酒造ほか編（一九八九）『傷痕――従軍体験記』大間々傷痍軍人東亜会。

山田　明（一九七九）「身体障害者運動の歴史と対策理念の発展」児島美都子・真田是・秦安雄編『障害者と社会保障』法律文化社、二〇〇～四三三頁。

――（一九八七）「日本における障害者福祉の歴史」一番ヶ瀬康子・佐藤進編『講座　障害者の福祉I　障害者の福祉と人権』光生館、四三～一一八頁。

吉田久一（一九七九）『現代社会事業史研究』勁草書房。

若桑みどり（一九九五）『戦争がつくる女性像』筑摩書房。

渡邊亦男（一九四二）「傷痍軍人の結婚問題」西牟田重雄編『戦争と結婚』牧書房（『近代女性文献資料叢書』一九九二年）。

映画で読み解く障害者——アメリカ合衆国を例に

藤原　哲也

映画は、その誕生以来、多くの人々を魅了してきた。それは、作品がさまざまな対象を文化や社会状況に合わせて描写し、人々の心に深く焼きつけてきたからにほかならない。では、障害者を扱った映画作品はどうか。映画が好きな人であれば、障害者を扱った映画をいくつかあげることができるぐらい作品中の障害者に対する認識度は高い。また、登場人物に注目すれば、主役から端役までさまざまな種類の障害者が映し出されていることがわかる。一般生活における障害者との接点が少ない多くの健常者にとって、映画のなかで描写される障害者の姿——フィクションであれノンフィクションであれ——が、障害者観や社会における障害者のありように多大な影響を与えていると言っても過言ではないだろう。だが、どのような歴史や社会背景のもとに「障害」が映画のなかで描写されているのかについては、意外に知られていないことが多い。そこで、このエッセイでは、説明を加えながら障害者が登場するアメリカ映画の一部を紹介したい。

カルト・ホラー映画に登場する障害者

映画が登場して間もなく障害者もスクリーンに登場した。この背景には、一八四〇年代から一九四〇年代

映画『怪物團』（トッド・ブラウニング監督，1932年）

にかけて、珍しかった身体的特徴のある障害者やマイノリティを見世物としたフリークショウ（見世物小屋）の存在があった。フリークショウは、アメリカ文化に根づき、一般大衆を引きつけた。しかし、障害が治療や矯正される医学の対象として認識されると、障害をもつ旅役者たちは職を失い、フリークショウは一九四〇年代までに消滅した。

一方で、フリークショウのなかに向けられた身体障害者への好奇のまなざしは銀幕に向けられ、映画製作者もその期待に応える作品群を世に送り出すことになった。それらの作品群のなかには、『ノートルダムのせむし男』（一九二三年）や『怪物團』（一九三二年）がある。『怪物團』は、トッド・ブラウニング監督が実際のフリークショウに出演した芸人たちを俳優陣に起用した映画として有名である。障害者が多く出演した映画のため、イギリスや日本で上映禁止になるなど議論を呼び、一般的にはカルト・ホラー映画に分類されることが多い。しかし、この作品は効果音やメークなどの特殊効果に頼らず、障害者である出演者のもつ視覚的イメージを視聴者に訴える手法で独特の映像世界をつくりあげた。

戦争映画に登場する障害者

総力戦となった近代戦争は、大量の負傷兵を必然的に生み出した。アメリカが経験した数々の戦争は、その後映画として再現され、戦争障害者をテーマとした作品群を創り出した。障害者が登場する作品には当時の社会状況を反映したものが少なくない。

第二次世界大戦は、合衆国に勝利をもたらしたが、その代償も大きかった。戦後、約三〇万人といわれる負傷兵を含め、帰還兵をいかに市民生活に再適応させるのかが差し迫った社会問題となった。この帰還兵問題に注目したハリウッドの映画製作者たちは、社会意識を喚起し、ヒーローとしての新しい帰還兵のイメージを伝える作品を制作した。アメリカの負傷兵の社会復帰やリハビリテーションを扱った代表作として『我らの生涯の最良の年』（一九四六年）がある。戦闘で両腕を失くし、義手を装着した元軍人の主人公ホーマーは、恋人や周囲との葛藤を乗り越えて、最後には結婚に至る。この映画が、ホーマーの健常者との交流や社会への適応に成功した姿を通じて、「啓蒙的エンターテイメント」として新しく洗練された障害者像を視聴者に提供した意義は深い。

一方、一九七〇年代後半から一九九〇年前半にかけて登場したヴェトナム戦争と障害者を扱った作品群は、第二次世界大戦を扱った作品とは対照的に、社会への問題提起や障害者が直面する問題を正面から取り上げた。これらの作品には、ヴェトナム戦争批判や公民権運動を背景とした障害者問題への関心の高まりが土壌にある。『帰郷』（一九七八年）は、下半身麻痺のヴェトナム帰還兵ルークの恋愛と反戦を主題とした作品である。『七月四日に生まれて』（一九八九年）は、下半身不随の障害を負った実在の帰還兵ロン・コーヴィックが、帰還後の紆余曲折を経て反戦運動に傾倒していく姿を描いている。『夢の香り』（一九九二年）は、全盲の元軍人フランクと青年チャールズの交流を通して、フランクの心情の変化を映し出している。これらの作品群の共通点は、登場人物である障害者の私生活が丹念に描写され、とくに障害者の男性性やセクシュアリティの問題を提示した一方で、彼らが戦争障害者となった意味の問いかけを視聴者にも提起しているところにある。

実在した障害者を扱った作品

実在した障害者を扱った作品が、一九八〇年代に相次いで発表された。この時期、公民権運動の影響を受けた障害者に対する権利擁護の機運の高まりやアメリカ障害者法（一九九〇年）の制定に向けた障害者運動の活発化を背景に、実在する障害者の生きざまや生活に注目が集まった。

まず『エレファントマン』（一九八〇年）は、アメリカ人監督デヴィッド・リンチが実在したイギリスの奇形障害者ジョゼフ・メリックの生涯を再現した作品である。この映画のなかで、リンチは、メリックが世間から晒される好奇の視点だけでなく、メリックが社会や周囲の人々を眺める視点も提供し、より現実感のある障害の姿を提示している。また、『マスク』（一九八五年）では頭蓋骨形成異常疾患を持つ少年ロッキー・デニスの母親とのやり取り、友人との交流、学校生活を通して、一人の少年の精神史が描かれている。時代背景のまったく異なるこの二作品は、容姿の違いを超えて人間性や人間の価値とは何かを視聴者に問いかけるものとなっている。

精神・知的・発達障害を扱った作品

一九六〇〜七〇年代、人権的配慮から脱施設化の動きが活発化し、精神障害者を地域社会で見守る動きが進むにともない、アメリカ社会における精神障害者の存在が大きく取り上げられるようになった。こうしたなかで、精神障害を扱った映画作品の嚆矢となったのが『カッコーの巣の上で』(一九七五年)である。この作品では、刑務所の強制労働から逃れるために、精神病を装ったマクマーフィが送られた州立精神病院での体験が描写された。これ以降、精神障害だけでなく知的障害や発達障害をテーマにした作品が世に送られた(『レインマン』一九八八年:自閉症、『ギルバート・グレイプ』一九九三年:知的障害、『フォレスト・ガンプ』一九九四年:知的障害、『スリング・ブレイド』一九九六年:知的障害、『アイ・アム・サム』二〇〇一年:知的障害、『ビューティフル・マインド』二〇〇一年:統合失調症、『モーツァルトとクジラ』二〇〇四年:アスペルガー症候群、『イン・ハー・シューズ』二〇〇五年:学習障害)。これらの作品群の重要な事実として、いわゆる大物ハリウッド俳優たちが障害者の主人公を演じたことがあげられる。彼らの出演は絶大な宣伝効果があり、特定の障害に対する関心を集める契機となった。しかし、その一方で、障害者に対するステレオタイプ的イメージを視聴者に植えつける可能性も残した。

二〇〇〇年以降の障害者(問題)を扱った映画

二〇〇〇年以降も障害者を描写した作品が制作されたが、作品のなかで扱われる描写やその公開のあり方について異論や反論を唱える動きがあった。たとえば、『ミリオン・ダラー・ベイビー』(二〇〇四年)は四肢麻痺者の尊厳死問題を扱っているが、障害者団体は障害者の安楽死を助長するものとしてこの作品を非難した。『バベル』(二〇〇六年)には聴覚障害者扮する菊池凜子が登場するが、菊池が手話をする場面以外、字幕が付けられず聴覚障害者には映画の内容が理解できないため、日本の聴覚障害者団体は情報保障の観点から是正を求めた。『ダ・ヴィンチ・コード』（二〇〇六年）が映画化される前、原作のアルビノ（先天的にメラニンが欠乏する遺伝疾患）をもつ主人公の歪んだイメージを映画のなかで是正するように、「全米アルビニ・低沈着色素の患者の会」は製作者に強く求めた。これらの当事者の動きは、映画を描写する側（健常者）と描写される側（障害者）の非対称性の問題を浮き彫りにしている。それは、映画製作者への批判にとどまらず、大多数を占める健常者である視聴者への「障害とは何か?」という問いかけも含まれている。

このエッセイでは、映画の黎明期から近年にわたり障害者が登場する映画を概観してきた。振り返ってみると、私たちはさまざまな障害者の姿がスクリーンに登場してきたことに気づかされるが、それ以上に、社会の障害者観や障害者の受容のあり方を観察する媒体としての映画は今後も影響力を持ち続けるだろう。

参考文献

Black, Rhonda S. and Lori Pretes (2007) 'Victims and Victors: Representation of Physical Disability on the Silver Screen', *Research & Practice for Persons with Severe Disabilities*, 32 (1): 66–83.

Ennes, Anthony and Christopher R. Smit (2001) *Screening Disability: Essay on Cinema and Disability*, Lanham: University Press of America.

Garland Thomson, Rosemarie (1996) *Freakery: Cultural Spectacles of the Extraordinary Body*, New York: New York University Press.

Norden, Martin F. (1994) *The Cinema of Isolation: A History of Physical Disability in the Movies*, New Brunswick, NJ: Rutgers University Press.

Safran, Stephen P. (2001) 'Movie Images of Disability and War: Framing History and Political Ideology', *Remedial and Special Education*, 22 (4): 223–32.

人名・事項索引

［ア　行］
アイヒホルツ，アルフレッド（Eicholz, Alfred）　191
アサイラム（精神障害者施設）　179, 181, 188, 193–96, 198
アスクィス，ハーバート（Asquith, Herbert）　181
アメリカ障害者法（1990年）　322
アンダーソン，アン（Anderson, Ann A.）　203, 206
医学権力　95
瘖啞　273–75
インシュリンショック　115–17, 130
ヴィルヘルミイ，ハインリヒ（Wilhelmi, Heinrich）　227–28
ウェッジウッド，ジョサイア（Wedgwood, Josiah）　182
『ウッド報告書』　183, 185, 189, 202, 203
王立委員会『報告書』（1908年）　181, 188, 191, 197–99, 201
王立内科医協会　185, 211
オバーリンハウス　223–26, 230, 236, 252, 254–55
オリヴァー，マイケル（Oliver, Michael）　165, 167

［カ　行］
外傷性神経症　164, 167
学習障害者　177
カージアゾル痙攣療法　116, 130
川本宇之介　20
官役職工人扶助令　153
患者自治会　278
カントリー・ジェントルマン　199–201
管理庁　182–84, 190, 197, 202, 203, 212
帰還兵　321–22
喜田正春　26, 29, 30
吃音（Stottern）　30, 55, 56, 61–63, 68, 71
救貧　218, 223–24, 234, 248
教育の効率化　13
狂気委員会　182–83, 194–95, 197
狂気ハウス法　194
拒診　121, 123
葛原勾当　273
グッツマン，アルベルト（Gutzmann, Albert）　51, 55–56, 61, 72
グッツマン，ヘルマン（Gutzmann, Hermann）　56–57, 62, 69, 72, 73
グッツマン学派　50
グッツマン父子　57–58, 65, 72–73
クヌーゼン，ハンス（Knudsen, Hans）　224
久保良英　25, 46
クリクトン＝ブラウン，ジェイムズ（Crichton-Browne, James）　198, 212
クリュッペル　10
クリュッペル運動　258
『クリュッペル救済年報』　220, 230–31, 234, 236–37, 249
クリュッペル精神学　258
クリュッペル廃人　232, 253
クリュッペルハイム　219, 222–24, 226, 229, 237, 239–41, 246, 248, 250–51, 253–58, 262

『クリュッペル保護雑誌』 220, 249, 255
クリュッペル保護法 257
呉 秀三 106–07, 130
結核 104–06, 237
言語治療 51, 56, 58, 61, 63–65, 68, 69, 71, 73
言語治療学 50–51, 55–57
言語治療コース（デュッセルドルフ） 61–62, 64–65, 67, 69, 71–72
見常者 169–73
鉱業法施行規則 153
工場法 133, 135–36, 141–48, 152, 165, 167
工場法施行令 133, 140–41, 144, 147–48, 151–53, 160, 164–65
鉱夫労役扶助規則 144, 149, 151, 153
公民権運動 322
国内伝道会 222–23, 230–31, 234–39, 244, 246, 248–49, 251–56
国民優生法 280
小杉長平 23, 46
小峯茂之 99
コミュニティ・ケア 183, 188, 206, 208–09
コロニー 182–83, 188, 201

［サ 行］

在院期間 97, 100, 104
作業療法 106, 108–09, 110
産業衛生協議会 157–58, 161, 163, 165
シェーファー，テオドール（Schäfer, Theodor） 228–30, 234–35, 237, 243, 249, 252–53, 258
施設収容 183–84, 188, 198–99, 206, 208
慈善組織協会 180, 182
渋谷徳三郎 20
社会衛生学 237, 258
社会局 137–38, 140, 150, 153, 156–57, 160–61, 164
社会モデル 1, 2
シャトルワース，ジョージ（Shuttleworth, George Edward） 188, 212
授業のための衛生（Hygiene für Unterricht） 53
恤救規則 135
シュラカンプ，フランツ（Schrakamp, Franz） 65, 68–69
傷痍軍人 2, 10, 135, 278–93, 296, 298, 300–03, 305–09, 311–17
傷痍軍人の妻 2, 10, 278, 280, 283, 285, 292, 295, 304, 306, 308, 310, 313, 314, 316
障害学 3, 11
障害者運動 92
障害者の権利条約 1–3
障害扶助 9
傷病恩給 301
症例誌 8, 94–96, 99.108
職業教育 19, 33
職業的自立 7–8, 19, 31
触常者 173
シングル・ハウス 194–98, 203
スコット，レスリー（Scott, Leslie） 190
鈴木治太郎 25, 46
精神医療史 8
精神薄弱者ケア中央協会 184, 185
精神薄弱者のケアと管理に関する王立委員会 180–81, 185, 187, 191–93, 199
精神薄弱法 177–78, 183, 202, 204, 207, 209, 212
精神福祉中央協会 184, 190, 202–03, 206
精神保健法 184, 209
全国クリュッペル調査 237, 240, 243, 245–46, 249
全国児童愛護協会 197
全国精神薄弱者福祉促進協会 180–82, 184
全国知的障害児親の会 210
促進学級 15, 22–23

[タ　行]
第一回国際学校衛生会議（1904年）　53, 57
待賢校　273–74
高木憲次　221, 262
谷　三山　273
断種法　189–90
知能検査　14, 25, 27
知能指数　21, 24–25, 29, 35, 37, 40
聴覚障害（難聴）　8, 51, 58–61, 65–66, 67–73
ディアコニッセ　223, 226, 254–55, 258
ディートリヒ，エドゥアルト（Dietrich, Eduard）238, 244, 249
寺子屋　272–74
転帰　102, 105
電気痙攣療法　116, 125–27
デンディ，メアリ（Dendy, Mary）199, 212
ドイツ・クリュッペル救済施設会議　231, 238, 251
ドイツ・クリュッペル保護連盟　249
ドイツ式方法（読唇）　59, 67, 68, 73
当道座　271
特殊学校・クラス　182–83, 189
特別学級　13–15, 17–18, 22–25, 27–34, 36–37, 40, 43–44
トムソン，ジョン（Thomson, John）205
友子　141–42
トレッドゴールド，アルフレッド（Tredgold, Alfred F.）179, 181, 182, 184–201, 203–09, 211

[ナ　行]
日本傷痍軍人会　277, 280, 282, 294, 298–99, 301, 305–07, 314
農商務省　142–44, 146
ノーマンズフィールド・アサイラム　194, 212

[ハ　行]
梅毒　98, 105–06
白衣募金者　302–03
発音不明症（Stammeln）62
発話障害　50–51, 55–58, 62, 69, 71, 74, 75
塙　保己一　170, 273
林町小学校　15–16, 18, 20, 24, 26, 35
ハンセン病　96
ピアソン，カール（Pearson, Karl）186
ビエザルスキ，コンラート（Biesalski, Konrad）237–41, 243–49, 251, 254–55, 257
ピンセント，エレン（Pinsent, Ellen）180–83
フィッシャー，ロナルド（Fisher, Ronald）189
フォックス，イーヴリン（Fox, Evelyn）206
フォーティー，エミリー（Forty, Emily）202
フーコー，ミシェル（Foucault, Michel）91–93, 95
藤岡眞一郎　16, 20–23
フランス式方法（手話）　58–59, 73
フリークショウ　320
古河太四郎　274–75
プロイセン州公的クリュッペル保護法　255
ブロック委員会　184–85, 190
ベツォルト，フリードリヒ（Bezold, Friedrich）60
扁桃腺　69–71
補助学級　15, 23, 27–29, 32, 34–35
ポッツ，ウィリアム（Potts, William A.）181, 211
ホッペ，テオドール（Hoppe, Theodor）223–24, 226, 230
ホリックス，ヘルマン（Horrix, Hermann）61–62, 64–65

[マ　行]
マイヤー，ウィルヘルム（Meyer, Wilhelm）　69
マクドウォール，マーガレット（Macdowall, Margaret）　205
マラリア発熱療法　116–17, 130
見世物　271
三井鉱山　148–51
「見て・聞く」（読唇）コース（デュッセルドルフ）　65–69, 72
三宅鉱一　26
無能力貧民　136, 166
盲　191, 219, 247, 271–74
盲唖　18–19, 275
もののけ姫　265

[ヤ　行]
優生学　186, 190, 207–09, 210
傭人扶助令　144
横山源之助　143

[ラ　行]
ラングドン＝ダウン，ジョン（Langdon-Down, John）　194, 197, 212
ラングドン＝ダウン，レジナルド（Langdon-Down, Reginald L.）　198
リハビリテーション　165
臨時産業合理化局　165
ルイス，エドマンド（Lewis, Edmund O.）　183, 202–03, 211
聾　191, 219, 247, 274–75
労働災害　133, 141, 143–44, 148, 165
労働者災害補償保険法　136
労働力不足　43
ローゼンフェルト，レオンハルト（Rosenfeld, Leonhard）　236–37
ロック，チャールズ（Loch, Charles Stewart）　180

[ワ　行]
ワークハウス　181, 188, 199, 211

文献案内

【日　本】

日本における障害の歴史研究の特徴は，第一に，明治期以前の盲人の史料を用いてその実態を歴史的に記述した研究が多いことである。たとえば近世の盲人の社会史的研究として加藤（1974），中世以降現在にいたるまでの盲人の歴史を記述した谷合（1996）などがある。その他の文献を含めた研究動向は本書の小林のエッセイに詳しいので，そちらもご参照いただきたい。

第二に，障害者教育史の研究蓄積がぶ厚いことである。膨大な研究のなかで数冊を選ぶのは至難の技であるが，たとえば，中村・荒川編（2003）では，障害児教育の歴史を包括的に知ることが可能である。日本の障害者教育に貢献した人物それぞれについてコンパクトにまとめたものとして，精神薄弱問題史研究会編（1988）がある。その他，明治期から昭和戦前期における特別学級の成立と展開を明らかにした戸崎（2000），〈病音唖教場〉創設にかかわった古河太四朗や関係者の実践の歴史を記述した岡本（1997），日本における肢体不自由児教育の背景と実践の歴史，養護学校の創設と発展その課題を記述した村田（1997），日本におけるろう教育の歴史をまとめた矢沢（2000）などがある。

こうした盲人史，障害者教育史の研究蓄積に加えて，以下の興味深い研究もある。優生学が障害者に与えた影響を歴史的視点から記述した研究としては，日本だけでなく諸外国における優生学と障害者との関係を分析した中村編（2004），日本における優生思想の政策への影響を描いた藤野（1998）がある。また障害者が日本文化をどのように支えてきたのかを記述した花田（1997），「福祉文化」という視点から障害者の歴史についても言及した一番ヶ瀬・河東田編（2001），近世における障害者観の歴史的変遷過程を追った生瀬（1999），障害当事者の視点から障害者の雇用に関する問題を歴史も含めて検討した手塚（2000），ヘレン・ケラーと岩橋武夫が日本の障害者福祉および教育に与えた影響を記述した日本ライトハウス21世紀研究会編（2002），障害者福祉に貢献した糸賀一雄，高木憲次その他を含む福祉の先駆者を人物ごとに綴った一番ヶ瀬・津曲編（1998–）などがある。

しばしば排除や差別の対象となってきた障害者のあり方を知るうえでは，

国民国家・社会統合といった歴史学上のテーマは，障害の歴史研究を進めるうえで重要となろう。障害者自体について直接言及されることは少ないが，幕末開港以降の日本人の時間・空間・身体の社会的統合を概観した成沢（1997）は，この問題を読み解くうえでの基本的文献となろう。日中戦争，太平洋戦争期のいわゆる総力戦体制のもとでは，良兵を育てるという文脈において健康・福祉・身体・衛生などの分野における国家介入の機会が増えた。高岡（2011）は，戦時期の厚生行政のあり方を詳細に分析している。成田（2001）では，「他者」としてのハンセン病者のあり方が「語り」という言説的側面からとらえ直されており，障害者を語るうえでも方法論的な問題提起がなされている。

障害学の進展は，イギリス・アメリカの文献紹介にみられるように，障害者のありようが時代や国によって異なることを明らかにした。近年アメリカ合衆国を中心に障害学に依拠した障害者史がさかんになりつつある。日本でも田中（2005）にみられるような障害者運動を取り扱った比較史研究が出てきてはいるものの，その数はまだまだ少ない。障害学については，昨今多くの文献が出てきているが，さしあたり，石川・長瀬編（1999），星加（2007）などが参考になる。

最後に，障害者政策の変遷過程をたどる通史である山田（2013）も出版された。

文献リスト

石川准・長瀬修編著（1999）『障害学への招待――社会，文化，ディスアビリティ』明石書店。

一番ヶ瀬康子・河東田博編／日本福祉文化学会監修（2001）『実践・福祉文化シリーズ〈第3巻〉障害者と福祉文化』明石書店。

一番ヶ瀬康子・津曲裕次編（1998–）『シリーズ　福祉に生きる』（全56冊・以後続刊）大空社。

岡本稲丸（1997）『近代盲聾教育の成立と発展――古河太四朗の生涯から』日本放送出版協会。

加藤康昭（1974）『日本盲人社会史研究』未來社。

精神薄弱問題史研究会編（1988）『人物でつづる障害者教育史〈日本編〉』初版，日本文化科学社。

高岡裕之（2011）『総力戦体制と「福祉国家」――戦時期日本の「社会改革」構想』（シリーズ　戦争の経験を問う）岩波書店。

田中耕一郎（2005）『障害者運動と価値形成――日英の比較から』現代書館。

谷合　侑（1996）『盲人の歴史』明石書店。

手塚直樹（2000）『日本の障害者雇用――その歴史・現状・課題』光生館。

戸崎敬子（2000）『新特別学級史研究――特別学級の成立・展開過程とその実態』多賀出版。

中村満紀男編（2004）『優生学と障害者』明石書店。

中村満紀男・荒川智編（2003）『障害児教育の歴史』明石書店。

生瀬克己（1999）『日本の障害者の歴史　近世篇』明石書店。

成沢　光（1997）『現代日本の社会秩序――歴史的起源を求めて』岩波書店。

成田龍一（2001）『〈歴史〉はいかに語られるか――1930年代「国民の物語」批判』日本放送出版協会。

日本ライトハウス21世紀研究会編（2002）『わが国の障害者福祉とヘレン・ケラー――自立と社会参加を目指した歩みと展望』教育出版。

花田春兆（1997）『日本の障害者――その文化史的側面』中央法規出版。

藤野　豊（1998）『日本ファシズムと優生思想』かもがわ出版。

星加良司（2007）『障害とは何か――ディスアビリティの社会理論に向けて』生活書院。

村田　茂（1997）『日本の肢体不自由教育――その歴史的発展と展望』慶應義塾大学出版会。

矢沢国光（2000）「同化的統合から多様性を認めた共生へ――ろう教育から見た『ろう文化宣言』」現代思想編集部編『ろう文化』青土社。

山田　明（2013）『通史日本の障害者――明治・大正・昭和』明石書店。


（山下麻衣・長廣利崇）

【アメリカ合衆国】

アメリカ合衆国における障害の歴史研究は，1950年代以降の人種，エスニシティ，ジェンダー，セクシュアリティなどのマイノリティ研究（史）や1980年代初頭イギリスで誕生した障害学の影響を受け，1980年代中期から発展した。1950年代から1960年代の公民権運動が色濃く反映されたマイノリティ研究（史）は，障害者史の方法論や理論的枠組みを提供し，一方，障害者について支配的見方であった医学モデルを批判し，障害者を主体とした社会モデルへの転換を促した障害学は，歴史分析の対象としての「障害」の可能性を提示した。1990年代から今日に至るまで，障害者史は，歴史学だけでなく社会学，文化人類学，文学などの人文社会科学からの学際的アプローチにより，障害者の実態だけでなく，アメリカ社会における健常者中心の権力構造や社会秩序・階層を浮き彫りにした。合衆国の障害者史の蓄積は膨大な数に及ぶため，ここでは，現在の研究動向を知るうえで重要な先行研究に絞り，紹介しておきたい。

アメリカ合衆国における障害者史の全体像を把握するうえで重要な研究書は，つぎの3冊である。Longmore and Umansky, eds.（2001）は，障害者史の方法論が提示された論文集であり，歴史分析の対象としての「障害」の正当性が示されている。アメリカ障害者史の先駆者であるLongmore（2003）の論文集は，今日の障害者史研究の基盤となっている。Burch and Longmore, eds.（2009）は，現在のアメリカ障害者史の集大成である。

障害者政策については，アメリカ障害者法（1990年）を境に転換している。Berkowitz（1989）は，合衆国の障害者政策の起源を労働災害による障害とリハビリテーションに求めた論考である。O'Brien, ed.（2004）は，障害者の視点からアメリカ障害者法の施行が障害者に及ぼした影響や経験を描写している。

障害者運動に関する歴史研究は，当事者の声を反映したものであったことを物語っている。Fleischer and Zames（2000）は，障害者運動の展開と障害者政策の発展を網羅的に解説している。Charleton（2000）は，アメリカを含む10カ国の障害者運動を政治，経済，社会文化的な観点から比較検討している。

精神・知的障害者史は，社会的・文化的な要因がいかに障害の定義に多大な影響を及ぼしたのかを説いている。Grob（1994）は，植民地時代から1990年代に至るまで精神医学の発展にともない，精神障害の概念が形成される過程を論じている。Noll and Trent, eds.（2004）は，アメリカの知的障害者史の先駆けとなる示唆に富む論文集である。

聴覚・視覚障害者史は，健常者の主流文化に対峙する当事者の実態を描写している。Baynton（1996）は，19世紀から20世紀初頭にかけての聴覚障害者のコミュニケーション教育（手話と口話）をめぐる当事者と教育者との相克を描き，Burch（2002）は，20世紀前半の聴覚障害者たちの手話文化を守る闘争を論じている。Koestler（2004）は，視覚障害者運動の通史を詳述している。

障害にジェンダーの視点を加えた歴史研究は，より複雑な障害の諸相を明らかにしようとしている。Gerber, ed.（2000）は，軍役に服した戦争障害者の社会復帰が，男性としての性規範や役割と深く結びついていることを論じている。一方，Schoen（2005）は，女性の生殖管理や断種政策が「良いアメリカ人」の創生に貢献したことを論証し，健常者と障害者の対称性を照射している。

医療技術の進歩が障害者に与えた影響は多岐にわたる。Ott, Serlin, and Mihm, eds.（2002）は，義肢が障害者の生活や社会にもたらした歴史的意義を考察した論文集である。

多民族国家アメリカと障害の関係を考えるうえで，優生学は不可欠である。優生学の「科学的根拠」による障害者差別の正当化は，障害者の排除や抑圧

を招いた。Kevles（1985）は，優生学の誕生から発展の軌跡を綴った基本書である。Stern（2005）は，メキシコ国境での移民の取り締まりを事例として，20世紀初頭から第二次世界大戦後までの優生学的思想の進化について論じている。

アメリカ文化のなかで描写される障害者像は，正常と異常の二項対立がその根本にあることを研究が示唆している。Norden（1994）は，社会背景を説明しながら，障害者を扱ったアメリカ映画の歴史的変遷を検証している。Mitchell and Snyder, eds.（1997）は，文学や芸術作品を含む西洋文化のなかで，障害の定義が，健常・正常であることに根ざして描写されることをテーマとしている論文集。Schweik（2009）は，19世紀後半から20世紀初めのシカゴ市の取り締まり条例（‘Ugly Law’）が，いかに健常者の障害者観の形成に影響したのかについて論証している。

文献リスト

Baynton, Douglas（1996）*Forbidden Signs: American Culture and the Campaign against Sign Language*, Chicago: University of Chicago Press.

Berkowitz, Edward D.（1989）*Disabled Policy: America's Programs for the Handicapped*, New York: Cambridge University Press.

Burch, Susan（2002）*Signs of Resistance: American Deaf Cultural History, 1900 to World War II*, New York: New York University Press.

Burch, Susan and Paul K. Longmore, eds.（2009）*Encyclopedia of American Disability History*, New York: Facts on File.

Charleton, James I.（2000）*Nothing about Us Without Us: Disability Oppression & Empowerment*, Berkeley, CA: University of California Press.

Gerber, David A., ed.（2000）*Disabled Veterans in History*, Ann Arbor, MI: University of Michigan Press.

Grob, Gerald N.（1994）*The Mad Among Us: A History of the Care of Americas Mentally Ill*, New York: Free Press.

Kevles, Daniel J.（1985）*In the Name of Eugenics: Genetics and the Uses of Human Heredity*, Berkeley, CA: University of California Press.

Koestler, Frances A.（2004）*The Unseen Minority: A Social History of Blindness in the United States*, New York: American Foundation for the Blind.

Longmore, Paul K.（2003）*Why I Burned My Book and Other Essays on Disability*, Philadelphia, PA: Temple University Press.

Longmore, Paul K. and Lauri Umasky, eds.（2001）*The New Disability History: American Perspectives*, New York: New York University Press.

Mitchell, David T. and Sharon L. Snyder, eds.（1997）*The Body and Physical*

Differences: Discourse of Disability, Ann Arbor, MI: University of Michigan Press.

Noll, Steven and James W. Trent, Jr., eds. (2004) *Mental Retardation in America: A Historical Reader*, New York: New York University Press.

Norden, Martin F. (1994) *The Cinema of Isolation: A History of Physical Disability in the Movies*, New Brunswick, NJ: Rutgers University Press.

O'Brien, Ruth, ed. (2004) *Voices from the Edge: Narratives about the Americans with Disabilities Act*, Oxford & New York: Oxford University Press.

Ott, Katherine, David Serlin, and Stephen Mihm, eds. (2002) *Artificial Parts, Practical Lives: Modern Histories of Prosthetics*, New York: New York University Press.

Schoen, Johanna (2005) *Choice & Coercion: Birth Control, Sterilization, and Abortion in Public Health and Welfare*, Chapel Hill, NC: University of North Carolina Press.

Stern, Alexandra Minna (2005) *Eugenic Nation: Faults and Frontiers of Better Breeding in Modern America*, Berkeley, CA: University of California Press.

Schweik, Susan (2009) *The Ugly Laws: Disability in Public*, New York: New York University Press.

Zames Fleischer, Doris and Frieda Zames (2000) *The Disability Rights Movement: From Charity to Confrontation*, Philadelphia, PA: Temple University Press.

（藤原哲也）

【イギリス】

日本におけるイギリスの障害者史研究はそれほど多くないのが実情である。また，イギリス本国の研究書が翻訳として日本に紹介されているケースも少ない。この分野での今後の発展が期待される。

このようななか，障害児教育史は比較的，日本においても研究が積み重ねられてきた領域である。たとえば，19世紀半ばから20世紀初頭における特殊教育の展開過程について論じている書物として，山口（1993）を参照せよ。

現在のイギリスでは障害学が盛んであるが，「障害者」構築の過程を検討する目的から歴史学的アプローチが注目されつつある。障害学の代表的な書物であるオリバー（2006）については，邦訳が出版されている。さらに，産業革命以降の「障害者排除」の歴史を扱った概説書として Borsay（2005）がある。

20世紀前半における障害者自身の経験を彼ら自身の言葉を通じて描いた研究書であるハンフリーズ&ゴードン（2001）もまた，日本語で読むことが可

能だ。

文化的現象のなかの障害を読み解く方法論はイギリスの障害史研究に新たな活力を生み出しつつある。一例として，19世紀ヴィクトリア時代における「フリークショウ」(「奇形の人」を見せるショウ）を，「消費」「医療」「帝国」「性」「芸術」というキーワードと関連させながら分析したTromp, ed.（2008）は刺激的な内容の書物である。

つぎに，各障害者史についての文献を紹介する。まず，視覚障害者への救済における慈善団体の取り組みを検討した著書としてPhillips（2004）がある。身体障害者史については，第一次世界大戦の傷痍軍人への救済状況に関してイギリスとドイツを比較した研究書としてCohen（1999）をあげたい。

紙面の都合上割愛するが，精神障害者史に関する文献はイギリスでは数が多く，しかも質が高い。ミシェル・フーコーに触発された，精鋭なる研究者の努力の結果によるものであった。17世紀初頭から19世紀末までの精神医学と精神障害者施設の歴史を網羅した代表的書物として，Scull（1993）がある。また，施設についての近年の研究書としてMelling and Forsythe, eds.（1999）がある。

さらに，施設の外での，コミュニティでの精神障害者処遇について検討した論文集としてBartlett and Wright, eds.（1999）があり，制度形成面での家族や「素人」専門家の役割を考察することの重要性を述べた書物としてDale and Melling, eds.（2006）も興味深い。19世紀前半における精神障害者ならびに家族と医師との関係性を分析したSuzuki（2006）は，本書の第5章でも取り上げたが，必読書のひとつである。なお，日本語文献としては，20世紀初頭の市場経済における精神医療について論じた高林（2011）が優れている。

精神障害に含まれる戦争神経症も研究者の関心を大いに引くテーマのひとつである。たとえば，第一次世界大戦に従軍したために本症に苦しむ元下級兵士を取り上げた書物としてBarham（2004）がある。日本語文献では，戦争神経症の治療を通じて「軽度の精神障害者」に対する社会的包摂がすすんだ経緯について考察した高林（2012）を薦めたい。

イギリス植民地における精神障害者処遇の状況について検討した書物も，近年注目されつつある分野である。19世紀後半のインドにおける精神障害者施設の研究書としてMiIlls（2000）がある。

精神障害の一分類である知的障害の歴史についても優れた文献が生み出されてきた。中世から現代にかけての知的障害者史をさまざまな角度から鋭く分析した研究書として，Wright and Digby, eds.（1996），Wright（2001），Jackson（2000），Thomson（1998）がある。以上4冊はイギリスの知的障害者史を学ぶ者にとって無視できない書物である。これらの内容紹介については，本書中の大谷論文の註記（2）を参照せよ。

知的障害者史に関する文献は上記以外にも数多くある。たとえば，1948年から2001年にかけての知的障害者政策の変遷を思想と構造の面から概観したWelshmanとWalmsleyの各論文，1946年に設立された全国知的障害児親の会を前身とするメンキャップの活動史について述べたRolphの論文が掲載された研究書として，Welshman and Walmsley, eds.（2006）がある。1940年代から2001年までのイギリスにおいて知的障害者を持つ家族の経験を綴った書物であるRolf, Atkinson, Nind and Welshman, eds.（2006），19世紀半ばから21世紀に至るダウン症の歴史についてイギリス，カナダ，アメリカ合衆国，日本，オーストラリアなど国際比較のなかで論じたWright（2011）は，新たな研究の方向性を示してくれた力作である。

文献リスト

Barham, Peter（2004）*Forgotten Lunatics of the Great War*, New Haven & London: Yale University Press.

Bartlett, Peter and David Wright, eds.（1999）*Outside the Walls of the Asylum: the History of Care in Community, 1770−2000*, London & New Brunswick, N.J.: Athlone Press.

Borsay, Anne（2005）*Disability and Social Policy in Britain Since 1750: a History of Exclusion*, Basingstoke: Palgrave Macmillan.

Cohen, Deborah（1999）*The War Come Home: Disabled Veterans in Britain and Germany, 1914−1939*, Berkeley, CA: University of California Press.

Dale, Pamela and Joseph Melling, eds.（2006）*Mental Illness and Learning Disability Since 1850*, Abingdon: Routledge.

ハンフリーズ，スティーヴ／パメラ・ゴードン（2001）市橋秀夫訳『「障害者」を生きる——イギリス二十世紀の生活記録』青弓社（Stephen Humphries and Pamela Gordon, *Out of Sight: the Experience of Disability, 1900−1950*, Plymouth: Northcote House, 1992）。

Jackson, Mark（2000）*The Borderland of Imbecility: Medicine, Society and the Fabrication of the Feeble Mind in Late Victorian and Edwardian England*, Manchester: Manchester University Press.

Melling, J. and F. Forsythe, eds.（1999）*Insanity, Institutions and Society: New Approaches to the Social History of Insanity*, London & New York: Routledge.

MiIlls, James（2000）*Madness, Cannabis and Colonialism: the Native Only Lunatic Asylums of British India, 1857−1900*, Basingstoke: Macmillan Press.

オリバー，マイケル（2006）三島亜紀子訳『障害の政治——イギリス障害学の原点』明石書店（M. Oliver, *The Politics of Disablement*, London:

Macmillan Education, 1990)。
Phillips, Gordon Ashton (2004) *The Blind in British Society: Charity, State, and Community, c.1780–1930*, Aldershot: Ashgate.
Rolf, S., D. Atkinson, M. Nind, and J. Welshman, eds. (2006) *Witnesses to Change: Families, Learning Difficulties and History*, Kidderminster: BILD Publications.
Scull, Andrew (1993) *The Most Solitary of Afflictions: Madness and Society in Britain*, New Haven & London: Yale University Press.
Suzuki, Akihito (2006) *Madness at Home: the Psychiatrist, the Patient & the Family in England, 1820–1860*, Berkeley, CA: University of California Press.
高林陽展（2011）「精神衛生思想の構築――20世紀初頭イングランドにおける早期治療言説と専門家利害」『史学雑誌』第120編第4号：1–35頁。
――（2012）「第一次世界大戦期イングランドにおける戦争神経症――近代社会における社会的排除／包摂のポリティックス」『西洋史学』第239号：41–60頁。
Thomson, Mathew (1998) *The Problem of Mental Deficiency: Eugenics, Democracy, and Social Policy in Britain, c.1870–1959*, Oxford: Clarendon Press.
Tromp, Malrene, ed. (2008) *Victorian Freaks: the Social Context of Freakery in Britain*, Columbus: Ohio University Press.
Welshman, John and Jan Walmsley, eds. (2006) *Community Care in Perspective: Care, Control and Citizenship*, New York: Palgrave Macmillan.
Wright, David (2001) *Mental Disability in Victorian England: the Earlswood Asylum 1847–1901*, Oxford: Clarendon Press.
―― (2011) *Downs: the History of a Disability*, Oxford: Oxford University Press.
Wright, David and Anne Digby, eds. (1996) *From Idiocy to Mental Deficiency: Historical Perspectives on People with Learning Disabilities*, London: Routledge.
山口洋史（1993）『イギリス障害児「義務教育」制度成立史研究』風間書房。

（大谷　誠）

【ドイツ】

ドイツにおける障害・障害者に関する歴史研究の特徴は，以下の三点にまとめられる。まず第一に，ナチ・ドイツにおける障害者政策の解明がながら

く研究関心の中核にあったこと，第二に，医学・医療史および教育史がそれぞれの枠組みで障害・障害者の問題を取り上げてきたこと，最後に，英米発の障害学をベースとした「ディスアビリティ・ヒストリー」は，目下，確立途上にあることである。こうしたドイツ本国の研究のうち，翻訳や紹介があるものはナチ障害者政策関連などごく一部であり，日本での研究成果はさらに限られる。以下では，日本語で読める文献と，ドイツの研究動向を知るうえで重要な基本文献に絞って紹介する。

まず，ナチ・ドイツにおける障害者政策，すなわち障害者に対する強制断種や，いわゆる「安楽死」計画については，1980年代以来，内外の歴史研究者のみならず，ジャーナリスト，障害当事者などの手で，実態の掘り起こしが積み重ねられてきた。自身もポリオによる身体障害者であるギャラファー（1996），「安楽死施設」へと強制移送される障害児の運命をノンフィクション小説として描いたルツィウス（1991），断種・中絶を強いられた「ろう者」についての大規模な聞き取り調査を行ない，「ろう史」研究の草分けともなった Biesold（1999），さらに，Bieslold からの資料提供を受け，当事者としての立場からナチ体制下のろう者を描いた中西（2002）などがあげられる。また，Büttner（2005）は，積極的にナチ体制に協力した障害者集団に焦点をあて，一枚岩的な犠牲・被害者集団としての障害者像を越えて，障害者のなかでの序列化や差別構造の一端を明らかにした。膨大な数にのぼる優生学と障害の歴史研究については，岡田（2006）の動向紹介が概観を与えてくれる。

続く医療・医学史と教育史も，分析対象・分析視角に一定の傾向はあるものの，豊富な研究蓄積を有している。医療・医学史の分野では，本書第6章であげた参考文献のほか，近年盛んな「患者研究」のひとつとして，18世紀ドイツ・スイスの病児・障害児とその家族に焦点をあてた Ritzmann（2008）が注目される。障害児教育史については，Ellger-Rüttgardt（2008）がコンパクトな概説として有益である。また，日本人による研究成果として，ヴァイマル期における補助学校教育の確立を追った荒川（1990），優生学と障害児教育のかかわりを論じた岡田・荒川（2004）などがある。

最後に，ドイツでもようやく確立しつつある「ディスアビリティ・ヒストリー」について概観しておく。そもそも，英米の「障害学」がドイツ語圏で紹介されるようになったのはここ10年のことであり，Lutz, Macho, Staupe und Zirden, Hrsg.（2003）は，その皮切りとなった「ドイツ衛生博物館」での特別展示，「（不）完全な人間」（1999年開催）の成果をまとめたものである。Waldschmidt, Hrsg.（2003）は，2003年，ブレーメン大学で開催された夏季セミナー「ドイツにおけるディスアビリティ・スタディーズ」の報告書であり，社会学者である著者ヴァルトシュミットは，今日までドイツの障害学を牽引する第一人者である。

こうした「障害学」を基盤としたディスアビリティ・ヒストリーとしては，スイスの歴史学雑誌『*Traverse*』による「ディスアビリティ」の特集号（Germann 2006）が嚆矢であり，2008年には「ドイツ歴史家会議」において，パネル報告「歴史のなかのディス／アビリティ」が開催された。後者のパネルメンバーが中心となって編纂したBösl, Klein, und Waldschmidt, Hrsg.（2010）は，ディスアビリティ・ヒストリーの研究動向整理・概観と個別論文からなる入門書で，そこでは，「精神医学」や「ダウン症候群治療」，「障害者政策」，「絵画表現のなかの障害者」，「身体障害と笑い」，など多種多様なテーマが取り上げられており，ドイツ語圏の研究状況を知るうえで格好のテキストとなっている。

ディスアビリティ・ヒストリーを掲げた単著はなお限られるが，そうしたなかでも最初の手がかりとなるのが，古代から現代までの「障害者の社会史」をうたった先駆的研究であるFandrey（1990），アメリカ人女性研究者による文化史研究であるPoore（2007），戦後西ドイツの障害者政策を検討したBösl（2009），芝居や映画，見世物小屋など文化やメディアにおける障害者像を描いたMürner（2003），18世紀に始まった「奇形学」の消長を追うZürcher（2003）などである。

最後に，近年の動向として二点指摘しておきたい。ひとつは，すでに各国で研究が進められている戦争と障害をめぐる問題で，戦争障害者を扱ったKienitz（2008），北村（2008）などが概観を与えてくれる。もうひとつは，児童虐待と障害の問題で，Schmuhl/Winkler（2010, 2011）が，障害児施設における虐待についての歴史的検証を行なっている。

文献リスト

荒川　智（1990）『ドイツ障害児教育史研究――補助学校教育の確立と変容』亜紀書房。

Biesold, Horst (1999) *Crying Hands: Eugenics and Deaf People in Nazi Germany*, Washington, D.C.: Gallaudet University Press.

Bösl, Elsbeth (2009) *Politiken der Normalisierung: Zur Geschichte der Behindertenpolitik in der Bundesrepublik Deutschland*, Bielefeld: transcript.

Bösl, Elsbeth/Klein, Anne/Waldschmidt, Anne, Hrsg. (2010) *Disability History. Konstruktionen von Behinderung in der Geschichte. Eine Einführung*, Bielefeld: transcript.

Büttner, Malin (2005) *Nicht minderwertig, sondern mindersinnig.... Der Bann G für Gehörgeschädigte in der Hitler-Jugend*, Frankfurt am Main: Peter Lang.

Ellger-Rüttgardt, Sieglind Luise (2008) *Geschichte der Sonderpädagogik*,

München/Basel: Ernst Reinhardt.

Fandrey, Walter (1990) *Krüppel, Idioten, Irre. Zur Sozialgeschichte behinderter Menschen in Deutschland*, Stuttgart: Silberburg.

ギャラファー，H. G.（1996）長瀬修訳『ナチスドイツと障害者「安楽死」計画』現代書館（Hugh Gregory Gallagher, *By Trust Betrayed: Patients, Physicians, and the License to Kill in the Third Reich*, Arlington, Virginia: Vandamere Press, 1995）。

Germann, Urs, u.a., Hrsg.（2006）*Behinderung – Handicap. Traverse*, 13 Jg., 3, Zürich: Chronos.

Kienitz, Sabine（2008）*Beschädigte Helden. Kriegsinvalidität und Körperbilder 1914–1923*, Paderborn: Ferdinand Schöningh.

北村陽子（2008）「社会のなかの『戦争障害者』――第一次世界大戦の傷跡」川越修・辻英史編著『社会国家を生きる――20世紀ドイツにおける国家・共同性・個人』法政大学出版局，139–70頁。

Lutz, Petra/Macho, Thomas/Staupe, Gisela/Zirden, Heike, Hrsg.（2003）*Der (im-) perfekte Mensch: Metamorphosen von Normalität und Abweichung*, Köln/Weimar: Böhlau.

ルツィウス，F.（1991）山下公子訳『灰色のバスがやってきた――ナチ・ドイツの隠された障害者「安楽死」措置』草思社（Franz Lutzius, *Verschleppt: Der Euthanasie-Mord an behinderten Kindern im Nazi-Deutschland*, Essen: Populär, 1987）。

Mürner, Christian（2003）*Medien- und Kulturgeschichte behinderter Menschen*, Weinheim/Basel/Berlin: Beltz.

中西喜久司（2002）『ナチス・ドイツと聴覚障害者――断種と「安楽死」政策を検証する』文理閣。

岡田英己子（2006）「優生学と障害の歴史研究の動向――ドイツ・ドイツ語圏と日本との国際比較の視点から」『特殊教育学研究』第44巻3号：179–90頁。

岡田英己子・荒川智（2004）「ドイツにおける優生学運動」中村満紀男編著『優生学と障害者』明石書店，346–464頁。

Poore, Carol（2007）*Disability in Twentieth-Century German Culture*, Ann Arbor: University of Michigan Press.

Ritzmann, Iris（2008）*Sorgenkinder. Kranke und behinderte Mädchen und Jungen im 18. Jahrhundert*, Köln/Weimar/Wien: Böhlau.

Schmuhl, Hans-Walter/Winkler, Ulrike（2010）*Gewalt in der Körperbehindertenhilfe. Das Johanna-Helenen-Heim in Volmarstein von 1947 bis 1967*, Bielefeld: Verlag für Regionalgeschichte.

—— (2011) *„Als wären wir zur Strafe hier". Gewalt gegen Menschen mit geistiger Behinderung – der Wittekindshof in den 1950er und 1960er Jahren*, 2. Aufl., Bielefeld: Verlag für Regionalgeschichte.
Waldschmidt, Anne, Hrsg. (2003) *Kulturwissenschaftliche Perspektiven der Disability Studies. Tagungsdokumentation*, Kassel: bifos e.V.
Zürcher, Urs (2004) *Monster oder Laune der Natur. Medizin und die Lehre von den Missbildungen 1780–1914*, Frankfurt/N.Y.: Campus.

（中野智世）

吽社，1991年)，『脱常識の部落問題』(共編、かもがわ出版，1998年)，『ちびくろサンボよ　すこやかによみがえれ』(径書房，1999年)，ほか。

小林 丈広（こばやし たけひろ）［コラム④］
1961年生まれ。現在，奈良大学文学部教授。専攻は日本史学。主な著書に，『明治維新と京都――公家社会の解体』(臨川書店，1998年)，『京都町式目集成』(京都市歴史資料館，1999年)，『近代日本と公衆衛生――都市社会史の試み』(雄山閣出版，2001年)，ほか。

藤原 哲也（ふじわら てつや）［第7章，コラム⑤，文献紹介（アメリカの項)］
1968年生まれ。現在，福井大学医学部教授。専攻は，日本・アメリカ障害者史。主な論文に，「第二次世界大戦期におけるアメリカ合衆国のリハビリテーション対策」『中・四国アメリカ研究』第4号（2009年)；'Japan's other Forgotten Soldiers', in Christopher Gerteis and Timothy S. George, eds., *Japan Since 1945 from Postwar to Post-Bubble* (London: Bloomsbury, 2013)，ほか。

Madness at Home: The Psychiatrist, the Patient, and the Family in England, 1820–1860 (Berkeley: University of California Press, 2006); 'Measles and the Transformation of the Spatio-Temporal Structure of Modern Japan', *Economic History Review*, 62 (2009); 'Small-pox and the Epidemiological Heritage of Modern Japan: Towards a Total History', *Medical History*, 55 (2011)，などがある。現在は20世紀前半の東京の精神病院の症例誌を利用して，*Modernity and Mental Illness in Modernist Tokyo 1920–1945*（仮題）を執筆している。

長廣 利崇（ながひろ としたか）［第4章，文献紹介（日本の項）］
1976年生まれ。現在，和歌山大学経済学部准教授。専攻は日本経済史・経営史。主な著書・論文に，『戦間期日本石炭鉱業の再編と産業組織――カルテルの歴史分析』（日本経済評論社，2009年）；「戦間期日本における高等商業学校の就職斡旋活動」『大阪大学経済学』第63巻1号（2013年6月），ほか。

広瀬 浩二郎（ひろせ こうじろう）［コラム②］
1967年生まれ。13歳のときに失明。現在，国立民族学博物館民族文化研究部准教授。専門は日本宗教史，触文化論。主な著書に，『障害者の宗教民俗学』（明石書店，1997年）；『さわる文化への招待――触覚でみる手学問のすすめ』（世界思想社，2009年）；『万人のための点字力入門――さわる文字から、さわる文化へ』（編著，生活書院，2010年）；『さわって楽しむ博物館――ユニバーサル・ミュージアムの可能性』（編著，青弓社，2011年）；『さわっておどろく！――点字・点図がひらく世界』（共著，岩波ジュニア新書，2011年），など。

大谷 誠（おおたに まこと）［第5章，文献紹介（イギリスの項）］
1967年生まれ。現在，同志社大学文学部嘱託講師。専攻はイギリス近現代史・医療社会史。主な論文に，「世紀転換期イギリスにおける『精神薄弱者問題』――上流・中流階級と『公』的管理」川越修・鈴木晃仁編著『分別される生命――二〇世紀社会の医療戦略』（法政大学出版局，2008年）；「知的障害の歴史――イギリスと日本の事例」（山下麻衣と分担執筆）松井彰彦・川島聡・長瀬修編『障害を問い直す』（東洋経済新報社，2011年），ほか。

中野 智世（なかの ともよ）［第6章，文献紹介（ドイツの項）］
1965年生まれ。現在，京都産業大学経営学部准教授。専攻は社会福祉史，ドイツ近現代史。主な著書に，『福祉』（共編著，近代ヨーロッパの探求⑮，ミネルヴァ書房，2012年）；「近代ドイツにおける女性福祉職」赤阪俊一・柳谷慶子編著『生活と福祉』（ジェンダー史叢書第8巻，明石書店，2010年）；*Familienfürsorge in der Weimarer Republik. Das Beispiel Düsseldorf* (Düsseldorf: Droste Verlag, 2008)，ほか。

灘本 昌久（なだもと まさひさ）［コラム③］
1956年生まれ。現在，京都産業大学文化学部教授。専攻は，日本近代史，部落史。主な著書に，『京都の部落史』全10巻（京都部落史研究所，1983–95年），『「ちびくろサンボ」絶版を考える』（径書房，1990年），『部落の過去・現在・そして…』（共著、阿

著者紹介（執筆順）

長 瀬　修（ながせ おさむ）［巻頭言］
1959年生まれ。現在，立命館大学生存学研究センター招聘研究教員（教授）。専攻は障害学。主な著書に『障害者の権利条約と日本（増補改訂版）』（共編著，生活書院，2012年）; *Creating a Society for All: Disability and Economy*（co-editor, Leeds: Disability Press, University of Leeds, 2012）;『障害者の権利条約――国連作業部会草案』（共編著，明石書店，2004年）;『障害学を語る』（共編著，スペース96，2000年）;『障害学への招待』（共編著，明石書店，1999年），ほか。

山下 麻衣（やました まい）**【編者】**［はじめに，第１章，文献紹介（日本の項）］
1974年生まれ。現在，京都産業大学経営学部准教授。専攻は近代日本看護史，日本経済史，日本経営史。主な論文に，「明治期日本における看護婦の誕生――内務省令『看護婦規則』前史」川越修・鈴木晃仁編著『分別される生命――二〇世紀社会の医療戦略』（法政大学出版局，2008年）;「明治期以降における看護婦資格制度の変遷」『大阪大学経済学』第50巻４号（2001年３月），ほか。

梅原 秀元（うめはら ひではる）［第２章］
1970年生まれ。デュッセルドルフ大学医学史学科研究員。専攻はドイツ近現代社会史および医療史。主な著書・論文に *Gesunde Schule und gesunde Kinder - Schulhygiene in Düsseldorf 1880–1933*（Essen: Klartext-Verlag, 2013）; ‚Geburt der modernen Schulhygiene - der Breslauer Augenarzt und Schulhygieniker Hermann Cohn（1838–1906）‘, in Bożena Płonska-Syroka / Fritz Dross, Hrsg., *Nachbarschaft und Grenze: Medizin, Geschichte und Kultur im Polnisch-Deutsch Dialog*（Wrocław: Oficyna Wydawnicza Arboretum 2010）; H. Umehara et al., ‚Von der Schizophrenie zum „Syndrom des zeitweiligen Verlustes der Einheit der Gedanken/des Gefühls“: Ursachen und Folgen der Umbenennung der Schizophrenie in Japan im Jahre 2002‘, in *Nervenarzt*, Bd. 82（2011），ほか。

松井 彰彦（まつい あきひこ）［コラム①］
1962年生まれ。現在，東京大学大学院経済学研究科教授。専攻は，理論経済学，ゲーム理論，障害と経済。主な編著書に，『慣習と規範の経済学――ゲーム理論からのメッセージ』（東洋経済新報社，2002年），『高校生からのゲーム理論』（ちくまプリマー新書，2010年），『障害を問い直す』（編著，東洋経済新報社，2011年），ほか。

鈴木 晃仁（すずき あきひと）［第３章］
1963年生まれ。慶應義塾大学経済学部教授。専攻は医学史。主な著書・論文に，

サピエンティア　**34**

歴史のなかの障害者

2014年 2 月17日　初版第 1 刷発行

編著者　山下 麻衣

発行所　一般財団法人法政大学出版局

〒102-0071 東京都千代田区富士見 2-17-1

電話 03(5214)5540／振替 00160-6-95814

製版・印刷　三和印刷／製本　誠製本

装　幀　奥定 泰之

ISBN 978-4-588-60334-1　Printed in Japan

《サピエンティア》（表示価格は税別です）

16 スターリンから金日成へ　北朝鮮国家の形成　1945～1960年
A. ランコフ／下斗米伸夫・石井知章 訳 ……3300円

17 「人間の安全保障」論　グローバル化と介入に関する考察
M. カルドー／山本武彦・宮脇 昇・野崎孝弘 訳 ……3600円

18 アメリカの影のもとで　日本とフィリピン
藤原帰一・水野善子 編著 ……3200円

19 天皇の韓国併合　王公族の創設と帝国の葛藤
新城道彦 著 ……4000円

20 シティズンシップ教育論　政治哲学と市民
B. クリック／関口正司 監訳 ……3200円

21 ニグロとして生きる　エメ・セゼールとの対話
A. セゼール，F. ヴェルジェス／立花英裕・中村隆之 訳 ……2600円

22 比較のエートス　冷戦の終焉以後のマックス・ウェーバー
野口雅弘 著 ……2900円

23 境界なきフェミニズム
C. T. モーハンティー／堀田 碧 監訳 ……3900円

24 政党支配の終焉　カリスマなき指導者の時代
M. ヌカリーゼ／村上信一郎 訳 ……3000円

25 正義のフロンティア　障碍者・外国人・動物という境界を越えて
M. ヌスバウム／神島裕子 訳 ……5200円

26 文化のハイブリディティ
P. バーク／河野真太郎 訳 ……2400円

27 正義の秤《スケール》　グローバル化する世界で政治空間を再想像すること
N. フレイザー／向山恭一 訳 ……3300円

28 土着語の政治
W. キムリッカ／岡﨑晴輝・施 光恒・竹島博之 監訳 ……5200円

29 朝鮮独立への隘路　在日朝鮮人の解放五年史
鄭栄桓 著 ……4000円

30 反市民の政治学　フィリピンの民主主義と道徳
日下 渉 著 ……4200円